돈 버는 경매
돈 잃는 경매

돈 버는 경매
돈 잃는 경매

최고의 경매고수가 알려주는
부동산 경매의 비밀과 함정

• 이영진 지음 •

한스미디어

경매는 더 이상 음지(陰地)가 아니다

우리나라에 부동산 경매라는 제도가 정착된 지 벌써 50여 년이 흐르고, 경매 대중화의 기틀을 확고히 한 민사집행법이 시행 (2002년 7월 1일)된 지도 벌써 10년이 지났다. 그럼에도 불구하고 아직도 경매투자를 권유하면 지레 손사래부터 치는 사람들이 많다. 일반인들에게 경매는 여전히 어렵고 힘들고 복잡한 대상으로만 여겨지는 탓이다.

그러나 경매는 여러 차례에 걸쳐 제도적 개선을 이루어내면서 점차 대중들 가까이 다가갔다. 그 첫째가 1993년 5월 이후 그간의 호가제 (呼價制)를 대신해 본격적으로 시행된 기일입찰제(서면입찰제)요, 둘째는 경매 대중화 및 매수인 지위보호에 역점을 두고 제정·시행된 민사집행법이다.

서면입찰제 시행으로 호가제에서 보였던 경매법정에서의 험악한 분위기가 대부분 사라졌고, 민사집행법 시행으로 경매절차나 권리관계 및 점유자 인도(또는 명도)에 대한 변동성이 어느 정도 예측 가능해지면서 경매 대중화의 기폭제와 같은 역할을 했다.

더군다나 경매시장은 또 한 번의 변화를 예고하고 있다. 우선 민사집행법 일부 개정안이 입법예고(2013년 5월 3일)되면서 향후 첫 매각기일에 최저매각가격이 최초감정평가액이 아니라 최초감정평가액을 참작하여 결정한 '매각기준가격'에서 20%를 차감한 금액이 최저매각가격이 될 예정이다.

첫 매각이 실시되는 경매물건의 경우 지금은 대부분 그냥 건너뛰기 십상이었으나 앞으로는 첫 매각물건(신건)부터 권리분석이나 현장조사는 물론 가치분석을 통해 입찰 여부를 결정해야 할 때가 오게 된 셈이다.

민법 개정안(2013년 1월 16일 입법예고)을 통해서는 그간 입찰자를 매우 힘들게 했던 유치권제도가 획기적으로 개선된다. 유치권은 그 부동산의 등기, 미등기를 불문하고 인정해왔으나 앞으로는 미등기된 부동산에 대해서만 유치권을 인정하되 이 경우에도 유치권을 행사하고 있는 미등기된 부동산이 등기된 날로부터 6개월 이내에 소로써 저당권설정청구권을 행사해야 한다.

이 기간 내에 저당권설정청구권을 행사하지 않으면 저당권설정청구권뿐만 아니라 유치권도 소멸하는 것으로 했다. 입찰자들의 최대 골칫거리 중 하나였던 유치권에 대한 해석이 비교적 간단명료해지면서 유치권에 대한 권리분석이 이제는 더 이상 골치 아픈 일이 아닐 수 있게 됐다. 개정안이 시행되면 유치권 때문에 입찰을 주저했던 투자자들이 다시금 경매시장으로 몰려들 수 있음을 엿볼 수 있는 대목이다.

경매에 대한 두려움과 실수를 줄여주는 책

이렇듯 경매제도는 경매 대중화나 매수인 지위보호를 위해 진화를 거듭하고 있다. 그러나 아무리 경매제도가 개선되고 권리분석이 예측 가능해져도 입찰자나 매수인으로서는 아직도 넘어야 할 산이 많다. 권리분석에 대한 예측 가능성은 부분적인 것에 불과하고 대부분은 입찰자, 특히 초보자들에게는 여전히 힘들고 복잡하고 어려운 것 그 이상이 아니다.

경매가 대중화되면서 한두 번의 경매교육을 받았거나 경매서적을 탐독하는 등의 이론적 무장을 앞세워 입찰하는 초보자도 많지만 경매사고의 대부분은 초보자에게서 나온다는 것은 경매는 이론이 아니라 실전이고 발품이라는 것을, 더불어 물건선정에서부터 권리분석, 현장조사, 입찰 및 명도에 이르기까지 한시도 방심할 수 없는 것 또한 경매라는 것을 시사해주고 있는 것이다.

특히 경매가 힘든 것은 아주 조그마한 실수나 시행착오도 용납이 안 된다는 것이다. 경매에서 실수 또는 시행착오를 했다는 것은 바로 입찰보증금 몰수나 투자 손실 등 금전적 손실로 귀결된다는 것을 의미한다. 금전적 손실은 적게는 수십만 원에서 많게는 수십억 원에 이를 수 있다.

이 책은 바로 이런 점에 주안점을 두고 집필됐다. 경매가 무작정 황금시장이고 대박을 누릴 수 있는 재테크 상품이 아니라 실수를 하지 않는 법, 시행착오를 최소화하는 법을 알려주고 그렇게 하는 것이 곧 돈을 버는 지름길임을 각종 사례를 통해 유효 적절하게 풀어냈다.

이 책은 총 6장으로 구성됐다. 먼저 1장 '초보자가 빠지기 쉬운 경매의 함정'에서는 초보자 입장에서 궁금해할 수 있는 내용 또는 모르고 지나칠 수 있는 내용을 엄선해서 다뤘다.

2장 '입찰자가 모르면 당하는 11가지 경매의 비밀'에서는 권리 및 임대차분석, 현장조사, 입찰과정에서 어떤 실수가 있게 되고, 그로 인해 어떤 결과가 발생하는지 실제 입찰 또는 낙찰 사례를 들어 이해하기 쉽게 설명했다.

3장 '진짜 경매는 낙찰 이후 시작된다'에서는 매수인(낙찰자) 입장에서 경매함정에 빠졌을 때의 대처요령, 대금납부, 소유권이전등기 등 일련의 낙찰 이후의 절차에서 발생할 수 있는 문제와 해결책을 모색하고, 특히 명도(인도) 과정에서 어떤 문제가 있었고 어떤 과정을 통해 원활하게 명도를 마무리했는지 사례를 통해 상세하게 다뤘다.

4장 '경매로부터 내 재산을 지키는 방법'에서는 임차인 입장에서 전세보증금을 지키는 방법, 확정일자나 소액임차인에 대해 임차인 스스로 오해하고 있는 사항이 무엇인지 등을 다뤘고, 더불어 경매당한 임차인이 직접 그 임차주택을 낙찰받는 방법적 측면을 제시했다.

5장 '경매고수가 알려주는 알짜배기 상품별 투자전략'에서는 최근 수년간 대세를 이루고 있는 임대수익용 부동산 투자전략을 비롯해 임대수익용 부동산이라 할 수 있는 오피스텔, 상가, 도시형 생활주택 등에 대한 투자전략과 아울러 재건축아파트, 타운하우스, 단독주택, 토지, 공장 등 주요 종목에 대한 투자전략과 최근 경매동향을 다뤘다.

마지막 6장 '경매절차에 관한 불편한 진실들'에서는 현행 경매절차 또는 경매제도 중 필자가 평소 개선되었으면 하고 느꼈던 부분들을 적시하고 그 해법을 함께 제시했다. 시시콜콜한 것까지 더하면 수십 가지의 사례가 나오겠지만 지면 할애를 고려해 중요하다고 생각한 몇 가지만 수록했다.

고마우신 분들

이 책이 나오기까지 음으로 양으로 격려해주시고 도와주신 많은 분들이 있었다. 일일이 다 언급해드리지 못해 죄송할 따름이다.

먼저 《이것이 경매투자다》(한스미디어, 2009년)에 이어 또 한 번의 집필 기회를 주신 한스미디어 김기옥 대표님을 비롯해 출판 관계자분들에게 거듭 감사의 인사를 전한다. 시작부터 원고를 탈고할 때까지 격려와 조언을 아끼지 않으신 EH경매연구소 강은현 대표님, 원고 교정을 도맡아 해주고, 타이틀 및 집필 방향에 대해 지속적으로 의견을 개진해준 우리에셋 우광연 님, 투모컨설팅 김정용 이사님, 책 출간에 맞춰 전국 경매정보 무료이용권 증정을 흔쾌히 허락해주신 부동산태인 이호남 대표님과 서동현 이사님에게도 심심한 감사의 말씀을 전한다.

끝으로 집필할 때면 꼭 휴가철과 겹쳐 이번에도 제대로 된 휴가조차 떠나지 못했으면서도 변함없이 응원해준 가족들에게는 미안함을, 끝까지 애정 어린 관심과 격려를 보내준 '쎄이대강 26' 특별한 벗들에게도 각별한 고마움을 표하고 싶다.

지은이 이영진

3% 경매시장을 잡아라

경매시장 움직임이 심상치 않다. 부동산시장의 장기침체 여파로 경매법정에서 떠났던 투자자들이 낙찰가율 저점이라는 인식과 박근혜 정부 출범으로 부동산시장이 회복될 것이라는 기대감으로 속속 경매시장에 몰려들면서 경매시장이 서서히 달아오르고 있기 때문이다.

아직 시장회복에 대한 전망이 불투명하고 국내외적인 경제위기 국면이 해소되지 않은 상태라 낙찰가율이 급등하고 있지는 않지만 가격이나 입지경쟁력 및 개발호재가 있는 물건을 중심으로 십수 명 이상씩 경쟁이 붙고 1회 유찰된 물건의 낙찰사례도 빈번해졌다. 분명 2012년과는 다른 모습이다.

일반 부동산시장도 마찬가지다. 지금까지 관망세를 유지해왔던 투자자들이 현 정부의 전폭적인 규제완화를 기대하고 서서히 움직임을 개시하고 있는 모습이 역력하다. 다만 아직은 부동산시장 전방위적으로 움직이고 있다기보다는 저가매물, 유망지역 신규분양 및 미분양 아파트를 중심으로 움직이고 있다.

경매, 저가매물, 유망지역 신규분양 및 미분양을 중심으로 시장이 움직이고 있다는 것은 작금의 부동산시장이 하나의 메시지를 던져 주고 있음을 의미한다. 즉 부동산시장이 여전히 불안하고 부동산가격 상승에 대한 확신이 없는 상황에서 부동산 투자는 입지경쟁력이 있는 지역의 물건을 중심으로 가급적 더 싸게 취득해야 함을 말이다. 그렇게 해야 최악의 상황에서도 투자원금까지 까먹는 손실을 최소화할 수 있다는 말이다.

부동산을 싸게 취득할 수 있는 수단으로 경매만 한 것이 없다는 것은 이제 누구나 다 아는 사실이 됐다. 급매물이나 미분양 물량도 있지만 급매물은 지역적으로 파악하기가 어렵고 미분양은 입지가 떨어지는 물량이 수두룩해 섣불리 투자를 감행하기가 어려운 점이 있다.

반면 경매물건은 강남, 서울, 신도시, 전국 구분 없이 입지적으로도 매우 우수한 곳에서 거의 매일이다시피 쏟아져 나오고 있다. 또한 그 매물에 대한 정보도 대법원이나 민간 경매정보업체에서 제공하는 온라인 매체를 통해 실시간 검색이 가능하다.

그러나 이러한 강점에도 불구하고 경매물건 취득이 그리 녹록지 않은 것은 권리 및 임대차관계, 명도 문제 등으로 인한 복잡함은 차치하고서라도 갈수록 늘어나는 경매인파에 비해 경매시장은 이들 수요를 감당하기에 턱없이 부족할 정도로 극히 미미한 시장이라는 것이다.

구체적으로 일반 매매시장과 대비하여 경매시장 규모가 어느 정도 인지를 아파트를 기준으로 한번 살펴보자.

2012년 말 기준 전국 소재 아파트 시가총액은 1799조 2030억 원. 반면 같은 기간 경매 진행된 물건의 감정평가액 총액은 17조 3325억 원으로 시가총액의 1.0%에 해당한다. 수도권 기준으로 시가총액 대비 감정평가액 총액을 비교해도 1.1% 수준에 불과하다.

경매물건 규모도 별반 다르지 않다. 2012년 말 기준 전국 소재 아파트 총 가구수는 633만 3385가구인 데 반해 같은 기간 경매 진행된 아파트는 총 5만 1511건으로 일반 아파트 규모의 0.8% 수준이다. 경매물건이 쏟아졌던 2005년에 전체 가구수 대비 2.22%까지 증가했으나 이후 경매물건 급감으로 1%도 채 안 되는 시장으로 규모가 축소됐다.

그렇다면 입찰자들이 체감할 수 있는 실제 거래시장 규모는 어떨까? 국토해양부 자료에 따르면 2012년 한 해 동안 거래된 아파트 거래건수는 50만 3587건. 반면 같은 기간 낙찰된 아파트 경매물건은 1만 7194건으로 일반 거래건수의 3.4%에 해당하는 물량이다.

이 역시 경매물건이 많았던 2005년에는 낙찰건수가 전체 거래건수 대비 4.46%까지 치솟았지만 이후 경매물건이 급감하면서 낙찰건수도 대폭 줄었다.

낙찰건수로 보면 감정평가액이나 경매물건 규모가 일반매매시장

● **반매매시장 대비 경매시장 규모(아파트, 2012년 말 기준)**   (단위: 억 원, 건)

구분		전국	수도권	지방
시가총액 vs 감정평가액 총액	시가 총액	17,992,030	12,903,023	5,089,007
	감정평가액 총액	173,325	145,788	27,525
	비율	1.0%	1.1%	0.5%
총가구수 vs 경매물건수	총가구수	6,333,385	3,460,748	2,872,637
	경매물건수	51,511	33,542	17,969
	비율	0.8%	1.0%	0.6%
거래건수 vs 낙찰건수	거래건수	503,587	173,757	329,830
	낙찰건수	17,194	10,425	6,769
	비율	3.4%	6.0%	2.1%

자료: 부동산써브(www.serve.co.kr), 부동산태인(www.taein.co.kr), 국토해양부(www.onnara.go.kr)

대비 1% 이하인 것에 비해 3배 이상의 규모를 보이고 있지만 어찌 됐든 경매시장은 2012년 말 현재 기준 일반시장의 3.4% 정도의 시장규모를 보이고 있다. 급속도로 늘어나고 있는 경매수요에 비해 참으로 먹을 것(?) 없는 빈약한 시장이다.

그럼에도 이 3% 수준의 경매시장을 잡기 위한 노력을 게을리해서는 안 되는 이유는 무엇일까? 다음과 같은 두 가지 이유 때문이다.

하나는 바로 매물에 대한 진정성 측면이다. 단순 수치로만 보면 경매시장은 매매시장의 극히 일부를 구성하고 있지만 매물의 지역성과 체감성을 고려하면 반드시 그렇지만은 않다. 즉 일반매물의 경우 매물정보에 대한 접근성이 극히 제한적이기 때문에 해당 지역에 가서야 그 매물 파악이 가능하다. 따라서 수요자가 느끼는 매물에 대한 규모가 그리 크게 체감되지 않는다는 얘기다.

반면 경매물건은 온·오프라인 정보매체를 통해 전국 어디서나 누구든 전국 법원에서 진행되는 매물정보를 파악할 수 있다. 또한 '가장매물(假裝賣物)'이 아닌 '진성매물(眞性賣物)'을 실시간으로 검색할 수 있고, 매일매일 업데이트되기 때문에 수요자들이 느끼는 체감은 일반매물보다 더 크고 많게 느껴지기 마련이다.

특히 2만 1700건 이상(2012년 기준)의 진성 신규 아파트 물건이 경매시장으로 유입되고 있고, 부동산시장 침체 및 경기여건 악화로 2012년 이후 지속적으로 경매물건이 늘어날 것으로 예상되는 만큼 수치로나 체감으로나 경매시장 규모는 더욱 확대될 전망이다.

또 하나는 시세보다 싸게 살 수 있다는 경매의 전통적인 불문율이 요즘에도 변함없이 통용된다는 점이다. 경매정보업체 부동산태인(www.taein.co.kr)에 의하면 2012년 기준 전국 경매물건 평균 낙찰가율은 아파트 76.67%, 연립·다세대 73.07%, 근린상가 59.03%, 공장 68.62%, 토지 67.07%를 기록했다. 수도권 기준으로도 각각 74.08%, 71.23%, 61.50%, 67.77%, 60.30%를 기록했다. 대부분 70% 초반대 낙찰가율 이하 수준이다.

물론 최근 수년간 부동산가격 하락세로 감정평가액이 입찰시점의 시세보다 높게 평가되어 유찰횟수가 많아진 탓에 낙찰가율이 낮아질 수 있다. 그렇지만 이 점을 십분 고려하더라도 감정평가액 대비 30%

이상 저렴하게 부동산을 구입할 수 있음이 수치상으로도 분명하게 드러나고 있다.

취득가격이 낮은 만큼 임대수익용 부동산의 경우 수익률이 제법 높은 것 또한 경매의 장점이다. 상가, 오피스텔 등 임대수익용 부동산을 일반매매로 취득했을 경우 임대수익률이 평균적으로 3~5% 수준에 머물지만 경매로 취득했을 경우에는 6~9% 이상 달성할 수 있고, 저금리 담보대출을 활용해 임대수익률을 15%까지 끌어올릴 수도 있다.

다만 장기간의 부동산시장 침체로 인해 주택시장이 전반적으로 불황을 겪고 있는 탓에 경매시장 역시 아직은 낙찰가율이나 입찰경쟁률이 낮게 형성되어 저렴한 가격에 낙찰받을 수 있는 확률이 높아졌지만 언제 다시 경매시장이 과열될지 모를 일이다.

경매시장 과열은 주택시장 회복과 그 궤를 같이하겠지만 경매시장이 과열되면 입찰자 입장에서는 그리 좋아할 일이 아니다. 낙찰받기가 어려워질 뿐만 아니라 어렵사리 낙찰받는다 해도 낙찰가격이 높아지기 때문이다. 시작은 빠를수록 좋다고 했다. 경매투자에 관심이 있다면 감정평가액 대비 30% 이상 가격경쟁력이 확보되어 있는 지금이 바로 매수 타이밍이다.

Contents

2장
입찰자가 모르면 당하는
11가지 경매의 비밀

5장
경매고수가 알려주는
알짜배기 상품별 투자전략

6장
경매절차에 관한 불편한 진실들

1장

초보자가 빠지기 쉬운
경매의 함정

01 감정가는 **시세가 아니다**

경매감정가 주의보가 내렸다. 경매감정가의 신뢰성 문제는 어제오늘 얘기가 아니지만, 3년 전 같은 단지 내 같은 면적의 아파트 감정평가액이 이해하지 못할 정도로 큰 차이가 나면서 더욱 논란의 중심이 됐다.

논란의 주인공은 서울 마포구 성산동의 월드컵아이파크 23평형이다. 이 아파트 104동 1802호는 2009년 12월 1일에, 같은 동 602호는 2개월 후인 2010년 2월 9일에 처음 경매시장에 나온 적이 있다.

문제는 이 아파트의 감정평가액이었다. 같은 단지는 물론 같은 동에 있는 아파트이면서도 1802호의 감정평가액이 4억 원이었던 반면 602호는 2억 7000만 원으로 감정평가됐다. 두 아파트의 감정평가액

아파트 명	서울 마포구 성산동 월드컵아이파크 23평형	
사건번호	2009타경13961	2009타경16939
해당 호수	104동 1802호	104동 602호
감정평가액	400,000,000원	270,000,000원
감정평가 시점	2009년 9월 25일	2009년 10월 15일
감정평가액 차이	130,000,000원	
최종 매각기일	2010년 4월 20일	2010년 8월 10일
경매 결과	낙찰(175,000,000원, 2명 입찰)	낙찰(201,000,000원, 6명 입찰)

차이는 무려 1억 3000만 원이다.

대형평형은 층과 향, 조망권 등에 따라 1억 원 이상의 시세나 감정가 차이가 나는 경우가 종종 있으나 전용면적 60㎡ 내외의 소형 아파트에 1억 원이 넘는 가격차는 매우 이례적이다. 그렇다고 1802호가 602호보다 조망권이 월등히 우월한 것도 아니고, 도로·교통, 단지규모 등 제반 여건으로 보아 그 차이를 이해할 만한 요인이 하나도 없었다.

감정평가가 상당한 기간차를 두고 이루어졌는지 살펴봤지만 그렇지도 않았다. 경매물건도 일반매물과 같이 시장여건이 반영되기 때문에 같은 단지나 동, 층, 향, 조망권 등 제반 여건이 같다고 하더라도 감정평가 시점에 따라 가격이 달라질 수 있기 때문이다.

이 두 물건의 감정평가 시점의 차이는 불과 한 달이 채 안 됐다. 1802호는 2009년 9월 25일에, 602호는 같은 해 10월 15일에 감정됐다. 2009년 9월이면 주택가격 상승으로 시장이 불안해지자 DTI 규제를 강남권에서 수도권 전역으로 확대하고, 그래도 가격이 수그러들지 않자 10월에 제2금융권까지 확대했던 시점이다.

비록 그간의 규제완화 기조에서 탈피하여 부동산 규제로 선회하기는 했지만 부동산 규제로 인해 시장이 즉각 반응한 것도 아니었고, 특히 DTI 규제는 소형 아파트보다는 중대형 아파트에 영향이 컸다. 감정평가업체가 서로 달라 일정 부분 주관성을 가미하더라도 감정기준조차 달라질 수는 없는 것이다. 그런 의미에서 1억 3000만 원의 격차는 분명 감정평가 오류다.

서두에서 언급했듯 감정평가 오류는 비단 어제오늘만의 얘기는 아니다. 가격에 대한 오류에서부터 시작해 평가면적에 대한 오류, 위치에 대한 오류, 수량에 대한 오류 등 그 사례도 각양각색이다.

이 중에서 입찰자들이 가장 빈번하게 맞닥뜨리는 문제는 바로 감정평가액과 입찰시점의 현 시세와의 괴리다. 감정평가액을 시세로 맹신하고 입찰하는 것도 문제지만, 현 시세와 동떨어진 감정평가액을 그대로 적용해 매각하는 것은 더 큰 문제다.

감정평가액과 시세 간의 괴리가 발생하는 가장 큰 이유는 바로 감정평가 시점에 있다. 즉 경매를 위한 감정평가는 대개 첫 매각기일(입찰일)에 앞서 3~4개월 전(물건에 따라서는 5~6개월 전)에 이루어지게 된다. 경우에 따라서는 감정평가 후 경매시장에 나오기까지 6개월 이상 걸리기도 하고 특수한 경우에는 1~2년이 걸리기도 한다.

입찰이 이루어지는 현시점의 부동산시장과 감정평가가 이루어지는 3~4개월(또는 5~6개월) 전의 부동산시장이 큰 변동이 없는 상황이라면 감정 당시의 감정평가액과 입찰시점의 현 시세 간 별 차이가 없다.

반면 감정평가 시점에는 부동산시장이 좋았는데 이후 시장상황이 악화됐다면 현 시세에 비해 감정평가액이 높을 수밖에 없고, 이와 반대로 감정평가 시점에는 시장이 침체됐는데 이후 시장이 회복기에 접어들었다면 현 시세가 감정평가액보다 높게 나타난다.

최근 수년 동안 부동산시장은 침체기로 주택가격이 연일 하락하고 있는 시기다. 따라서 이보다 수개월 앞서 감정평가된 경매물건이라면 아무래도 현 시세보다 높게 나타날 수밖에 없다는 얘기다.

예컨대 2012년 12월에 경매 감정한 어느 주택의 감정평가액이 3억 원이었다고 치자. 그런데 이후 주택가격 하락세가 지속되어 6개월 후인 6월 시점 시세가 2억 6000만 원으로 떨어졌다고 한다면 입찰자가 한 번 유찰(최저경매가 2억 4000만 원)되기를 기다리는 것은 당연지사이고 2회 유찰(최저경매가 1억 9200만 원)되고 나서야 비로소 입찰 여부를 판단하는 것이 바람직하다.

1회 유찰된 시점에 최저가인 2억 4000만 원에 낙찰된다고 해도 취·등록세, 법무비용, 명도비용 등 제반 비용을 고려하면 시세(2억 6000만 원)에 버금가거나 그 이상을 주고 낙찰받는 결과가 발생할 수 있기 때문이다.

시장이 급속히 위축될수록 현 시세보다 경매를 위한 감정평가액이 훨씬 높게 나타날 수 있다는 점에서 입찰자의 정확한 시세판단이 더욱 요구되는 사안이다.

감정평가액과 현 시세 간 격차를 줄일 수 있는 뾰족한 대안은 없다. 경매를 진행하는 각 법원의 경매물건이 한 두건이 아니고 해당 경매계마다 수십 건 이상씩 물건이 할당되어 일괄하여 경매를 진행하다 보면 경매 진행 일정상 매각기일(입찰일)에 임박해 감정평가를 실시할 수는 없기 때문이다.

다만 경매신청이 들어온 후 곧장 감정평가를 의뢰할 것이 아니라 경매를 위한 다른 준비는 다 해놓되 감정평가만은 매각공고(매각기일 2주 전) 일정을 감안해 매각기일 1~2개월 전에 실시한다면 감정평가액과 시세 간 격차를 최소화하지 않을까 한다.

또한 위 사례에서 문제가 됐던 것처럼 감정평가 주체의 정성 어린(?) 감정평가가 선행되어야 함은 당연지사다. 어쨌거나 경매시장의 바람직한 인식전환이나 입찰자들을 위해서도 감정평가 시스템에 대한 대대적인 개편이 요구되는 상황이다.

02 경매 감정평가서를 **반드시 감정해야 하는** 이유

부천에 사는 J씨는 2012년 7월 황당한 일을 겪었다. J씨가 사는 근처에 1층 상가가 경매로 나와 입찰에 응했다가 입찰보증금 1540만 원을 날리게 된 것이다. 사건의 전말은 이렇다.

임대사업 목적으로 평소 상가 경매에 관심을 가졌던 J씨. 경매정보를 검색하다 집 근처 오피스빌딩 1층에 구분상가가 경매로 나온 것을 발견했다. 감정평가액은 2억 2000만 원, 한 번 유찰되어 최저경매가가 1억 5400만 원으로 떨어진 물건이다.

이 물건의 위치를 잘 알고 있었던 J씨는 굳이 현장을 가지 않고 법원경매정보나 감정평가서 등 기본 정보만 숙지하고 입찰해도 충분할 것으로 생각했다. 감정평가서에는 해당 경매물건을 포함한 전체 건물을 대로변 각도에서 선명하게 촬영한 사진이 대로변 전면상가 중 하나이면서 해당 경매물건으로 추정되는 커피숍(카페)과 함께 클로즈업된 채로 게재되었다.

법원 매각물건명세서상의 임대차현황조사서에도 해당 상가 경매물건 107호 점포(카페)라고 적혀 있어 의심의 여지 없이 감정평가서에 있는 사진에서 보이는 대로변 카페가 경매 진행되는 상가라는 확신을 갖게 됐다.

대개 부천 지역 상가는 2번 이상 유찰되는 것이 일반적이었으나 2회 유찰되어 가격이 반값 이하로 떨어지면 입찰자가 많아 낙찰받기 어렵다는 판단에 이번(1회 유찰)에 입찰하기로 결심하고 최저가 수준에서 입찰에 응했다.

결과는 1억 5480만 원 단독낙찰. 썩 괜찮은 입지에 있는 1층 상가를 최저가에 근접해서, 그것도 카페로 이용하고 있는 상가를 매수했다는 기쁨도 잠시. 잔금 납부에 앞서 J씨는 아연실색하고 말았다.

자신이 낙찰받은 상가가 당연히 대로변에 접한 카페임을 철석같이 믿고 입찰을 했는데, 낙찰 후 대금 납부 전에 현장을 가서 확인한 결과 감정평가서상에 버젓이 보인 물건과는 전혀 다른 물건이었던 것이다. 카페인 것은 맞는데 대로변에 있는 전면상가가 아니라 전면 카페를 따라 난 복도 안쪽으로 들어서 있는 카페였다. 단독의 최저가 낙찰이 다 그만한 이유가 있었던 셈이다.

결국 J씨는 대금 납부기한 내에 낙찰잔금을 납부하지 않았고, 입찰보증금으로 제공한 1540만 원을 포기할 수밖에 없었다. 이 물건은 이후 두 차례 더 유찰과 한 차례 낙찰 후 대금 미납을 거듭한 후 2013년 2월 8210만 원에 낙찰됐다. J씨가 낙찰된 금액보다 무려 7270만 원이나 낮은 금액이다.

어디서부터 문제가 있었을까? J씨가 입찰에 앞서 현장 확인을 꼼꼼히 하지 않은 것이 문제지만 경매정보, 특히 감정평가서에 나와 있는 사진만 놓고 본다면 누구든 경매물건에 대한 착오를 일으키기에 충분했다는 점도 문제다.

입찰자들이 입찰에 앞서 가장 먼저 접하는 것이 감정평가서, 임대차현황조사서, 매각물건명세서 등 기본적인 경매정보다. 이 중 감정평가서에는 물건 위치, 사진정보, 평가내역, 부동산 현황, 평면도 등 경매물건과 관련한 아주 중요하고도 기초적인 정보들이 수록되어 있

● **감정평가서 오류 유형**

감정평가액 오류	•부동산 가치평가 시 지나치게 높은 감정 또는 낮은 감정 •동일 평형, 동일 수량의 평가에 상당한 격차를 보이는 감정
물건 위치 오류	•동일 사건번호에 수 개의 물건이 있어 각각의 물건번호가 부여된 경우 물건 위치가 서로 뒤바뀐 사례 •임야, 전, 답, 전원주택지 등 대상 토지 사진이 실물 위치와 다른 점 •고층 주상복합 해당 물건 층수 사진 이미지 잘못 표시 •구분상가의 경우 위치에 착오를 일으킬 수 있는 전경사진 게재
수량 또는 면적 오류	•지분경매 시 지분 계산 잘못 •평형 착오(예컨대 25평형을 32평형으로 오인하고 평가)
정보 미흡	•자동차 경매물건 모델명, 연식, 주행거리, 기어방식 등 미기재사항 수두룩

기 때문에 그 정확도를 최우선 과제로 삼지 않으면 안 된다. 경매가 진행되는 물건에 대한 감정평가가 법원의 위촉을 받아 일정한 비용을 받고 이루어진다는 점에서 더 그렇다.

그럼에도 감정평가서를 보고 있자면 이런 것도 감정평가서라고 작성해 비치해놓았는지 참으로 한심하기 그지없는 감정평가서도 없지 않다. 위의 사례는 입찰자들의 오판을 불러일으킬 만한 것이지 직접적인 감정평가의 오류라고 할 수 없지만, 예컨대 아파트 25평형을 32평형이라고 기재한 사례(2003타경29433), 물건번호가 여러 개인 경매물건 현장사진이 서로 바뀐 사례(2003타경19902), 지분면적 계산이 잘못되어 결국 경매가 변경된 사례(2004타경9943), 물건 층수가 감정평가서상에 버젓이 잘못 표기된 사례(2011타경4488) 등 물건 수량이나 위치 확인에 직접적인 오류가 있는 감정평가서가 상당하다.

앞서 1장 1절 '감정가는 시세가 아니다'에서 언급한 것처럼 같은 아파트단지 내에 있는 같은 동, 동일 평형의 아파트가 조망권에서도 큰 차이가 없고, 감정평가 시점이 채 한 달 차이가 나지 않음에도 감정평가액이 1억 3000만 원 차이가 난 사례(2009타경16939, 2009타경13961)도 있다.

부동산 경매에서만 그럴까? 법원에서 진행하는 자동차 경매물건의 감정평가서를 보면 더 가관이다. 자동차 모델명이 정확히 적혀 있지 않은 감정평가서가 있음은 물론 몇 킬로미터를 주행한 차량인지에 대한 기본 정보도 없는 감정평가서도 종종 눈에 띈다. 그뿐만 아니라

돈 버는 경매 돈 잃는 경매

어떤 연료를 쓰는 차량인지, 변속기가 자동인지 수동인지에 대한 설명조차 없는 감정평가서도 있다.

감정평가서는 경매 입찰에 앞서 입찰자들이 반드시 열람하고 가는 매우 중요한 정보다. 경매가 대중화될수록 기초적인 물건정보를 감정평가서에 의존하는 사람들도 많아지기 마련이다. 감정평가서에 오류가 많으면 그만큼 피해를 볼 수 있는 사람도 많아진다는 점에서 감정평가서의 정확도를 제고해야 하는 사명이 여기에서 생긴다.

감정평가서의 정확도를 담보하는 제도적 장치가 마련되는 것이 우선이겠지만, 그 이전에 위 사례와 같은 우를 범하지 않으려면 감정평가서 내용만을 맹신하지 말고 꼼꼼한 현장답사가 선행되어야 한다. 감정평가서는 경매의 기초정보 습득을 위한 참고자료이자 현장조사 결과의 비교대상일 뿐이지 절대적인 자료는 아니라는 얘기다.

경매고수 이영진의 One-Point Lesson

감정평가서에 담기는 내용은?

감정평가서마다 조금씩 다르지만 경매를 위한 감정평가서에 기본적으로 담기는 내용은 다음과 같다.

- 부동산(토지, 건물) 감정평가표: 토지, 건물 전체 감정평가액 표시
- 평가 의견: 토지, 건물 평가방법 및 평가요인 비교
- 부동산(토지, 건물) 감정평가 명세표: 토지 지번별 면적 및 평가가액과 건물 층별 면적 및 평가가액 표시
- 토지 감정평가 요항표: 위치 및 주변환경, 교통상황, 형태 및 이용상황, 인접 도로상태, 토지이용 계획 및 제한 상태, 공부와의 차이 등 게재
- 건물 감정평가 요항표: 건물의 구조, 이용상태, 설비내역, 부합물 및 종물, 공부와의 차이 등 게재
- 건물 이용 및 임대 현황: 정확하지 않음.
- 위치도, 지번 약도
- 지적 및 건물개황도, 내부구조도
- 사진용지

03 자꾸만 커지는
배당재단의 실체

경매절차에서 어떤 물건이 낙찰된 후 각 채권자에게 배당할 금액의 주를 이루는 것은 바로 매각(낙찰)대금이다.

매각대금에서 배당받을 권리가 있는 채권자는 그 배당순위에 따라 배당을 받게 된다. 따라서 매각대금 여하에 따라 배당순위에 밀려 배당을 받지 못하게 되거나 경매가 과열되어 고가로 낙찰되는 경우에는 모든 채권자의 채권액을 배당하고도 남는 경우가 흔하지는 않지만 아주 가끔은 있게 된다. 후자의 경우 채권자로서는 쌍수를 들어 환영할 만한 일이다.

그러나 그런 일이 어디 흔한 일인가? 최근 주택시장 침체로 가뜩이나 경매시장에도 한파가 몰아치고 있는 요즘 고가 낙찰은 고사하고 낙찰가율이라도 좀 뒷받침되면 좋으련만 이마저도 여의치가 않다.

낙찰가율은 떨어지고 유찰횟수가 잦아지면서 채권회수기간마저 길어지고 있다. 이러나저러나 채권자들의 애간장만 더욱 녹아들어 갈 지경이다. 이왕 채권을 회수하는 데 걸리는 시간이야 어쩔 수 없다지만, 채권액이라도 제대로 회수되면 얼마나 좋을까?

각설하고, 채권자에게 돌아갈 배당액이 오로지 매각대금으로만 이루어져 있을까? 그렇지는 않다. 매각대금 말고도 이런저런 금액이 추가로 붙어 하나의 배당재단을 구성하게 된다. 경매투자의 함정에 빠질수록 또는 고의적으로 경매절차를 지연시키려는 과정에서 배당재단은 더욱 크게 불어난다. 배당재단이 불어나면 채권자에겐 이득이다. 채권회수기간이 길어진다고 무작정 투덜거릴 필요가 없는 이유다.

이를 구체적으로 살펴보자. 매각대금 외 배당재단에 포함되는 경우는 주로 세 가지다. 우선 재매각의 경우 몰수된 입찰보증금이 그것이다.

배당재단에 포함되는 금액들

- 매각(낙찰)대금
- 재매각 사건에서의 종전 최고가매수인의 입찰보증금
- 즉시항고가 기각된 경우의 소유자 또는 채무자의 항고보증금
- 농지취득자격증명 미제출 시 몰수되는 입찰보증금

재매각이라 함은 매각이 되었으나 매수인이 매각대금을 완납하지 못해 다시 경매에 부치는 경우를 말한다. 이 경우 종전 매수인이 제공한 입찰보증금(최저매각가격의 10%)을 몰수하게 되는데 이 몰수한 입찰보증금은 국고에 귀속되지 않고 차후 진행된 경매 매각대금에 포함되어 하나의 배당재단을 구성하게 된다.

재매각 사건이 매각된 전체 경매물건 중 15% 정도에 이르고 보면 제법 적잖은 물량이다. 더군다나 첫 재매각은 몰수된 보증금이 최저매각가격의 10%이지만 재매각 사건에 입찰해 최고가매수인이 됐음에도 또다시 매각대금을 납부하지 않을 때 몰수되는 보증금은 법원에 따라 최저매각가의 20~30%에 이른다. 종종 있는 것은 아니지만 가끔 이런 사례를 볼 수 있는데, 이런 경우 배당재단은 급속히 불어나게 된다.

다음으로 즉시항고도 배당재단을 불리는 주된 원인이 되고 있다. 매각(낙찰)이 되면 7일 되는 시점에 매각허가 여부에 대한 결정이 내려지는데 이해관계인이 이 결정에 대해 이의가 있는 경우 결정이 있은 날로부터 7일 내에 즉시항고를 할 수 있다.

다만 즉시항고를 할 때 매각불허가결정에 대해서는 별도 보증의 제공을 요하지 않지만 매각허가결정에 대해서는 보증의 제공을 요하게 되는데, 이때 보증으로 제공해야 할 금액은 매각대금의 1/10이다. 이 항고보증금은 이해관계인 중 소유자와 채무자가 한 항고가 기각된 때에는 그 전액을 몰수하고, 나머지 이해관계인이 한 항고가 기각된 때에는 항고를 한 날부터 항고기각 결정이 확정된 날까지의 법정지연손해금(매각대금에 대한 연 2할)을 제하고 돌려주게 되어 있다.

따라서 전자의 경우에는 항고보증금 전액이, 후자의 경우에는 매각대금의 연 2할(이 금액이 보증을 넘으면 보증의 한도)에 해당하는 금액이 배당재단에 편입되게 되는 셈이다. 이 제도는 무분별한 항고를 통해 경매절차를 지연시키는 행위를 방지하고자 하는 차원에서 도입해 나름대로 성과를 거두고 있으나, 사안에 따라서 이해관계인이 부득이 또는 고의적으로 즉시항고를 하기도 한다.

끝으로 농지취득자격증명을 요하는 농지를 매수했을 때 매각기일로부터 7일 내에 농지취득자격증명을 제출해야 하는데, 이를 제출하지 못했을 때 매각이 불허됨은 물론 최고가매수인이 제공한 입찰보증금을 몰수하는 법원도 있다. 이 경우 몰수된 보증금 역시 매각대금에 산입해 채권자들에게 배당하게 된다.

그런데 이렇게 배당재단이 불어나게 되어 궁극적으로 배당해야 할 각 채권자의 채권액보다 많아 배당을 다 하고도 남은 금액이 있으면 어떻게 될까?

먼저 항고보증금에 대해서는 채무자 및 소유자가 제공한 항고보증금은 이들에게 지급하고, 채무자나 소유자 이외의 항고인이 출연한 보증금(사실상 법정지연손해금으로서 몰수된 매각대금의 연 2할)의 경우가 남았을 경우에는 이를 제공한 사람에게 돌려주어야 한다는 규정이 있다(민사집행법 제147조 제2항 참조).

반면 재매각에서 전의 매수인이 제공한 입찰보증금이 배당재단에 포함되어 채권자에게 배당하고 남는 금액이 있는 경우에도 이를 전의 매수인에게 돌려주어야 하는지에 대해서는 명문의 규정이 없지만 이를 채무자에게 돌려주는 것은 부당하므로 이를 전의 매수인에게 돌려주어야 한다는 설(적극설)과 전의 매수인에게 돌려주어야 한다는 명문의 규정이 없음을 들어 이를 모두 소유자인 채무자에게 잉여금으로 지급해야 한다는 설(소극설)의 대립이 있다.

　농지취득자격증명의 미제출로 보증금이 몰수되어 배당재단에 포함된 경우에도 마찬가지의 논란이 있을 수 있으나, 이들 보증은 매각대금 납부 및 매각절차상의 원활한 진행을 담보하기 위해 그 보증을 제공하도록 하고 있고, 또 민사집행법에 명문규정이 없으므로 보증을 제공한 자가 아니라 소유자인 채무자에게 그 잉여금을 지급하는 것이 옳지 않을까 한다.

04 무잉여를 알면 경매 속행 여부가 보인다

어떤 물건이 경매에 부쳐졌으나 그 물건에 입찰자가 아무도 없거나 입찰자는 있었으되 보증금 미달, 입찰서류 미비 등의 사유로 입찰이 무효가 되는 경우를 '유찰'이라고 한다.

유찰된 물건은 약 한 달 후에 다시 경매에 부쳐지는데 이때 진행되는 경매는 종전 경매가격이 아니라 종전 경매가격에서 20% 또는 30%가 저감된 가격이 최저매각가격이 된다. 즉 종전 가격의 80% 또는 70% 가격이 다음 회차의 최저경매가격이 된다.

예컨대 감정평가액이 5억 원에 처음으로 경매에 부쳐졌으나 유찰되는 경우 다음 2회차 경매에서는 5억 원의 80%인 4억 원이 최저경매가가 되고, 2회차 경매에서도 유찰되는 경우 3회차 경매에서는 4억 원의 80%인 3억 2000만 원이 최저경매가격이 된다. (같은 사안에서 가격저감률을 30% 적용하는 법원에서의 최저경매가격은 2회차 경매 진행 시 5억 원의 70%인 3억 5000만 원, 3회차 경매 시 2회차 경매가격의 70%인 2억 4500만 원이 된다.)

이렇게 유찰을 거듭하다 보면 감정가 100%에서 출발한 최저경매가격은 80%(70%) → 64%(49%) → 51.2%(34.3%) → 40.96%(24.01%) → 32.77%(16.8%) 식으로 저감된다. 권리관계나 물건에 특별한 하자가 없는 경우에는 처음 경매에 나오자마자 낙찰되거나 유찰되더라도 한두 차례 유찰된 것으로 그치겠지만, 그렇지 않은 물건은 입찰자가 없어 유찰이 거듭되게 되고 결국 최저경매가격이 무한정 저감되기 마련이다.

그렇다면 이 최저경매가격의 하한선에 대한 규제 또는 유찰횟수에 대한 제한은 없을까? 2011년 8월 17일에 경매에 부쳐진 서울 서초구 서초동 소재 국제전자센터 7층 7083호를 예로 들어보자.

이 물건은 최초감정가 8000만 원에서 경매가 시작되었으나 무려 10차례나 유찰되어 최저경매가가 감정가의 10.7% 수준인 859만 원까

● **법원별 가격저감률(2013년 7월 말 현재)**

구분	최초	1회 유찰	2회 유찰	3회 유찰	4회 유찰	5회 유찰
서울중앙지법 외 27개 법원	100%	80%	64%	51.2%	40.96%	32.77%
인천지방법원 외 29개 법원	100%	70%	49%	34.3%	24.01%	16.81%

지 내려갔다. 이런 사례를 보면 경매에서는 몇 회까지 유찰 또는 최초 감정가 대비 몇 퍼센트까지 최저매각가격을 저감시킬지에 대한 하한선 규제나 유찰횟수에 대한 제한은 없어 보인다.

사실 압류부동산 공매는 6회차 공매까지만 진행되고 6회차에서(감정가의 50% 이하 수준)까지 유찰되면 재공고를 통해 다시 공매를 진행하는 것과 달리 경매는 유찰횟수에 대한 법적 규제가 없다.

그러나 경매제도를 잘 알고 있는 독자라면 경매의 경우에도 '잉여주의' 원칙에 의해 최저경매가격의 하한선에도 일정한 마지노선이 있음을 발견할 수 있을 것이다. '잉여주의'란 경매를 신청한 채권자(압류채권자)에게 돌아갈 배당액(잉여)이 있어야만 경매를 속행하고 그렇지 않은 경우, 즉 무잉여의 경우에는 법원이 직권으로 경매를 취소하는 것을 말한다.

이때 잉여, 무잉여를 판단하는 기준은 당해 경매절차에서의 최저경매가격이 된다. 법원은 이 최저경매가격을 기준으로 경매비용과 압류채권자(경매신청 채권자)에 우선하는 채권액을 변제하고 남는 금액이 없다고 판단할 때, 즉 '경매비용 + 우선변제 채권액 ≧ 최저경매가격'의 조건에 부합되면 경매를 직권으로 취소하게 된다.

예컨대 최초감정가 5억 원인 경매물건이 3회 유찰되어 최저경매가가 2억 5600만 원까지 떨어졌다고 하자. 이 물건에 갑, 을, 병 세 사람의 근저당이 순차적으로 설정되어 있고, 각각의 채권액이 2억 원, 1억 원, 5000만 원인 경우 병이 경매를 신청했다고 한다면 최저경매가

2억 5600만 원을 기준으로 경매비용 300만 원(예상치), 갑에게 2억 원이 배당되고, 나머지 5300만 원이 을에게 배당되고 나면 압류채권자인 병에게는 배당할 금액이 없게 된다.

이를 '무잉여'라 하며 법원은 무잉여를 이유로 경매를 직권취소할 수가 있다. 병에게 잉여, 즉 배당이익이 있기 위한 유찰횟수 또는 최저경매가격의 마지노선은 2회 유찰 시의 3억 2000만 원이다. 그래야 경매비용 300만 원, 갑 2억 원, 을 1억 원을 배당하고도 1700만 원의 잔여액이 있어 이를 압류채권자인 병에게 배당할 수 있으므로 '잉여주의' 원칙에 부합하기 때문이다.

만약 위 사례에서 압류채권자가 병이 아니라 을이라 한다면 3회 유찰뿐만 아니라 4회 유찰이 되어도 무잉여 문제는 발생하지 않는다. 4회 유찰된 후의 5회차 최저경매가격이 2억 480만 원으로 떨어져도

● **잉여 vs 무잉여**

잉여 → 경매 속행			무잉여 → 경매 직권취소		
최초감정가 5억 원 유찰횟수 2회 최저경매가 3억 2000만 원 (무잉여 판단 기준액)			최초감정가 5억 원 유찰횟수 3회 최저경매가 2억 5600만 원 (무잉여 판단 기준액)		
배당순위	배당채권액	예상배당액	배당순위	배당채권액	예상배당액
① 경매비용 ② 근저당(갑) ③ 근저당(을) ④ 근저당(병)	300만 원 2억 원 1억 원 5000만 원	300만 원 2억 원 1억 원 1700만 원	① 경매비용 ② 근저당(갑) ③ 근저당(을) ④ 근저당(병)	300만 원 2억 원 1억 원 5000만 원	300만 원 2억 원 5300만 원 –

* 경매신청자(압류채권자)는 근저당 채권자 병임.

경매비용 300만 원, 갑 2억 원 배당 후에도 180만 원의 잔여액이 있어 을에게 배당되기 때문이다. 을에게 무잉여의 문제가 발생하는 시점은 5회 유찰되어 최저경매가격이 1억 6384만 원으로 떨어진 때이다.

동일 사안에서 압류채권자가 갑이라고 한다면 이 경매물건이 10회 이상 유찰되어 최저매각가격이 5368만 원으로 떨어져도 갑에게는 배당받을 금액이 있어 경매는 유효하게 진행된다. 권리관계상 그 순위가 1순위인 갑의 입장에서는 사실상 유찰횟수에 대한 제한이 없다고 보면 된다. 역으로 유찰횟수에 대한 제한, 즉 무잉여에 의한 경매취소 여부에 대한 문제는 압류채권자가 1순위가 아니라 2순위 이하의 채권자일 때 발생한다는 것을 어렵지 않게 이해할 수 있을 것이다.

종합하면 위 사례에서 압류채권자에게 잉여가 있으려면, 즉 경매가 취소되지 않고 속행되기 위한 조건으로서의 적정 유찰횟수는 갑이 압류채권자인 경우는 거의 무제한, 을이 압류채권자인 경우는 4회, 병이 압류채권자인 경우는 2회다. 이들 유찰횟수가 경매가 속행되기 위한 마지노선인 셈이다.

그런데 경매물건을 유심히 살펴보다 보면 분명 무잉여에 해당하는 사건임에도 경매가 진행되는 경우가 종종 있다. 이는 관할법원이 그 많은 경매물건에 대한 무잉여 여부를 판단할 여력이 없는 것도 있으려니와 무잉여임에도 경매 진행되어 낙찰되는 가격이 잉여주의에 부합하는 수가 발생할 수 있기 때문에 경매를 속행할 수 있다.

다행히 무잉여 사건이 경매가 진행되어 낙찰된 가격이 경매신청 채권자에게 일부라도 돌아갈 배당액이 발생한다면 매각을 허가하게 되지만, 낙찰가격 기준으로 보아도 역시 무잉여에 해당하면 법원은 매각을 불허가하게 된다. 이 사실을 간과하고 매각을 허가해도 매각허가에 대한 이의사유가 된다.

이처럼 경매는 공매와 달리 유찰횟수에 대한 제한은 없지만 잉여주의 원칙에 기해 경매 속행 여부가 판가름 나기 때문에 간접적으로 유찰횟수에 제한이 가해지는 경우가 있다. 무잉여를 이유로 매각이 불허되는 경우 입찰자는 입찰보증금을 되돌려받을 수 있지만, 그간의 노력과 수고가 수포로 돌아갈 수 있다는 점에서 경매물건 선별 시 주의를 요하는 사항 중 하나다.

● **경매와 공매의 차이**

구분	경매	공매	
		유입/수탁재산	압류재산
입찰보증금	최저매각가의 10%	입찰가의 10%	
매각가격 저감률	종전 최저매각가격의 20~30%씩 저감	최초매각 예정가격의 10%씩 저감	
대금 납부방법	납부기한 내 일시불	일시불 또는 분할납부	•일시불 •1000만 원 미만 7일 내 •1000만 원 이상 60일 내
명도책임	매수인	매도인	매수인
부동산인도명령	가능	불가(모든 점유자 대상 명도소송)	
배당요구종기	첫 매각기일 이전	배분계산서 작성 시까지 가능	
권리분석 여부	필요	불필요	필요
대금 미납 시 보증금 처리	다음 기일 매각대금과 함께 배당재단에 포함	국고, 지방자치단체 등에 귀속	
매각불허가, 항고	있음	없음	
유찰 후 매각기간	1개월 전후	1주일	

05 왜 그들은 경매절차를 지연시키나?

주춤했던 경매시장이 일반 부동산시장 회복세에 힘입어 낙찰가율이 상승하고 입찰자가 다시 늘어나는 등 재차 반등할 태세다.

2~3회 이상 유찰됐던 물건들이 속속 낙찰되고 있음은 물론 이들 물건이 소진되면서 1~2회 유찰된 물건들도 입찰자들의 표적이 되고 있다. 2009년 하반기 DTI 규제 이전 부동산시장이 반짝 상승했던 시점에나 볼 수 있었던 현상이다.

이처럼 경매시장이 호황이면 이득을 보는 주체는 당연 채권자나 채무자다. 유찰횟수가 적어지고 낙찰가율이 높아지면 채권자로서는 그만큼 채권회수율을 높일 수 있고, 채무자 역시 채무변제율을 높일 수 있어 좋다.

임차인도 예외는 아니다. 유찰되는 횟수가 적어질수록 임차인의 불안한 지위가 지속되는 기간이 짧아짐은 물론 낙찰가율이 높아짐으로써 보증금 회수율을 높일 수 있기 때문이다. 경매절차에서의 이해관계인 대부분이 해당 경매물건이 빨리 낙찰되고 배당까지의 최종 경매절차가 빨리 종결되기를 바라는 이유다.

그러나 아쉽게도 경매절차가 그리 간단하지는 않다. 권리관계가 비교적 단순한 것은 그 절차가 빨리 끝날 수도 있지만 그렇지 않은 물건이거나 이해관계인의 이런저런 딴지(?)로 경매절차가 쉬이 마무리되지 못하고 지연되는 물건도 수두룩하다. 따라서 여기서는 경매절차를 지연시키는 갖가지 모습이 구체적으로 어떻게 표출되는지 살펴보기로 한다.

통상 경매절차는 경매신청에서 최종 배당까지 약 6~8개월이 소요된다. 경매신청 후 첫 매각기일까지가 3~4개월(요즘은 경매물건이 적으나 경매물건이 많았던 2004~2005년에는 5~6개월 소요), 낙찰 후 매각 확정기일까지가 2주, 매각 확정으로부터 대금 납부기한까지가 약 1개월, 대금 납부한 시점으로부터 배당기일까지가 1개월이 경매절차상 기본과정이다.

물론 이 소요기간은 처음 경매에 부쳐졌을 때 낙찰될 것(즉 유찰되지 않을 것), 경매 과정에서 매각불허가신청이나 항고가 없을 것, 대금 미납으로 인한 재경매 등의 사유가 발생하지 않을 것을 전제로 한다. 이들 사유가 발생하면 짧게는 1개월에서 길게는 6개월 또는 1년 이상 경매절차가 지연된다.

경매절차가 지연되는 주된 사유

- 유치권신고
- 선순위 대항력 있는 임차인의 배당요구하지 않음.
- 공유자의 우선매수신고 남발
- 이해관계인의 매각불허가신청(재감정, 경매절차 또는 권리의 중대한 하자 이유)
- 이해관계인의 매각허가 또는 불허가에 대한 즉시항고
- 최고가매수인의 대금 미납

우선 매각불허가신청과 즉시항고의 예를 보자. 매각불허가신청은 매각허가결정을 해서는 안 되는 사유, 예컨대 경매감정가에 흠이 있거나 부동산을 매수(낙찰)할 자격이 없는 사람에게 낙찰된 경우 또는 경매 진행 중 중대한 권리관계 변동이 있는 경우로 인해 그 매각을 허가해서는 안 된다는 취지(이의신청)를 구하는 것을 말한다.

매각불허가신청은 채권자는 물론 채무자, 낙찰자를 불문하고 모든 이해관계인이 할 수 있으며, 매각불허가신청이 정당하다고 인정되면 매각허가결정이 취소되고 매각이 불허가된다. 매각이 불허가되면 약 1개월 후 다시 종전 가격으로 경매가 진행되므로 경매절차가 1개월 이상 지연된다.

즉시항고는 매각 허가 또는 불허가 결정에 따라 손해를 보게 되는 이해관계인이 이들 결정에 대해 불복하는 절차로 매각 허가 또는 불허가 결정을 고지받은 날로부터 1주 이내에 하도록 되어 있다. 매각 허가결정에 대한 항고는 매각(낙찰)대금의 1/10에 해당하는 금액(금전 또는 유가증권)을 공탁해야 한다.

즉시항고가 인용된 경우 또는 항고가 기각되어 재항고한 경우 최종 결정이 내려질 때까지 경매절차가 그만큼 지연될 수밖에 없다. 항고가 기각되면 통상 기각된 때로부터 1개월 후면 다시 경매에 부쳐지지만, 재항고까지 가면 최종 결정이 내려지기까지 4~6개월 또는 그 이상 기간이 소요될 수도 있다.

채무자가 고의로 경매절차를 지연시키거나 채무변제의 시간을 확보하기 위해 이용하는 경우가 대부분이며, 낙찰자도 고가낙찰, 권리상의 문제 등을 이유로 매각허가결정을 취소해달라는 취지로 즉시항고를 하는 경우가 종종 있다.

둘째, 최고가매수인(낙찰자)이 매각이 허가됐음에도 대금 지급기한까지 대금을 납부하지 않는 경우다. 낙찰자가 대금을 납부하지 않으면 입찰 시 제공한 입찰보증금을 몰수당하게 된다. 그러한 손해를 감수하고서라도 대금을 납부하지 않는 것은 낙찰받은 물건에 심각한 법적 하자(권리관계) 또는 실체적 하자(고가낙찰, 임차인)가 있다는 것이다.

매각대금을 납부하지 않으면 매각기일을 다시 지정하고 공고하는 등의 재매각 절차를 진행하게 되는데 이미 매각대금 지급기한까지 1개월여가 지났고, 재매각 절차를 통해 다시 경매에 부쳐지기까지 1~2개월이 소요되므로 대략 3개월 정도 경매절차가 지연된다.

경매절차 지연수단으로서의 대금 미납은 채무자(소유자)도 종종 이용하는 방법이다. 즉 채무자가 제3의 낙찰자를 내세워 거듭 낙찰과 대금 미납을 반복함으로써 채무 변제기간을 확보하고 궁극적으로 경매를 취하시키는 방법으로 활용하는 것이 그것이다.

7번 낙찰됐다가 고의적인 7번 대금 미납을 통해 결국 경매를 취하시킨 남양주시 화도읍 차산리 소재 임야 경매사건(사건번호 2005타경 32503)은 너무도 유명한 사례다.

셋째, 공유자우선매수신고도 경매절차를 지연시키는 주범 중의 하나다. 공유자우선매수신고는 공유지분의 일부가 경매에 부쳐지는 경우 그 나머지 공유자가 우선매수신고를 하면 다른 입찰자가 있는 경우 그 입찰자의 최고매수가액으로 공유자에게 매각을 허가하는 제도다. 사실상 입찰자들은 그냥 들러리에 불과할 뿐이므로 공유자우선매수신고가 있는 물건에는 입찰자가 없기 마련이고, 따라서 유찰이 거듭될 수밖에 없다.

공유자우선매수신고제도가 정비됐다고는 하나 아직도 허점이 많고, 특히 공유자가 경매에 나온 공유지분을 헐값에 매입하기 위한 방편으로 악용되기도 한다는 점에서 더 다듬을 필요가 있는 제도다. 일반적인 다른 물건에 비해 유찰되는 횟수가 많으므로 경매절차가 지연되는 것은 당연지사다.

넷째, 경매절차 지연사례 중 가장 빈번하게 나타나는 것이 바로 유치권신고다. 해당 경매물건에서 발생한 채권(공사비, 인테리어비 등)을 이유로 유치권자가 해당 물건을 점유하고 있으면 낙찰자는 낙찰대금 외에 유치권자가 주장하는 유치권 금액을 배상해야 한다. 물론 그 유치권의 대부분이 가짜이고 진짜 유치권은 극히 일부라고 해도 그 내막을 정확히 알지 못하는 입찰자는 아무래도 부담일 수밖에 없다.

따라서 이러한 물건은 신고된 또는 협의해서 부담하게 될 유치권 금액만큼 최저매각가격이 내려갈 때를 기다렸다가 입찰하는 것이 일반적으로 그만큼 경매절차가 지연된다. 유치권 금액이 크면 유찰이 5회 이상 되는 일도 있어 5개월 이상 경매절차가 지연되는 경우도 허다하다.

다만 신고된 유치권이 가짜라는 것이 분명하다거나 그 내막을 잘 알고 있을 때에는 유치권이 신고된 경우에도 물건 가치에 따라 첫 회 또는 1회 유찰 시 입찰하는 예도 있다. 유치권의 진정성 여부에 따라 경매절차 지연기간이 달라질 수 있다는 얘기다. 유치권신고는 진정 채권자가 신고하는 것이 일반적이지만 제3의 이해관계인이 해당 물건을 헐값에 인수하기 위한 차원에서 가장으로 유치권을 신고하는 경우도 있다.

끝으로 대항력 있는 선순위 임차인이 배당요구를 하지 않는 것도 경매절차가 지연되는 사유 중 하나다. 대항력 있는 선순위 임차인은 법원에의 배당요구를 통해 매각(낙찰)대금에서 배당을 받을 수 있지만,

배당요구를 하지 않고 임차보증금을 낙찰자에게 요구할 수도 있다.

문제는 후자다. 선순위 임차인이 배당요구를 하지 않으면 그 임차인의 보증금은 결국 낙찰자의 부담으로 작용할 수밖에 없다. 애초 입찰 적정가에서 떠안게 될 임차인 보증금을 뺀 금액만큼 최저매각가가 떨어질 때까지 기다렸다가 입찰하는 것이 원칙이기 때문에 그 원칙상 보증금 규모에 따라 수차례 이상 유찰이 거듭되고 그만큼 경매절차가 지연될 수밖에 없다. 이 같은 사례는 임차인이 거주하고 있는 주택이 경매에 부쳐졌을 경우 임차인이 해당 주택을 낙찰받기 위한 목적으로도 종종 이용된다.

이런저런 사유에 기한 경매절차 지연은 경매신청 채권자나 채무자 또는 임차인에게 결코 득이 될 것이 없지만, 그럼에도 채권자나 채무자 또는 임차인은 각자 얽혀 있는 이해관계에 따라 경매절차를 지연시키거나 유찰시키고자 안간힘을 쓴다. 때로는 채무자가 채무를 변제하기 위한 시간을 벌려는 목적으로, 때로는 이해관계인이 해당 물건을 낙찰받고자 하는 목적으로, 때로는 채권자가 채권회수율을 높이기 위한 목적으로 말이다.

아무튼 임차인, 유치권자, 낙찰자 등 이해관계인 입장에서 보면 그 이해관계나 목적에 따라 유효적절하게 활용해볼 만한 방법들이다.

06

경매물건을
우선 매수하는
세 가지 방법

업무 중에 "제가 임차인인데 살고 있는 집이 경매당했습니다. 제가 이 집을 우선적으로 매수할 수 있는 권리가 있나요?"라는 질문을 종종 받게 된다.

결과적으로 임차인이 자기 주택을 우선적으로 매수할 수 있는 권리는 없다. 다른 입찰자와 동등한 자격에서 경쟁입찰을 해야 한다. 일반 입찰자와 다른 점은 그저 임차인인 채권자 입장에서 전세보증금에 대한 배당신청을 할 것이냐 말 것이냐를 결정하는 것 외에 아무것도 없다.

부도임대주택 임차인의 우선매수신고

다만 딱 한 가지 경우에 임차인이 우선하여 매수할 수 있는 권리가 부여된다. 바로 임대주택이 부도가 나서 경매가 진행되는 경우다. 임대주택이란 건설임대주택과 매입임대주택으로 나뉘는데, 건설임대주택은 주택법 제60조에 따라 국민주택기금의 자금을 지원받아 건설하거나 공공사업으로 조성된 택지에 건설하는 임대주택을, 매입임대주택은 임대사업자가 매매 등으로 소유권을 취득하여 임대하는 주택(전용 85㎡ 이하로서 전용 입식부엌, 전용 수세식 화장실 및 목욕 시설을 갖춘 오피스텔 포함)을 말한다.

해당 임대주택의 임차인은 매각기일까지 매수신청보증금을 제공하고 최고매수신고가격과 같은 가격으로 채무자인 임대사업자의 임대주택을 우선매수하겠다는 신고를 할 수 있다. 최고매수신고가격과 같은 가격이라는 것은 임차인에게 무조건적인 우선매수권을 인정하는 것이 아니라 임대주택 임차인 외 다른 입찰자가 있는 경우 그 입찰자 중에서 최고가매수인으로 입찰한 가격에 임차인이 우선매수할 수 있다는 것이다.

따라서 임차인이 우선매수신청을 했을 때 다른 입찰자가 없으면 최저매각가에 해당 임대주택을 우선매수할 수 있지만, 다른 입찰자가 있어 최고가매수인이 나온 경우에는 그 최고가매수인이 써낸 입찰가로 임차인이 매수해야 하므로 최고가매수인의 입찰가격이 부담되는 때도 있다.

공유자의 우선매수신고

이와 관련해 경매물건에 우선하여 매수신고할 수 있는 부류가 두 가지 더 있다. 공유자와 채권자다.

공유자우선매수신고는 부동산을 다수가 공유적 지분관계로 소유하고 있는 상태에서 그 지분의 일부만 경매에 부쳐진 경우 경매대상이 아닌 다른 지분의 소유자(공유자)가 경매대상인 지분을 우선하여 매수신고할 수 있는 것을 말한다.

임대주택 임차인의 우선매수신고와 같이 공유자는 매각기일까지 매수신청보증금을 제공하고 최고가매수신고가격과 같은 가격으로 채무자의 지분을 우선매수하겠다는 신고를 할 수 있다. 우선매수신고가 있는 경우 법원은 다른 입찰자의 최고가매수신고가 있더라도 그 공유자에게 매각을 허가하도록 되어 있다.

이 경우에도 최고가매수인은 차순위매수신고인의 지위에 있게 되지만, 최고가매수인이 차순위매수신고인의 지위를 포기할 수 있음은 물론이다. 공유자우선매수신고가 있는 사례에서 다른 입찰자가 없는 경우 과거에는 유찰로 처리했지만, 민사집행법에서는 최저매각가격을 최고매수가격으로 보아 공유자에게 우선매수를 인정하고 있다.

채권자매수신고

채권자매수권은 모든 채권자에게 해당하는 것이 아니라 압류채권자, 즉 경매신청 채권자에게만 인정되는 것이다. 경매제도에서의 잉여주

의(압류채권자에게 돌아갈 변제액이 남는 경우에 한해 경매를 진행한다는 원칙)
와 관련이 있는 문제다.

법원은 최저매각가격으로 압류채권자의 채권에 우선하는 부동산
의 모든 부담과 절차비용을 변제하면 남을 것이 없다고 인정한 때(우
선변제권자의 채권액 + 경매비용 ≥ 최저매각가격)에는 압류채권자에게 이
사실을 통지하도록 되어 있다.

이때 압류채권자는 법원으로부터 통지를 받은 날부터 1주 이내에
압류채권자의 채권에 우선하는 부동산의 모든 부담과 절차비용을 변
제하고도 남을 만한 가격(우선변제권자의 채권액 + 경매비용 < 채권자매수
신고가격)을 정해 그 가격에 맞는 다른 입찰자의 매수신고가 없을 때
에는 압류채권자가 그 가격으로 매수하겠다고 신청하면서 이에 충분
한 보증을 제공할 수 있다.

압류채권자의 매수신고가 없거나 매수신고를 했어도 보증을 제공
하지 않은 경우에는 무잉여를 이유로 경매절차가 취소된다. 설령 이
를 간과하고 경매가 속행되어 낙찰된 결과 잉여주의에 부합하면 매각
이 허가되지만 역시나 무잉여로 압류채권자에게 돌아갈 변제액이 남
지 않으면 매각이 불허가된다.

위 두 개의 우선매수신고와 다른 점은 임차인우선매수신고나 공
유자우선매수신고는 경쟁입찰이 있는 경우 임차인이나 공유자에게
최고매수가격에 매각을 허가하지만, 채권자매수신고는 압류채권자
가 아니라 압류채권자가 정한 가격에 입찰했든 그 이상 가격으로 입

● **우선매수신고의 같은 점과 다른 점**

같은 점	• 우선매수신고가 있는 경우 우선매수신고인 외 다른 매수인이 없는 때 매각허가는 누구에게? – 원칙상 세 가지 모두 우선매수신고인에게 매각허가
다른 점	• 우선매수신고인 외 다른 매수인, 즉 최고가매수인이 있는 경우의 매각허가는 누구에게? – 임차인, 공유자 우선매수: 임차인, 공유자에게 매각허가 – 채권자매수: 최고가매수인에게 매각허가

찰했든 최고가매수인에게 매각을 허가한다는 점이다.

덧붙여 채권자매수신고는 무잉여에 기한 경매취소를 방지하기 위한 방안으로 활용되는 것이지만, 채권자가 잉여가 될 수 있는 금액으로 매수신고를 한 후 다른 입찰자가 없는 경우에 채권자에게 매각이 허가된다는 점에서 우선매수신고의 범주로 포함시킬 수 있을 것이다.

공유자우선매수신고제도에 대해서는 필자가 이미 오래전에 쓴 책 《이것이 경매투자다》, 한스미디어, 2009년 3월 출간)을 통해 그 문제점과 개선방안을 논한 적이 있다. 이 문제점은 임대주택 임차인에게도 적용될 수 있는 문제일 것이다.

공유자우선매수신고제도의 문제점과 개선방안

부동산 경매물건 중에는 부동산 전체가 아니라 일부 지분만 경매에 부쳐지는 경우가 종종 있다. 예컨대 건물 전체 면적은 100평인데 갑, 을, 병 세 사람이 1/3씩 똑같이 지분을 소유하고 있는 경우 갑의 소유지분인 1/3만 경매에 부쳐지는 예가 그러하다.

이처럼 일부 지분만 경매에 부쳐지는 경우 우리 민사집행법은 채무자가 아닌 다른 공유자(위의 을과 병)에게 그 공유지분에 대한 우선매수권을 인정하고 있다. 공유물 전체의 이용관리나 다른 공유자와의 기존의 인적 유대관계를 유지할 필요성에서 공유지분의 매각으로 인해 새로운 사람이 공유자로 되는 것보다는 기존의 공유자에게 우선매수권을 부여하여 그 공유지분을 매수할 기회를 주는 것이 타당하다는 것이 그 입법 취지다.

이에 따라 공유자는 매각기일까지 매수신청의 보증을 제공하고 최고가매수신고가격과 같은 가격으로 채무자의 지분을 우선매수하겠다는 신고를 할 수 있으며, 우선매수신고가 있는 경우 법원은 다른 입찰자의 최고가매수신고가 있더라도 그 공유자에게 매각을 허가하여야 한다(민사집행법 제140조 제1항, 제2항).

즉 공유자의 우선매수신고가 있는 경매물건의 경우에는 다른 입찰자가 최고가로 매수신고를 하였다 하더라도 그 입찰자는 최고가매수인, 즉 낙찰자가 되지 못하고 우선매수신고한 공유자가 낙찰자가 되는 것이다. 결국 공유자가 우선매수권을 행사한 물건에 입찰한 최고가매수인 이하 다른 입찰자들은 그냥 들러리에 불과할 뿐이다. 공유자우선매수신고가 있는 물건에 입찰자가 없거나 입찰경쟁이 적은 이유이다.

만약 공유자가 우선매수신고를 한 경매물건에 다른 입찰자가 없는 경우에는 어떻게 처리가 될까? 구(舊)민사소송법제에서는 유찰로 처리하고 다음 기일에 가격을 저감하여 경매를 진행했다.

여기서 공유자의 우선매수권의 남용 내지 악용이라는 문제가 발생한다.

즉 공유자가 우선매수신고를 한 경매물건에는 다른 입찰자의 입찰은 들러리에 불과하므로 아무도 입찰에 참가하려 하지 않게 되고 결국 그 물건은 유찰이 거듭되어 최저매각가격이 상당히 큰 폭으로 저감될 수밖에 없다. 가격이 충분히 하락되었다고 판단되는 때에 공유자는 보증금을 제공하고 우선매수권을 행사하여 낙찰자로서의 지위를 획득할 수 있고, 설령 다른 입찰자가 최고가로 낙찰되더라도 최고가매수인의 지위를 빼앗아올 수가 있게 된다.

이러한 혜택(?) 때문에 공유지분을 싸게 매입하려는 공유자는 공유지분이 첫 경매에 부쳐질 때부터 우선매수신고를 함으로써 다른 입찰자의 매수신청 의지를 애당초부터 꺾어버리는 식으로 우선매수신고제도가 남용 또는 악용되어 왔던 것이다.

이러한 폐단을 없애고자 민사집행법에서는 공유자가 우선매수신고를 하였으나 다른 매수신고자(입찰자)가 없는 경우에는 최저매각가격을 최고매수가격으로 보아(민사집행규칙 제76조 제2항), 공유자에게 우선매수를 인정하고 있다. 즉 공유자가 우선매수신고를 하면 공유자 외 다른 입찰자가 없더라도 구민사소송법에서와 같이 유찰로 처리하는 것이 아니라 공유자에게 매각을 허가한다는 것이다.

단순 명문규정으로만 보면 공유자의 악의 있는 우선매수권 행사의 소지를 없앤 것처럼 보인다. 이 규정대로라면 공유자가 첫 경매에서부터 섣불리 우선매수신고했다가는 감정평가액(최저매각가격)에 공유지분을 매수해야 하는 사태가 발생하기 때문이다. 수회 유찰된 후에 아주 저렴한 가격에 낙찰받으려 했던 공유자의 의도와는 상관없이 공유자에게 매각이 허가되는 것이므로 공유자에게는 이만저만한 손실이 아니다.

그러나 여기에도 이 규정의 중대한 허점이 있다. 바로 공유자우선매수신고를 구민사소송법에서와 같이 매각기일 당일 최고가매수인을 호창하기 전까지 할 수 있다는 점과 우선매수신고를 사전에, 즉 매각기일 이전에 미리 행사하는 것을 막고 있지 않다는 점 및 사전에 우선매수신고를 하는 경우에도 우선매수신고와 동시에 보증금 제공을 의무화하고 있지 않다는 점이다.

우선 공유자우선매수신고를 매각기일 당일 최고가매수신고인을 호창하기 전까지 할 수 있게 되는 결과 공유자는 보증금을 준비하고 있다가 관련 물건 개찰 시 입찰자의 유무를 판단한 후—개찰 시에 각각의 사건번호별로 입찰자를 호명하여 불러 세우게 되므로— 만약 입찰자가 있으면 보증금 제공과 함께 우선매수신고를 하고, 입찰자가 없으면 우선매수신고를 안 하면 된다. 낙찰과 유찰이 공유자에 의해 결정되는 바람직하지 못한 결과를 초래하게 되는 것이다.

또한 공유자는 다른 입찰자의 참여의사를 미리 꺾어 거듭 유찰시킨다는 소기의 목적을 달성하기 위해 우선매수신고를 매각기일 전에 미리 하는 것이 일반적인데—공유자우선매수신고를 하면 매각물건명세서에 기재되고 일반인에게 그 사실이 공개가 되므로— 우선매수신고 당시 입찰보증금을 함께 제공하도록 하는 강제 규정이 없는 관계로 우선매수신고는 미리 해놓고 보증금은 매각기일 당일 입찰자가 있는지 없는지 사정을 파악한 후 제공해도 된다는 것이 바로 공유자우선매수신고제도 문제의 핵심이다.

사전에 한 우선매수신고 영향으로 다른 입찰자가 없다는 것이 확인되었다면 입찰보증금을 제공하지 않음으로써 우선매수권 행사를 없었던 일로 할 수 있고, 이 경우 당해 경매물건은 당연 유찰로 처리됨은 물론이다. 바로 우선매수신고한 공유자가 원하는 바이다. 다른 입찰자가 없을 경우 유찰로 처리하지 않고 공유자에게 최저매각가로 매각을 허가하는 것으로 법은 개정되었으되 공유자는 사실상 이전과 같은 소기의 목적을 여전히 달성하고 있는 셈이다.

그러면 공유자우선매수신고제도가 어떻게 개선되어야 할까? 먼저 공유자의 우선매수신고 시한을 매각기일 당일 최고가매수인을 호창하기까지가 아니라 다른 입찰자와 마찬가지로 입찰종료 시까지로 제한할 필요가 있다고 본다. 공유자우선매수권은 인정하되 최소한 다른 입찰자와 동등한 자격, 즉 다른 입찰자의 유무를 모르는 상태에서 입찰하도록 하는 것이 바람직하다.

또한 공유자가 사전에, 즉 매각기일 전에 우선매수신고를 하는 경우에도 그 신고 시에 입찰보증금 제공을 의무화할 필요가 있다고 본다. 처음으로 경매에 부쳐질 당시부터 무분별한 우선매수권의 남용을 방지하고자 함이다. 그렇게 할 때에 우선매수권이 행사된 공유물건에 대해 다른 입찰자가 없는 경우 유찰시키지 않고 최저매각가에 공유자에게 최고가매수인의 지위를 인정하는 현행법 체계에도 부합하는 것이 될 것이다.

2013년 5월 3일 법무부에서는 공유자우선매수신고의 남용을 막기 위해 공유자우선매수권 행사를 1회로 제한하는 내용의 민사집행법 개정안을 입법예고했다. 1회 제한보다는 공유자우선매수권 행사 시 보증을 제공하도록 하는 것이 더 바람직하겠지만 어쨌든 환영할 만한 일이다. 다만 공유자우선매수권 행사 1회 제한은 전혀 새로운 것이 아니라 이미 오래전 인천지방법원에서 실무적으로 실행한 바 있는 내용이다.

2008년 4월 3일 일부 지분이 경매에 부쳐진 인천 남구 도화동 소재 근린주택이 그 사례다. 감정평가액이 17억 5359만 원, 최저경매가가 감정가의 34%(3회 유찰)인 6억 148만 원까지 떨어진 물건이다. 지분 경매인 데다가 공유자우선매수가 있을 것이란 우려로 다른 입찰자들이 입찰을 꺼렸기 때문이다.

● **공유자우선매수권 행사 1회 제한 사례**

대표소재지	인천 남구 도화동 378-15 〈1호〉		사건번호: 2006타경41497[1]	
용 도	근린주택	채 권 자	조○○ 강제경매	
감정평가액	1,753,587,000원	소 유 자	정○○	개시결정일	2006.05.15
최저경매가	(34%) 601,481,000원	채 무 자	정○○	감 정 기 일	2006.07.28
낙찰/응찰	726,500,000원 / 2명	경 매 대 상	건물전부, 토지지분	배당종기일	2006.10.16
청 구 금 액	203,947,850원	토 지 면 적	722.86㎡ (218.67평)	낙 찰 일	2008.04.03
등기채권액	470,000,000원	건 물 면 적	1128.17㎡ (341.28평)	종 국 일 자	2008.06.26
특 이 사 항	• 공유자의우선매수신청권행사는 신고한 첫기일에만 유효하고, 다음기일부터는 행사 할 수 없음			
주 의 사 항	• 배당요구종기: 2006.10.16. • 공유자의 우선매수신청권행사는 신고한 첫기일에만 유효하고, 다음기일부터는 행사 할 수 없음			

자료: 부동산태인(www.taein.co.kr)

인천지방법원 경매21계는 이 물건에 그간 볼 수 없었던 '공유자의 우선매수청구권 행사는 신고한 첫 기일에만 유효하고 다음 기일부터는 행사할 수 없음'이란 특별매각조건을 붙였다. 공유자가 한 번 우선매수권을 행사하면 또다시 우선매수권을 행사할 수 없도록 한 조치다. 결과적으로 이 물건은 매각 당일 2명이 경쟁입찰하여 7억 2650만 원에 제3자에게 낙찰되었다.

경매고수 이영진의 One-Point Lesson

배우자우선매수권

유체동산경매에서도 배우자의 우선매수권이 인정된다. 즉 부부공유 유체동산을 압류한 경우 배우자는 그 목적물에 대한 우선매수권을 행사(민사집행법 제206조)하거나 자기 공유지분에 대한 매각대금을 지급할 것을 요구(동법 제221조 제1항)할 수 있다.

다만 배우자의 지급요구가 있는 경우 이에 이의가 있는 채권자는 그 배우자를 상대로 소를 제기하여 압류물이 채무자와 그 배우자의 공유물이 아니라 채무자의 단독소유라는 것을 확정함으로써 부당한 지급요구를 배제할 수 있다(동법 제221조 제3항).

07 신종 경매사기, '바지 세우기'를 조심하라

일반적으로 경매 입찰 시 바지를 세운다고 함은 최고가매수인(1등 입찰자)의 입찰가를 떠받치기 위한 작전(?)의 하나로 최고가매수인 외 가장(假裝)의 입찰자(속칭 '바지'라고 함)를 내세우는 것을 말한다.

'바지'를 세우는 이유는 여러 가지가 있겠지만 가장 큰 이유는 입찰가에 대한 확신이 없기 때문이다. 부연하면 이렇다. 경매 입찰을 대리하는 컨설턴트가 아무리 경험이 많은 전문가라고 해도 경매물건에 따라, 또는 그날의 컨디션에 따라 입찰가에 대한 확신이 들지 않을 때가 종종 있다.

입찰가에 대한 확신이 들지 않는다는 것은 곧 경쟁입찰자가 몇 명일지에 대한 확신이 서지 않는다는 것과도 일맥상통하는 얘기다.

예상 경쟁입찰자에 대한 파악은 입찰가 산정에서 매우 중요한 잣대가 된다. 따라서 예상 입찰자가 정확하게 파악되는 경우에는 이에 맞춰 입찰 전에 고려했던 입찰가 범위 내에서 입찰가를 적절하게 조율하여 입찰할 수 있게 된다.

반면 예상 입찰자가 파악되지 않는 경우에는 여러 사람이 입찰할 것으로 예상하고 최저매각가보다 상당히 높은 가격에 입찰하여 낙찰됐으나 결과적으로 단독으로 입찰했거나, 이와는 반대로 다른 입찰자가 없을 것으로 예상하고 입찰가를 최저매각가 수준에서 낮게 써냈는데 결과적으로 십수 명이 입찰 들어와 낙방하게 되는 등의 실패를 경험하게 된다.

후자의 경우에는 떨어진 것에 대한 아쉬움을 달래고 의뢰인에게 새로운 투자물건을 소개해주는 것에서부터 다시 시작할 수 있지만, 전자의 경우는 낙찰이 되고도 뒷맛이 씁쓸하고 의뢰인(낙찰자)에게서 쏟아지는 비난을 감수해야 하는 역경에 처할 수밖에 없다. 경우에 따라서는 낙찰을 받아주고도 수수료를 받지 못하는 경우도 더러 있다.

바로 이러한 점을 피하기 위해 '바지'를 세우게 된다. 단독입찰을 예상했든 경쟁입찰을 예상했든 고가로 낙찰되는 것에 대한 의뢰인(입찰자)의 비난을 피하기 위한 컨설턴트의 고육지책에서 나온 대책인 셈이다.

그간 '바지 세우기'는 가장의 경쟁률을 높여 낙찰자로 하여금 결코 높은 가격에 낙찰된 것이 아니라는 것을 보여주기 위한 방법으로 악

● **전통 바지와 신종 바지**

전통 바지	신종 바지
[사례 가정] 감정평가액 500,000,000원 최저경매가 320,000,000원	
입찰자별 입찰가격	입찰자별 입찰가격
입찰자별 입찰가격 ① 갑 437,770,000원 → 최고가매수인 ② 을 436,900,000원 → 속칭 '바지' ③ 병 378,000,000원 ④ 정 362,500,000원 ⑤ 무 355,555,000원	① 갑 437,770,000원 → 입찰무효. '바지' ② 을 415,560,000원 → 최고가매수인 ③ 병 388,800,000원 ④ 정 364,900,000원 ⑤ 무 333,000,000원

용되어 왔지만, 최근에는 이와 반대로 최고가매수인을 떠받치는 것이 아니라 최고가매수인이 '바지'로 나서는 새로운 형태의 '바지 세우기'가 종종 나타나고 있다. 그 새로운 형태의 '바지 세우기'가 어떤 것인지 사례를 통해 살펴보도록 하자.

2009년 3월 10일, 주춤했던 경매시장이 살아난다고 해서 취재차 모 일간신문 기자와 동행하여 서초동 중앙지방법원의 경매법정을 찾은 적이 있다. 이날 경매법정을 찾은 인파는 대략 300명 정도였다. 경매1계와 6계 담당의 총 85건이 경매에 부쳐져 26건 정도만 낙찰(낙찰률 30.6%)됐고, 경쟁입찰자도 많아야 14명을 넘지 않아 아직 실매수세가 완연히 살아났다고는 느낄 수는 없었지만, 부동산시장 침체 여파로 경매시장마저 꽁꽁 얼어붙었던 2008년 10월에 똑같은 목적으로 찾았던 경매법정과는 판이한 모습이었다.

여느 때와 마찬가지로 이날도 입찰실수 사례를 어렵지 않게 볼 수 있었다. 입찰시간이 임박하여 법정에 도착한 입찰자가 부랴부랴 입찰에 응하기 위해 입찰표를 교부받으려고 했지만 거부당한 사례, 경매기일이 변경된 사실을 모르고 입찰한 사례, 대리입찰했음에도 본인의 인감증명서를 첨부하지 않아 입찰이 무효로 된 사례 등등.

그런데 이날 입찰이 무효로 처리된 사례 중 유독 눈에 띄는 사례가 하나 있었다. 동작구 신대방동에 소재한 동작상떼빌 오피스텔 35평형(감정가 3억 7000만 원)이 그것이었다. 각각 두 차례의 유찰과 변경을 거쳐 2억 3680만 원에 경매에 부쳐진 이 물건은 당초 6명이 경쟁입찰하여 2억 8030만 원을 써낸 K씨가 최고가매수신고인으로 선정됐다.

그러나 K씨의 입찰은 이내 무효 처리되었다. 입찰표상의 입찰가액을 수정한 채로 입찰했기 때문이다. 수정한 것도 모자라 입찰가액에 두 줄을 긋고 날인까지 했다. 입찰가액 수정은 입찰무효 사유에 해당한다. 당연히 K씨의 입찰은 무효가 되고 2억 5220만 원을 써낸 2등 입찰자인 Y씨가 낙찰자로 선정됐다. 1등 입찰자보다 약 3000만 원이 적은 금액에 낙찰되는 행운을 거머쥔 것이다.

입찰가액 수정에 의한 입찰무효는 종종 발생하는 사례인데 뭐 그리 대수냐고 반문할 수 있겠지만, 이날 무효 처리된 입찰자가 한마디의 항변도 없이 너무나 당연하듯 그 결과를 받아들였다는 점, 입찰 전 집행관이 입찰 시 주의사항을 구두(口頭)로 고지하면서 입찰가액을 수정한 채로 입찰표를 제출하면 입찰이 무효가 된다는 것을 분명히 했다는 점으로 보아서도 일말의 오해를 불러일으키기에 충분했다.

무효 사유에 해당하는 입찰로 입찰이 무효가 되면 차순위 입찰자가 최고가매수인이 된다는 점을 이용한 다른 형태의 '바지 세우기'인 셈이다.

그간의 '바지 세우기'가 낙찰은 물론 낙찰가와 최저매각가의 차이를 좁히는 데 목적이 있었다면 이 같은 신종(新種) '바지 세우기'는 낙찰이라는 목표는 같지만 가급적 저렴한 가격에 낙찰을 받기 위한 계산이 깔려 있다는 점에서 다르다. 또한 그간의 '바지 세우기'는 1등 입찰자가 최고가매수인임을 염두에 둔 것이지만, 신종 '바지 세우기'의 최고가매수인은 1등 입찰자가 아니라 2등 입찰자를 염두에 둔 것이라는 점에서도 차이가 있다.

입찰법정에서 숱한 실수들이 발생하고 있지만, 그 실수들 역시 단순한 실수로 치부하기에는 다소 미심쩍은 이유, 바로 갖가지 형태의 '바지 세우기'가 관행적으로 횡행하고 있기 때문일 것이다. 입찰실수, 특히 서류 미비, 보증금 미달, 입찰가액 수정에 의한 입찰무효가 입찰자의 단순 실수에 의한 것인지, 아니면 컨설턴트의 다분히 의도된 '바지 세우기' 전략에 의한 것인지를 예의주시하는 것도 경매법정에서 느끼는 묘미 중 하나라 하겠다.

2장

입찰자가 모르면 당하는
11가지 경매의 비밀

01 최근의 경매 입찰이 두려운 이유

2013년 2월 새 정부 출범 후, 부동산시장 활성화를 위한 전방위적 지원과 정책적 규제완화 및 부동산가격 저점에 대한 인식으로 부동산시장이 회복될 것이라는 기대감이 확산되면서 경매나 재건축 중심으로 거래량이 늘어나고 있지만, 부동산시장 활성화는 아직도 요원한 상태다.

경매시장도 2회 이상 유찰되어 가격이 상당히 낮아진 물건에만 입찰자들이 몰려들고 있고 아직은 여타 다른 상품으로 열기가 확산되지는 못하고 있다. 입찰자로서는 입찰경쟁이 낮으면 낙찰될 확률이 높아지기 때문에 그리 나쁘게 볼 일이 아니지만, 그럼에도 입찰에 앞서 두려움이 생기는 것은 무슨 이유일까?

경매 입찰이 두려운 이유

- 부동산시장 침체로 인한 부동산가격 추가 하락
- 낮은 입찰경쟁률로 인한 고가낙찰 사례 속출
- 채권 유동화 채권자의 입찰 참여로 인한 낙찰통계 왜곡현상 심화

우선 수도권 부동산시장 침체의 골이 너무 깊어지고 있다는 데에서 기인한다. 경매의 최대 장점은 시세보다 싸다는 것인데 거래가 없는 상황에서 시세를 제대로 가늠할 수가 없고, 경매물건을 감정가 또는 시세 대비 20~30% 정도 저렴하게 매수했다고 해도 시장 침체의 끝을 알 수 없는 상황에서 과연 싸게 취득했느냐가 그리 오래가지 않아 판가름 나기 때문이다.

시세보다 싸게 매수했다는 것은 현시점에서의 판단일 뿐이다. 현재의 주택시장 흐름으로 보아서는 결코 서너 달 또는 6개월 이후까지 유효한 판단은 아니다. 물론 부동산시장이 하락세라 하더라도 그 기간이 지나기까지 경매 취득 원가를 잠식할 정도로 가격이 내리지는 않겠지만, 침체의 끝을 알 수 없는 상황에서 이 역시 장담할 수 없는 노릇이다. 그래서 두려운 것이다.

다음으로 선뜻 입찰가를 써내기가 주저해졌다는 점이다. 위와 같은 이유도 있지만 더 큰 이유는 입찰자가 많지 않은 관계로 자칫 잘못하다간 고가낙찰이 되기 십상이라는 것이다.

입찰자로서는 차순위와 입찰가 차이가 크게 나 최고가매수인이 되

고도 기분 좋지 않은 결과를 얻게 되고, 컨설팅업체 입장에서도 의뢰인을 볼 면목이 서지 않거나 의뢰인으로부터 싫은 소리를 들을 수 있는 대목이다.

차순위와의 격차도 문제지만 나 홀로 단독입찰하여 최저매각가보다 월등히 높은 가격으로 낙찰되는 것은 더 큰 낭패다. 입찰경쟁이 낮아졌다고 해도 2~3명, 3~4명 들어올 줄 알고 입찰가를 썼는데 결과적으로 단독낙찰되었을 경우 물건 규모에 따라 입찰가와 최저매각가의 차이가 수천만 원에서 수억 원까지 날 수도 있다.

2012년 7월 23일 노원구 공릉동 소재 감정가 10억 5320만 원 단독주택이 세 차례 유찰된 5억 3950만 원에 경매에 부쳐져 K씨에게 단독으로 6억 5680만 원에 낙찰된 사례가 그 꼴이다. 나 홀로 입찰해서 최저매각가보다 1억 1730만 원을 더 써낸 셈이다. 아무리 시세와 수

● 단독 고가낙찰 사례

소재지/감정서	면적(단위:㎡)	진행결과	임차관계/관리비	등기권리
(139-240) 서울 노원구 공릉동 441-98 ▶ 감정평가서요약 · "원자력병원"남서측인근에 위치 · 제반주위환경보통임. · 차량접근가능 · 인근버스정류장있음 · 교통사정은보통 · 인접자루형평탄지대 · 동측으로종로변의포장도로에접함	토지이용계획 GO 대 지 · 263 (79.56평) 건 물 · 68.46 (20.71평) (현:89.2) 제시외 · 창고 5.8 (1.75평) · 사무실 5.2 (1.57평) · 창고(옥탑) 6.6 (2평) 출 1층	감정 1,053,720,000 100% 1,053,720,000 유찰 2012.04.10 80% 842,976,000 유찰 2012.05.08 64% 674,381,000 유찰 2012.06.12 51% 539,505,000 낙찰 2012.07.23 656,800,000 (62.33%) 김○○외2 응찰 1명	▶ 법원임차조사 신○○ 전입 1999.09.30 점유 미상 (점유:미상, 보증금:미상) ▶ 태인세대열람 GO 류○○ 전입 1988.10.19 신○○ 전입 1999.09.30 박○○ 전입 2012.03.06 열람일 2012.03.30	· 건물등기. 소유권 류○○ 1995.11.23 매매(1995.10.23) 근저당 하나은행 2006.04.21 520,000,000 [말소기준권리] 근저당 현○○ 2007.10.30 200,000,000 압 류 파주세무서 2008.01.04

자료: 부동산태인(www.taein.co.kr)

익률에 근거해서 입찰한 것이라고 위안 삼아도 뒷맛이 개운치 않음을 부정할 수 없는 노릇이다.

끝으로 낙찰가 통계를 신뢰할 수가 없어졌다는 것도 입찰을 흔쾌히 할 수 없게 만드는 원인이 되고 있다. 지역별, 유사 물건별로 각 경매정보업체에서 추출한 낙찰가 통계(평균 낙찰가율)는 그간 입찰가 산정의 잣대로 활용되어 왔다.

그러나 최근 몇 년 사이 경매물건이 속속들이 유동화되면서 그 통계에 대한 왜곡현상이 발생하기 시작했다. 금융기관으로부터 유동화회사로 1차 유동화되고 또 다른 업체나 개인에게 2차, 3차 유동화될수록 그 왜곡은 더 심해졌다.

근저당 채권이 유동화되면서 채권양수인이 배당을 받으려는 목적

● **유동화 채권양수인 낙찰로 인한 낙찰가 통계왜곡 사례**

사건번호	2011타경14070
소재지	안산시 상록구 본오동 안산보노피아빌딩 2층 213호(근린상가)
감정평가액	1,000,000,000원
최저경매가	512,000,000원(51.2%)
최종 매각기일	2012년 5월 14일
채권자	국민은행(설정액 총액: 828,100,000원)
1차 채권양수인	○○AMC
2차 채권양수인	개인
낙찰가	750,000,000원
낙찰가율	75%(일반적 낙찰가율 60% 예상)

보다 경매물건을 유입하려는 목적으로 채권설정액 상한선 또는 배당 가능액 상한선까지 입찰가를 써내 낙찰받는 사례가 많아졌기 때문이다.

예컨대 2012년 5월 14일에 경매에 부쳐진 안산시 상록구 본오동 소재 안산보노피아빌딩 213호가 전형적인 사례다. 이 물건은 최초감정가 10억 원에서 세 차례 유찰되어 최저매각가가 5억 1200만 원까지 떨어졌다. 경매를 신청한 근저당 채권자는 국민은행이었지만 이미 이 물건은 모 AMC로 1차 유동화됐고 경매절차에서 세 차례 이상 유찰되자 이 AMC 역시 채권 유동화를 고려하던 차 제3자에게 채권을 매각했다.

일반적인 입찰경쟁이었다면 예상 낙찰가가 6억 원을 넘지 않았을 이 물건은 결과적으로 7억 5000만 원에 채권양수인에게 낙찰됐다. 2명이 경쟁입찰했음에도 최저매각가보다 2억 3800만 원을 더 높게 써내 낙찰된 셈이다.

이 사례에서 낙찰가율을 얼마로 하는 게 옳을까? 단지 낙찰가격으로 본다면 낙찰가율이 75%가 되지만 최고가매수인인 제3자가 이 물건을 매수하는 데 들어간 금액은 사실 채권 양수가격이지 낙찰가가 아니다.

애당초 내가 이 채권을 매수하려고 잠정 협의했던 가격은 5억 7000만 원. 나중에 이보다 더 높은 가격을 제시한 사람에게 채권이 넘어갔는데 아마도 채권 양수가격이 6억 원 정도나 이보다 조금 높은 가격으로 추정되는바 이를 기준으로 한다면 실제 낙찰가율은 60%라고 보아야 하는 것이 맞다.

이처럼 어느 가격을 기준으로 하느냐에 따라 낙찰가율이 무려 15% 차이가 나게 된다. 그러나 이 사례는 비교적 양호한 편에 속한다. 이보다 더 큰 폭이 나는 물건도 수두룩하다. 그런데도 경매정보 업체에서 집계하는 통계는 채권 매입가격이 아니라 입찰가격을 기준으로 작성되기 때문에 정상적인 거래가보다 다소 높게 집계될 수밖에 없다.

유동화된 물건이 많아질수록, 채권양수인이 직접 입찰에 참여하는 사례가 많아질수록 낙찰가율 통계에 대한 왜곡현상이 더 심해질 수밖에 없는 이유이자 낙찰가율 통계에 의존해 입찰가를 산정하기가 주저해지는 이유다.

덧붙여 경매물건의 채권 유동화가 활성화될수록 채권 유동화가 이루어지는 과정에서 경매물건이 취하되거나 연기 또는 변경되는 사례가 부쩍 늘고 있어 입찰자나 경매 컨설팅 종사자들을 곤혹스럽게 하고 있다. 이처럼 요즘의 경매시장은 기회의 시장이면서도 여러모로 참 어려운 시장이 되어가고 있다.

입찰자는 어떻게 낚이는가? _부실채권(NPL)과 관련하여!

채권 유동화와 관련해 할 얘기가 하나 더 있다. 2013년 들어설 즈음에 모 인터넷 매체에서 언론사들이 기사 내용과 동떨어진 자극적이거나 선정적이며, 조금은 과장된 기사 제목을 뽑아 독자(또는 유저)들을 낚는 사례가 비일비재하다는 기사를 낸 적이 있다.

'아찔' '경악' '충격' 등등의 단어를 기사 제목에 삽입해 독자의 시선 또는 클릭을 유도하지만 사실 기사 내용은 별 볼일 없는 게 대부분이라는 것이다. 그것도 마이너 언론사보다는 메이저 언론사에서 그런 기사를 더 많이 내보낸다는 내용의 기사였다.

언론사들이 그러한 기사 제목을 뽑는 이유는 독자들의 흥미를 유발하고 그럼으로써 해당 기사 조회수나 트래픽을 높이고자 함이다.

그런데 이러한 소위 '낚시질'이 언론사에만 국한되는 것이 아니라 제품 구매자를 필요로 하는 곳이면 어느 매체나 업종을 가리지 않고 이미 곳곳에 만연되어 있다는 것은 주지의 사실이다.

다소 동떨어진 얘기 같지만, 경매시장에도 '낚시질'은 엄연히 존재한다. 낚는 작업(?)을 하는 사람이나 그 작업 대상과 목적이 여타 다른 '낚시질'과 다를 뿐이다. 경매시장에서의 낚는다 함은 1차적으로 경매물건이 빠른 시일 내에 낙찰되도록 하기 위함이고, 2차적으로는 높은 가격에 낙찰되도록 유도하기 위함이다. 낚는 대상, 즉 '낚시질'에 낚이는 사람은 물론 입찰자이다.

그렇다면 입찰자를 낚는 사람은 누굴까? 주로 '낚시질'을 통해 이득을 보려는 사람, 즉 경매물건의 이해관계인이다. 이해관계인 중에서 채무자나 소유자는 경매당한 조급한 처지에서 '낚시질'을 할 여유가 없다. 보증금을 찾느냐 떼이느냐 기로에 서 있는 임차인도 그럴 여유가 없다.

주로 문제되는 것이 바로 채권자의 '낚시질'이다. 채권자는 경매신청 채권자이든 그렇지 않든, 1순위 채권자이든 후순위 채권자이든, 가급적 빠른 시일에, 그것도 높은 가격에 낙찰되기를 간절히 바라는 부류다. 그래야 보유하고 있는 채권에 대한 원금 손실을 최소화할 수 있기 때문이다.

채권자와 입찰자가 무슨 관계가 있느냐고 반문할 수 있겠지만, 어떤 경매물건의 임대차관계나 권리관계가 단순하면 모를까 그렇지 않고 이리저리 얽히고설킨 경우 채권자는 입찰자에게 절대적인 영향력을 갖는 존재가 된다.

특히 2002년 7월 민사집행법 시행으로 채권자를 비롯한 이해관계인 외에는 집행기록을 열람할 수 없게 만든 것도 입찰자들의 채권자에 대한 의존도를 심화시키는 빌미를 제공했다. 게다가 전에는 채권자가 금융기관이 대부분이었기 때문에 채권 담당(또는 여신관리 담당)을 물어물어 찾는 게 쉽지만은 않았으나 최근에는 채권이 유동화되면서 유동화회사나 OOOAMC 또는 OOASSET이라 불리는 자산관리회사들이 경매정보에 버젓이 연락처를 공개하고 있다.

채권양수인의 연락처를 안다는 것 자체가 입찰자로서는 매우 큰 소득이랄 수 있으나 세상에 공짜는 없다고 했다. 공개된 전화를 통해 문의해도 제공해주는 정보에 한계가 있고 그 정보 역시 함정이 없지 않다.

자산관리회사 입장에서는 공개된 전화를 통해 문의하는 입찰(예정)자는 대단한 낚시감이 아닐 수 없다. 채권자, 특히 원채권자가 아니라 채권 유동화를 거친 양수채권자일수록 수익률(또는 채권회수율)을 높이는 것이 사업의 성패를 좌우하기 때문에 애매모호한 권리관계나 임대차관계 및 물건에 대한 자문을 구하는 입찰자를 대상으로 답변을 해주는 과정에서 입찰을 유도하거나 문의한 사람들의 수, 입찰하겠다고 하는 사람이 있다는 것, 심지어 예상입찰가까지 실로 대단한(?) 정보를 슬쩍 흘린다. 입찰을 맘먹은 사람으로서 이에 흔들리지 않을

● 채권자에 입찰자가 낚인 사례

사건번호	2012타경2823
소재지	경기도 양평군 양서면 대심리 17-34 외 1필지(토지)
감정평가액	664,200,000원
최저경매가	340,070,000원(51.2%)
최종 매각기일	2013년 4월 1일
채권자	우리은행(설정액 총액: 348,000,000원)
1차 채권양수인	○○에셋자산운용
2차 채권양수인	입찰 문의자 중 3억 8000만 원 이상 입찰하겠다는 사람 있음.
낙찰가	385,100,000원(낙찰가율 57.98%, 입찰자수 2명)
낙찰가율	유치권, 법정지상권, 사업권양수도 관련 비용 소요

사람이 어디 있을까.

실례를 들어보자. 2013년 4월 첫날 양평군 양서면에 소재한 토지가 경매에 부쳐진 적이 있다. 감정평가액은 6억 6420만 원, 최저매각가는 3억 4007만 원으로 5.21%까지 떨어졌다.

남한강이 조망되는 곳에 조성된 일단의 전원주택지 중 도로지분과 1필지 토지가 나온 물건으로 지상에는 오래전에 짓다 멈춘 건축물이 있어 법정지상권이 성립할 여지가 있는 물건이다. 현장에는 공사대금을 받지 못해 유치권을 행사하고 있다는 현수막이 두 개나 나붙어 있고 실제 법원에 2명의 유치권자로부터 각각 1억 9000만 원, 6900만 원씩 유치권이 신고되어 있지만, 채권자로부터 유치권배제신청이 들어와 있는 상태다.

나도 관심이 있었던 물건이라 경매정보업체에 공개된 ○○에셋자산운용이라는 회사에 전화를 걸어 유치권에 관한 내용, 유치권배제신청 내역에 대한 자료를 요청했다. 그러나 자료 요청은 협조를 받지 못하고 대신 유치권은 성립하지 않는다는 답변을 받았다. 물론 공신력이나 법적 구속력이 있는 답변은 아니다. 아울러 법정지상권이나 사업권 양수도 관련 사항을 문의했으나 명확한 답변을 얻지 못했다.

전화를 끊으려는 찰나, 상대방이 던진 한마디. 이 물건 입찰 예정자가 있고 그 사람이 3억 8000만 원을 쓸 예정이라는 것이다. 나는 그전에도 여러 번 갖은 채권자로부터 이러한 낚시성 멘트들을 들어왔기 때문에 개의치 않았다.

더군다나 이 물건은 현장답사 후 들른 양평군청에서 건축인허가 및 착공사항 확인을 통해 법정지상권이 분명히 성립하는 것으로 조사됐고, 특히 사업허가권 취소 또는 양수도가 만만치 않을 것으로 예상됐다. 알려준 것처럼 유치권이 성립하지 않는다고 해도 그 이상으로 비용이 소요될 수 있는 물건이었다.

결국 나는 이 물건 입찰을 포기했지만, 사실관계를 제대로 확인하지 못한 입찰자들은 어디 그럴까? 입찰 결과를 보니 2명이 입찰해 3억 8510만 원에 낙찰됐다. 모 자산관리회사가 얘기한 3억 8000만 원보다 510만 원을 더 쓴 금액이다. 낚여도 제대로 낚였다. 물론 내가 잘못 판단한 것일지도 모르지만.

경매물건 채권의 대다수가 유동화되면서 입찰자들이 접근할 수 있는 정보 채널이 하나 더 생긴 것은 좋으나 그만큼 함정에 빠지거나 던진 미끼에 걸려들 가능성도 많아졌다.

덧붙여 입찰자의 입찰가에 영향을 미치는 미끼성 사례들이 어디 이뿐일까. 항상 조심할 일이다.

경매고수 이영진의 One-Point Lesson

부실채권(NPL: Non Performing Loan)이란?

금융기관의 대출금 가운데 회수가 불확실한 채권(부실 대출금 + 부실 지급보증액)을 말한다. 금융기관의 대출금은 정상·요주의·고정·회수의문·추정손실 등 다섯 단계로 분류되는데, 부실채권은 정상을 제외한 나머지 4개를 포함한 것이다.

정상은 이자 납입과 원금 상환이 정상적으로 이루어지고 있는 경우이며, 요주의는 주의가 필요한 대출금으로 짧은 기간(1개월 이상 3개월 미만) 연체되는 경우이다. 고정은 3개월 이상 연체되는 것으로 손해를 입을 가능성은 있지만 대출금을 담보가액으로 상쇄할 수 있는 경우이며, 회수의문은 피해 정도를 정확히 알 수 없지만 담보가 부족할 것으로 예상되는 경우이다. 추정손실은 피해 정도의 추정이 가능하지만 이에 비해 담보가 턱없이 부족한 경우로 받을 가능성이 전혀 없는 여신이다. 경매물건은 대부분 부실채권(NPL)에 해당한다고 보면 된다.

03 경매 낙찰 0순위의 숨겨진 비밀

경매 입찰 시 낙찰받기 가장 쉬운 사람은 누굴까? 입찰가를 무작정 높게 쓰는 사람이 당연 낙찰 확률이 높겠지만, 극히 비정상적인(?) 입찰자를 제외하면 입찰자들 사이에는 낙찰 순위와 관련해 공식과 같은 일정한 서열(?)이 매겨져 있다.

예를 들어 어떤 물건을 꼭 낙찰받아야겠다는 심정으로 입찰하는 사람과 떨어져도 괜찮다는 심정으로 입찰하는 사람이 서로 경쟁한다면 어떤 사람이 낙찰 확률이 높을까? 전자가 후자보다 가격을 높게 쓸 것이고 당연히 전자의 낙찰 확률이 높은 것과 같은 맥락이다. 바로 입찰자마다 목표하는 바나 입장이 제각각이기 때문에 나오는 서열이다.

● **낙찰 우선순위**

정상적인 입찰	① 채권자(또는 채권양수인) 입찰 ② 잠재적 가치(개발 가능성, 개발호재) 투자자 ③ 실수요자 ④ 일반 투자자(현상의 가치에 중점을 두는 투자자) ⑤ 입찰 참가에 의미를 두는 투자자
비정상적인 입찰	① 입찰가액에 실수로 '0'을 하나 더 쓴 입찰자 ② 묻지마 투자자(입찰자)

그렇다면 정상적인 입찰자 중에 낙찰 확률이 가장 높은 부류는 어떤 집단일까? 바로 미래의 잠재적 가치, 즉 주변 개발호재로 인한 향후 자산가치 상승이나 당해 물건의 개발가치(신축 또는 리모델링)를 염두에 두고 접근하는 입찰자다. 미래가치 접근 매수자는 입찰가가 매우 탄력적이다. 현재의 시세나 수익률에 근거한 입찰자보다 짧게는 몇 달, 길게는 몇 년 후의 시세상승률이나 개발수익률이 입찰가에 반영되기 때문이다.

그런 의미에서 실수요자나 일반 투자자가 그다음 순위라 하겠지만 둘 중에서도 굳이 서열을 나눈다면 일반 투자자보다는 실수요자가 낙찰 확률이 더 높다. 일반 투자자는 미래가치를 우선시한 매수자보다는 현재의 시세가 주된 수익률의 기준이 되고 또한 취득 목적이 아무래도 경매 취득에 맞게 매우 정형화되어 있다.

즉 경매로 취득하는 것만큼 취득 당시부터 어느 정도의 기대수익률을 고려하고 입찰에 들어가기 때문에 아무래도 수익률에서 덜 구속받는 실수요자보다는 입찰가 산정에서 다소 보수적일 수밖에 없다.

입찰자 중에서 가장 낙찰 확률이 적은 부류는 낙찰에 관심이 있다기보다는 오류 정신에 입각해 입찰에 참가하는 데 의미를 두는 입찰자들이다. 그야말로 떨어지면 그만, 붙으면 대박이라는 심정으로 입찰하는 생초보나 경매실습차 입찰에 임하는 교육 실습생이 이에 해당한다. 괜히 법정 분위기만 들뜨게 하고 경쟁률만 높여 선의의 입찰자에게 애꿎은 피해를 주는 부류다.

정상적인 입찰자 부류에서 눈여겨봐야 할 것이 바로 채권자 집단이다. 경매절차에서 채권자는 경매물건이 제3자에게 낙찰되면 낙찰대금에서 채권액 전액을 배당받는 것이 가장 이상적이다. 따라서 낙찰대금에서 전액 배당을 받을 수 있는 채권자는 굳이 입찰에 응해 담보물건을 유입하려 들지 않는다.

그러나 채권자가 경매절차에서 전액 배당을 받는 경우가 과연 얼마나 될까? 배당받을 채권이 있음에도 다른 채권자와의 배당순위에서 밀리거나 거듭 유찰되어 낙찰가가 낮아 낙찰대금에서 채권액의 전부 또는 일부를 배당받지 못하게 되는 채권자 입장에서는 부득이 경매물건 자체를 매입하지 않을 수 없게 된다. 채권 배당 대신 물건을 매입하여 일정 기간 보유한 후 되팔아 시세차익을 남김으로써 채권액을 보전하고자 하는 계산이 깔려 있는 셈이다.

예컨대 어느 상가건물을 담보로 10억 원의 근저당을 설정한 A은행이 채권회수를 위해 경매를 신청했다고 치자. 담보를 설정할 당시 시세는 15억 원을 넘었지만 이후 줄곧 시장상황이 좋지 않아 경매신청

● **채권자와 일반 입찰자 간 경쟁우열 비교**

[사례 가정]
- 물건 종별: 근린상가 건물
- 채권자: A은행
- 근저당 채권액: 10억 원(이자채권까지 포함 시 10억 원을 넘음)
- 감정가: 12억 원(입찰 당시 현 시세는 10억 원 정도)
- 최저가: 6억 1440만 원 − 시장상황, 권리 및 임대차관계 복잡해 3회 유찰

	채권자(A은행)	일반 입찰자(갑)
입찰가 결정 기준	채권 상한액 − (제세공과금 + 인수비용)	수익률(권리 및 임대차 인수, 명도비용 등 고려)
입찰 가능금액	9억~10억 원	6억 5000만~8억 원
대금 납부방식	전액 상계(相計)	전액 현금 납부

당시에는 담보가액 수준인 12억 원으로 떨어져 최초감정가도 12억 원으로 감정이 됐고 유찰 거듭 후 시세는 약 10억 원까지 떨어졌다는 가정이다.

시장침체 상황에 권리나 임대차관계가 복잡해 거듭 유찰되어 최저매각가가 6억 1440만 원(3회 유찰, 51.2%)까지 떨어졌다고 하자. 이 건물이 제3자에게 최저매각가에 낙찰되면 A은행은 10억 원의 채권 중 약 6억 원만 배당받을 수 있을 뿐이다. 따라서 A은행이 나머지 채권액 4억 원을 배당받지 못할 바에야 차라리 A은행 스스로 입찰에 참여하여 상가건물을 낙찰받아 아예 소유권을 이전받는 식이다.

A은행은 낙찰받은 건물을 2~3년 보유하다 시세가 상승하면 그때 다시 되팔아 배당받지 못한 채권액 4억 원을 보전할 수 있다. 시세 상승이 더디거나 오히려 하락하는 경우도 있겠지만, 시세가 10억 원 이

상으로 상승하면 채권액 보전 이상으로 시세차익을 누릴 수 있다는 장점이 있다.

얘기가 잠시 주제를 벗어났지만, 위 사례에서 A은행과 제3자인 갑이 경쟁입찰하는 경우 누가 낙찰받을 가능성이 높을까?

갑은 취득 시 제세공과금, 인수비용, 명도비용 등 부담과 경매 취득이라는 이점을 십분 살리려면 이 상가건물 입찰가를 8억 원 넘게 써내지는 못할 것이다. 반면 A은행은 채권최고액이 10억 원이기 때문에 최대한 10억 원까지는 아무런 거리낌 없이 입찰가를 써낼 수 있다. 10억 원에 A은행에 낙찰돼도 A은행은 10억 원을 배당받을 수 있어 사실상 추가 비용이 들지 않기 때문이다.

채권자와 일반 입찰자 간 입찰경쟁에서 채권자가 경쟁우위에 있다는 점을 단적으로 보여주는 사례다. 물론 채권자의 권리순위, 채권액 규모, 배당액, 최저매각가율 등 경매물건이라는 것이 경우의 수가 워낙 다양하므로 채권자의 낙찰 가능성이 일반 입찰자보다 높다고 단언할 수는 없다.

다만 위 사례에서처럼 채권자 가운데 다른 채권자에 앞서 배당을 받을 수 있는 1순위 근저당권자의 채권최고액이 감정평가액에 버금가거나 그 이상이고, 유찰이 거듭되어 최저매각가가 채권최고액에 터무니없이 미치지 못하는 상황이라면 근저당권자의 낙찰 확률은 거의 100%라 할 수 있다.

채권자는 다소 특수한 상황이긴 하지만, 어쨌거나 이 경우를 가정하여 낙찰 우선순위를 정해보면 '채권자 — 잠재적 가치 접근 매수자 — 실수요자 — 일반 투자자 — 오륜 정신에 입각한 참가자' 순으로 정리될 듯싶다. 입찰하기에 앞서 입찰 물건의 성격(실수요용, 투자용, 개발용 등), 취득 목적을 정립하고 입찰자 유형을 파악하고 입찰하는 것도 결국 낙찰 우선순위에서 경쟁력을 확보하기 위한 일련의 과정이 아닐까?

덧붙여 경매에 임하다 보면 낙찰 우선순위를 무색하게 하는 부류들이 있다. 개발호재가 있는 지역의 토지, 뉴타운 내 연립·다세대 등 아파트에 비해 가격이 정형화되어 있지 않은 종목에 필요 이상 감정가를 넘겨 무작정 낙찰되고 보자는 식의 '묻지마 입찰'이나 입찰표상의 입찰가액에 '0'을 잘못 기재하여 예상가액보다 10배나 많은 가격에 입찰한 입찰자 등이 그것이다. 입찰과정에서 요주의 입찰자이거니와 항상 주의를 요하는 입찰 유형이기도 하다.

임차인과 전세권자의 배당요구를 같이 취급하면 큰일난다

임차인의 배당요구 유무는 입찰자의 입찰 여부를 결정하는 데 상당한 영향을 미치는 중차대한 사안 중 하나다. 특히 선순위 대항력 있는 임차인의 경우 그 임차인이 배당을 받지 못한 보증금의 일부 또는 전부를 낙찰자가 인수해야 하므로 더욱 그렇다.

그런데 간혹 임차인의 지위를 갖고 있으면서 전세권자의 지위를 겸하는 임차인도 있다. 이러한 임차인의 경우 배당요구는 둘 중 하나의 지위만을 갖고 있는 임차인의 배당요구와는 다른 세심한 주의를 요한다.

예를 들어보자. 2012년 12월 26일 광주광역시 동구 산수동에 소재한 다세대 45.8㎡가 경매(사건번호 2012타경6439)에 부쳐진 적이 있다.

● 임차인의 지위와 전세권자의 지위를 겸한 사례 1

소재지/감정서	면적(단위:㎡)	진행결과	임차관계/관리비	등기권리
(501-090) 광주 동구 산수동 401-24 5층 501호		감정 51,300,000	▶법원임차조사 김○○	•건물등기.
토지이용계획 **GO**	대 지 •20.6137/253 (6.24평)	100% 51,300,000 유찰 2012.08.21	전입 2008.04.28 확정 2009.08.28	전세권 남○○ 2007.10.10 42,000,000
▶감정평가서요약 •산수초등학교남서측인근 에위치	건 물 •45.8 (13.85평)	70% 35,910,000 유찰 2012.10.02	배당 2012.04.02 점유 501호/알수없음 (현황서상)	(2007.10.05 ~2009.10.04)
•차량통행가능	총 5층 중 5층 보존등기 2004.03.13	56% 28,728,000 유찰 2012.11.13	남○○	근저당 전북저축은행 2008.02.15
•인근시내버스정류장있음		45% 22,982,000 낙찰 2012.12.26	전입 2008.04.28 확정 2009.08.28	1,176,500,000 [말소기준권리]
•교통조건은보통시됨.	대지감정 13,851,000 건물감정 37,449,000	28,111,000 (54.80%)	배당 2012.04.02 점유 501호 전부/주거	
•부정형	감정기관 리치감정		보증 4200만 (점유 : 2007.10.9.~200	소유권 김○○ 2008.03.10 전소유자:김희실
•남축으로소로에접함		허가 2013.01.02	9.10.8.) (전세권자)	매매(2008.02.28)
•(가-거)다세대주택		미납 2013.02.01		
•개별난방/보일러		유찰 2013.03.20	▶총보증금 42,000,000	소유권 임○○ 가등기 2008.09.12
▶건물구조 •철근콘크리트조		36% 18,386,000 유찰 2013.05.01	▶태인세대열람 **GO** 김**	가압류 현대커피탈 (목포) 2008.09.16
▶토지이용계획 •도시지역		29% 14,709,000 유찰 2013.06.12	전입 2008.04.28 열람일 2012.08.13	49,796,313

자료: 부동산태인(www.taein.co.kr)

최초감정가 5130만 원에서 3회 유찰되어 최저경매가 2298만 2000원으로 떨어진 상태에서 2811만 1000원에 낙찰됐으나 낙찰자는 대금 납부기한 내에 대금을 납부하지 않았다. 보증금 규모가 크지 않았지만, 그 보증금(약 230만 원)을 몰수당했음은 물론이다. 이후에도 이 물건은 수차례 유찰을 거듭했다.

이유가 뭘까? 임대차관계와 등기부등본상의 권리관계를 살펴보니 그 이유가 짐작됐다. 먼저 등기부등본상의 권리관계를 보니 전세권(2007년 10월 10일)이 선순위로 설정되어 있고 말소기준권리가 되는 근저당(2008년 2월 15일, 전북저축은행)이 다음 순위로 설정되어 있다.

임대차관계는 선순위 전세권자인 N씨가 말소기준권리인 근저당보다 후순위로 전입(2008년 4월 28일, 보증금 4200만 원)되었으며, 확정일자도 받았고 배당요구종기 내에 배당요구도 했다. N씨는 임차인으로서는 후순위, 전세권자로서는 선순위 지위를 겸하고 있는 셈이다.

이 사례에서 임차인 N씨는 보증금을 전액 배당받을 수 있을까? 결론적으로 그렇지 못하다. N씨는 임차인의 지위에서 배당요구를 했지만, 전세권자의 지위에서 배당요구를 하지는 않았기 때문이다.

따라서 N씨는 임차인의 지위에서만 배당을 받을 수 있으나 말소기준권리인 전북저축은행의 최초근저당보다 후순위 임차인으로서 배당순위도 전북저축은행에 밀리게 되어 전북저축은행이 배당을 받고 나면 N씨에게 배당될 금액은 전혀 없다.

N씨가 후순위 임차인이기 때문에 낙찰자는 N씨의 보증금 4200만 원을 떠안지 않아도 되지만 문제는 N씨가 선순위 전세권자의 지위를 겸하고 있다는 점이다. 선순위 전세권은 배당요구를 해야 말소되는 것으로 민사집행법 제91조 제4항에 엄연히 명시되어 있다.

낙찰자는 임차인의 보증금을 인수하지 않더라도 배당요구하지 않은 전세권은 말소되지 않고 낙찰자에게 인수되므로 결국 낙찰자는 임차인 보증금 4200만 원을 인수할 수밖에 없게 된다. 이런 이유로 이 물건은 낙찰 후 대금 미납에 이르게 됐고, 재경매에 부쳐진 이후에도 유찰을 거듭하고 있는 것이다.

위 사례와 달리 전세권은 후순위로 배당요구를 했지만 선순위 임차인의 지위에서 배당요구를 하지 않아 낙찰자가 임차인의 보증금을

소재지/감정서	면적(단위:㎡)	진행결과	임차관계/관리비	등기권리
(157-200) 서울 강서구 가양동 1459 대아 108동 13층 1302호 토지이용계획 **GO** ▶감정평가서요약 · 서울특별시 강서구 가양동 소재 ''성재중교'' 북서측 인근에 위치하며, 부근은 대규모아파트단지, 학교, 소규모 근린생활시설 등으로 형성된 지역으로 주위 환경 보통임. · 차량 출입이 가능하며, 인근에 버스정류장 및 지하철 9호선 ''양천향교역''이 소재하는 등 일반대중교통 사정은 양호한 편임. · 철근콘크리트 벽식구조 평스라브지붕 15층 건물 중 제1302호로서, 외벽: 몰탈위페인팅마감 등, 내벽: 벽지 및 타일마감 등, 창호: 하이새시창 등임. · 아파트(방4, 거실, 주방, 욕실겸 화장실2, 발코니	대 지 · 44162.5㎡중 66.305/44162.5 ⇒66.31㎡ (20.06평) 건 물 · 134.88 (40.8평) 총 15층 중 13층 보존등기 1993.07.21 대지감정 446,400,000 건물감정 273,600,000 감정기관 이노감정	감정 720,000,000 100% 720,000,000 유찰 2012.07.17 80% 576,000,000 유찰 2012.08.21 64% 460,800,000 유찰 2012.09.25 51% 368,640,000 유찰 2012.12.05 41% 294,912,000 낙찰 2013.01.15 306,277,000 (42.54%) 차순위 응찰 2명 허가 2013.01.22 납부 2013.02.22	▶법원임차조사 김○○ 전입 1998.05.18 확정 2008.04.21 점유 전부 보증 1억8500만 (점유: 2008.04.~) *총보증금 185,000,000 ▶태인세대열람 **GO** 김** 전입 1998.05.18 열람일 2012.07.06 ▶관리비체납내역 · 체납액: 0 · 확인일자:2012.07.02 · 12/4까지미납음 · ☎ 02-2659-6771 ▶관할주민센터 가양1동 주민센터 **GO** 가양1동 179-1 ☎ 02-2600-7785	· 집합건물 등기, 소유권 강○○ 1993.08.02 매매(1991.10.31) 근저당 병영농협 (연암지점) 2005.04.21 169,000,000 [말소기준권리] 근저당 병영농협 (연암) 2008.04.22 96,000,000 전세권 이○○ 2008.04.28 185,000,000 (2008.04.15 ~2010.04.14) 전 세 가양동(새) 근저당 2008.04.28 143,000,000 (이○○의 전세근저)

자료: 부동산태인(www.taein.co.kr)

전액 부담해야 하는 사례도 있다.

서울 강서구 가양동 소재 대아아파트 108동 1302호 48평형이 감정가 7억 2000만 원에 처음 경매(사건번호 2012타경140)에 부쳐진 것은 2012년 7월 17일이었다. 이 아파트는 네 차례의 유찰을 거듭한 끝에 2013년 1월 15일에 3억 628만 원(낙찰가율 42.53%)에 낙찰됐다.

이처럼 낮은 낙찰가율을 기록한 것은 후순위 전세권자와 선순위 임차인의 지위를 겸하고 있는 임차인이 전세권자로서의 배당요구(법원 매각물건명세서 기록)를 했을 뿐 임차인의 지위에서는 배당요구를 하지 않았기 때문이다.

비록 전세권자가 배당요구를 했지만, 그 전세권은 후순위로 전세권보다 먼저 설정된 근저당 채권을 변제하고 나면 전세권 설정액 대부분을 배당받지 못하게 되어 결국 임차인 보증금 1억 8500만 원을 낙찰자가 인수해야 한다. 그런 이유로 4회씩이나 유찰되고 최저경매가가 감정평가액의 40.96%까지 떨어진 끝에 인수보증금 1억 8500만 원을 감안한 금액에 낙찰됐던 것이다.

위 두 사례 모두 임차인과 전세권자의 배당요구를 각각 별개로 취급하는 데서 불거진 문제다. 입찰자로서 임차인이 전세권자와 임차인의 지위를 겸했을 때 그중 하나 또는 두 개의 지위에서 선순위에 해당되는 경우 그 선순위 지위에서 배당요구를 했는지를 명확히 따져보아야 하는 이유이기도 하다.

낙찰가 4억 4890만 원과 4억 3280만 원, 최종 승자는 누구?

2009년 9월 28일, 서울동부지방법원 경매법정에 입찰자만 226명이 몰려 한 차례 몸살을 앓았다고 한다. 말이야 226명이지 입찰자 외에 동행인, 정보업체 종사자, 대리인, 교육 수강생까지 합하면 족히 500명은 넘을 듯한 인파이니 그 좁은 경매법정이 미어터졌을 법도 하다.

이날 경매 진행되어 낙찰된 물건은 모두 26건이다. 평균 입찰경쟁률이 8.7 대 1로 딱 3주 전 DTI 규제 확대 직후 같은 법정의 입찰경쟁률 7.6 대 1보다 더 높아졌다. 감정가를 넘겨 낙찰된 물건도 무려 11건에 달했으며, 건당 10명 이상의 경쟁률을 보인 물건도 모두 8건(20명 이상은 3건)이나 됐다.

● **임대차분석 간과해 손해를 본 사례**

	일반 사례	실패 사례
사건번호	2009타경3054	2008타경11492
소재지	서울 강동구 둔촌동 둔촌현대아파트 32평형	
해당 호수	13동 401호	14동 501호
감정평가액	450,000,000원	530,000,000원
최저경매가	360,000,000원	271,360,000원
감정평가 시점	2009년 2월 23일	2008년 9월 2일
최초근저당	한국주택금융공사(설정 2006년 12월 19일)	신강동새마을금고(설정 2007년 5월 21일)
임대차 신고내역	석○○(전입 2008년 12월 2일)	이○○(전입 2004년 11월 22일, 기타 미상)
채권자 통한 임대차 확인사항	임대차관계 없음	임차인 보증금 140,000,000원
경매 결과 (2009년 9월 28일)	낙찰(448,900,000원, 29명)	낙찰(432,800,000원, 24명)
낙찰자 총 부담액	낙찰가+제세공과금	낙찰가+제세공과금+임차인보증금
대금 납부사항	대금 납부(2009년 11월 10일)	대금 미납(27,136,000원 몰수)
재경매 결과	―	낙찰(331,000,000원, 8명, 2010년 1월 4일)

DTI 규제 확대, 자금출처 조사가 경매시장에서는 먼 남의 나라 얘기로만 들리는가 보다. 이러한 규제보다는 아무래도 감정가가 시세보다 낮은 물건이 상당수 있었고, 지하철 9호선 연장 호재, 재건축이나 리모델링, 학군 등 향후 자산가치 상승을 기대할 수 있는 우량한 물건이 다량 쏟아져 나왔던 점이 더 크게 부각된 탓일 것이다.

각설하고, 이날 경매 진행 결과를 살펴보다 눈에 띄는 사건을 발견했다. 강동구 둔촌동에 소재한 둔촌현대아파트 32평형 2건이 그 것이다. 하나는 13동 401호 물건으로 4억 5000만 원 감정가에 한 차 례 유찰되어 최저경매가가 3억 6000만 원이었다. 다른 하나는 14동 501호 물건으로 감정가가 5억 3000만 원에 어떤 연유에선지 세 차례 나 유찰되어 최저경매가가 2억 7136만 원까지 떨어졌다.

같은 평형의 두 물건 감정평가액 차이는 감정 시점의 차이에서 비 롯된 것으로 추정됐다. 전자의 경우 감정 시점이 2009년 2월 말이었 던 반면 후자는 2008년 9월 초였기 때문이다. 2009년 2월은 2008년 하반기 금융위기 이후 급락하던 아파트 가격이 다시 상승세로 전환 되기 시작했던 때라 가격이 낮을 수밖에 없었고, 2008년 9월 초는 금 융위기 직전이라 아파트 가격이 급락하기 전이었다.

비록 두 물건 간 감정가 차이는 있었지만, 여하튼 당시 시세는 약 5억 원 정도에 형성되어 있다. 최근 리모델링 사업이 추진되었다가 입 주민들의 반대로 재건축으로 선회되어 재건축이 언제 될지 모른다는 것이 약점 요인으로 작용됐지만, 지하철 9호선을 보훈병원까지 연장 하기로 한 소식이 전해지면서 시세가 올랐다.

이런 이유로 두 물건 모두 20명이 넘는 최고의 경쟁률을 보이며, 1회 유찰된 13동 401호는 4억 4890만 원(낙찰가율 99.76%, 29명 입찰) 에, 3회 유찰된 14동 501호는 4억 3280만 원(낙찰가율 81.66%, 24명 입 찰)에 낙찰됐다. 두 물건의 낙찰가 차이는 약 1600만 원이다.

그런대로 좋았다. 현재 시세 5억 원을 기준으로 한다면 401호는 시세보다 약 5000만 원 정도, 501호는 약 7000만 원 정도 싸게 산 셈이다. 이런 셈법으로 모든 게 마무리되면 좋겠지만, 불행히도 경매시장이 그리 녹록하지가 않다.

문제는 3회 유찰된 14동 501호에 있었다. 앞서 말했듯 이 물건은 세 차례나 유찰됐다. 아무런 이유 없이 강동구에 소재한 재건축이 가능한 단지가, 그것도 지하철 9호선 연장이라는 개발호재가 있는 아파트가 세 차례씩이나 유찰될 수 있었을까?

501호 물건을 유심히 살펴봤다. 등기부등본을 보니 신강동새마을금고가 2007년 5월에 최초근저당권자로 등재되어 있고 이하 근저당 1건, 압류 1건, 가압류 2건이 설정되어 있지만 모두 낙찰로 말소되기 때문에 별문제가 없다.

다음으로 법원매각물건명세서를 보니 임대차현황에 L씨가 2004년 11월에 전입한 것으로 기록되어 있다. 이러한 사실은 경매정보업체가 조사한 동사무소 전입세대 열람내역에서도 재차 확인됐다. 그러나 L씨는 전입만 되어 있을 뿐 보증금이나 확정일자, 임대차기간 등에 관한 일체의 내역이 공개되지 않았다.

L씨가 소유자의 가족인지 아니면 임차인인지 모르겠지만, 어찌 됐든 L씨는 권리신고나 배당요구를 하지 않았던 것이다. 임대차 내역도 없고 전입일자로 보아 L씨가 2004년 11월부터 5년 가까이 장기간 한 곳에서 거주하고 있다는 점에서 자칫 L씨를 소유자의 가족으로 오인하게 할 소지가 다분했다.

점유자가 임차인인지 아닌지를 확인하는 가장 빠른 지름길은 바로 근저당 채권자인 금융기관을 활용하는 것이다. 금융기관이 근저당을 설정하기 전에 거치는 절차가 임대차 내역 조사다. 조사 결과 점유자가 임차인이면 대출한도에서 임차인의 보증금을 뺀 나머지 금액을 대출하는 것이 상례이기 때문에 초기 근저당 설정금액이 적을 수밖에 없다.

또한 소유자나 그 가족이 아닌 다른 사람이 점유하고 있는데 임대차관계 없이 점유하고 있다면 그 점유자로부터 무상거주확인서를 받아두는 것이 금융기관의 통례다. 점유자에 대한 임대차관계가 미상이라면 즉시 금융기관을 방문하거나 유선상으로 점유자에 대한 임대차 내역을 물어보아야 한다.

아마도 낙찰자는 이러한 절차를 간과한 듯싶다. 신강동새마을금고에 확인 결과 L씨는 임차인이 맞고 임대차 보증금은 1억 4000만 원이란다. L씨의 전입일이 최초근저당 설정일보다 빠르므로 L씨는 선순위 대항력 있는 임차인에 해당하여 낙찰자는 임차인 전세보증금 1억 4000만 원을 죄다 뒤집어쓰게 생겼다.

24명의 치열한 경쟁을 뚫고 4억 3280만 원에 낙찰됐지만 1억 4000만 원의 전세보증금을 떠안게 되는 결과 약 5억 7000만 원에 501호를 낙찰받은 결과가 됐다. 동일한 단지 내 동일한 평형대에 하나는 약 4억 5000만 원에, 다른 하나는 이보다 1억 2000만 원이 높은 5억 7000만 원에 낙찰된 셈이다.

501호 낙찰자가 과연 낙찰대금을 전액 납부할 수 있을까 귀추가 주목되는 사안이기도 하다. 물론 둔촌현대아파트의 재건축 가능성, 5년 이후 개통 예정인 지하철 9호선에 대한 연장이라는 개발호재로 자산가치가 지속적으로 상승할 것이라는 판단에 계속 보유하고자 한다면 모를까.

최초근저당 설정금액이 적은 것도 그러려니와 1순위 근저당 채권자가 제1 또는 제2금융권이 아니라 OO새마을금고나 OO캐피탈 같은 경우에도 선순위 임차인에 대한 존재를 추정할 수 있는 단서임을 잊지 말아야 한다.

결과적으로 낙찰자는 대금 미납으로 입찰보증금 2713만 6000원을 몰수당했고, 이 물건은 해를 넘겨 2010년 1월 4일에 애초 낙찰가보다 1억여 원 낮은 3억 3100만 원에 낙찰되어 새 주인을 찾았다.

06 참으로 버거운 **임차인의 벽**

일전에 경매 강의 도중 한 수강생으로부터 "시세보다 싸다고 판단되면 그냥 입찰하면 되지 굳이 권리분석이나 임대차분석이 필요하냐?"는 질문을 받은 적이 있다.

권리분석과 임대차분석이 왜 필요한지 장황하게 설명을 늘어놓고서야 조금은 이해를 하는 듯했다. 그러나 경매가 아무리 대중화됐다지만 '경매를 일반매매와 같은 반열에 놓고 별 대수롭지 않게 생각하는 위험천만한 사람도 있구나' 하는 생각이 들어 적잖이 놀랐다.

경매물건은 그 정보가 불특정 다수에게 공개된다는 점에서 입찰 역시 불특정 다수가 참가한다는 특징을 갖는다. 입찰에 임하는 불특정 다수에는 경매를 아는 사람도 있을 테지만 경매를 모르거나 초보자인 경우도 상당하다. 경매의 특성상 경매를 알아도 실수를 저지르거나 함정에 빠지는 경우가 비일비재한데 하물며 경매를 모르는 초보자의 경우에는 오죽할까.

경매 실수나 함정 유형에는 여러 가지가 있지만, 그 대표적인 유형이 바로 점유자와 관련된 일이다. 점유자는 임차인의 문제와 직결된다는 점에서 한 치도 소홀하게 넘어가서는 안 되는 사항이다. 경매정보에 등록된 점유자가 있다면 먼저 해야 할 일은 임차인의 진정성을 판가름하고, 다음으로 대항력 유무를 판단하고, 마지막으로 보증금에 대한 배당 여부를 분석하는 일일 것이다.

임대차분석 시 주의사항

- 선순위로 전입되어 있으나 임대차 내역이 미신고된 경우 채권자 통한 임대차 내역 확인 필수
- '임대차 미상' 또는 '폐문 부재'가 임차인이 없다는 것을 의미하는 것은 아님.
- 세대주는 후순위로 전입되어 있으나 가족 구성원이 선순위로 전입된 경우 세대합가로 인한 대항력 취득 주의

경매사례를 통해 점유자에 대한 분석과정을 살펴보도록 하자. 앞서 2장 5절 '4억 4890만 원과 4억 3280만 원, 최종 승자는?'에서 사례를 든 바와 같이 2009년 5월 강동구 둔촌동에 있는 현대아파트 32평형이

감정가 5억 3000만 원에 처음 경매에 부쳐진 적이 있다. 이 아파트의 최초근저당권자는 S새마을금고로 2007년 5월 근저당이 설정됐다.

먼저 점유관계를 보니 L씨가 2004년 11월에 전입한 것으로 되어 있다. 물론 임대차 신고내역이 없다. 임차인 여부가 미상이지만 채무자(소유자, O씨)와 채권자, 전 소유자(P씨)와의 관련성 및 최종 소유권 이전 시점(2002년 1월) 등을 살펴본 결과 임차인일 것임이 분명한 것으로 판단됐다.

다음은 L씨가 대항력이 있느냐 없느냐를 판단하는 것이다. 최초근저당은 2007년 5월에 설정됐고 임차인 L씨는 이보다 2년 이상 앞서 전입했으므로 대항력이 있는 선순위 임차인에 해당한다. 따라서 임차인 L씨가 보증금을 배당받지 못할 경우 그 보증금은 낙찰자에게 인수된다는 사실이 이 경매물건의 핵심이다.

마지막으로 임차인 L씨가 보증금을 배당받을 수 있느냐를 확인하는 일만 남았다. 앞서 얘기했듯 L씨는 임대차에 대한 권리를 신고하지 않아 임대차 내역이 미상으로 처리되어 있는 상태다. 등기부등본을 보니 배당요구로 인정되는 임차권등기명령 신청내역도 없다. 이러한 사실을 통해 L씨는 배당요구를 하지 않아 보증금을 배당받을 수 없고 얼마인지 모르는 보증금을 낙찰자가 떠안아야 한다는 것이 확인됐다.

이러한 이유로 이 아파트는 첫 경매에서 유찰된 후 6월, 8월에 있은 경매에서도 거듭 유찰되어 9월 28일에 감정가의 51%인 2억

7000여 만 원에 4회차 경매가 진행되어 24명이 경쟁입찰한 끝에 4억 3280만 원에 낙찰됐지만 대금 미납 후 2010년 1월 4일 재경매에서 3억 3100만 원에 낙찰됐다.

L씨가 선순위 대항력 있는 임차인이라는 것과 그 임차인이 보증금을 배당받지 못하기 때문에 낙찰자가 그 보증금을 떠안아야 한다는 점을 알고 모두가 입찰을 꺼려 유찰이 거듭됐고 낙찰 후에도 보증금 몰수라는 손해를 감수하고서라도 대금을 미납할 수밖에 없었던 것이다.

임대차분석이 이렇게 순서에 따라 딱딱 맞아떨어진다면 얼마나 좋을까? 그러나 경매물건은 그 수만큼이나 점유 유형도 각양각색으로 나타난다. 따라서 임대차분석도 다양한 각도에서 진행되는 것이 바람직하지만, 불행히도 표면상 드러나 있는 내용만 보고 입찰했다가

● **세대합가 사례 1**

사건번호	2008타경15159
소재지	서울 송파구 송파동 가락삼익맨숀 208동 605호
감정평가액	940,000,000원
최저경매가	752,000,000원
매각기일	2009년 5월 18일(첫 매각기일 2009년 3월 30일)
낙찰가	765,110,000원(입찰자 1명)
임대차 신고내역	전입 2007년 12월 10일, 이○○, 기타 미상 → 후순위
최초 전입자	전입 2006년 8월 23일, 권○○, 기타 미상 → 선순위
최초근저당(말소기준권리)	2007년 6월 4일, 페닌슐라캐피탈
최종 결과	대금 미납

낭패를 보는 성질 급한 입찰자가 한둘이 아니다.

이 역시 사례를 통해 살펴보자. 2009년 3월 송파구 송파동에 소재한 가락삼익맨숀 45평형이 경매시장에 나왔다. 감정평가액은 9억 4000만 원. 최초근저당권자는 P캐피탈로 2007년 6월에 근저당이 설정됐다.

임대차관계를 보니 세대주로 L씨가 2007년 12월에 전입되어 있다. 소유자나 채무자가 아닌 것으로 보아 임차인일 가능성이 많았다. 어떤 이유에서인지 L씨는 배당요구종기까지 배당요구를 하지 않았지만 그리 문제될 것은 없었다. 외형상 L씨는 근저당 설정일보다 늦게 전입한 후순위 임차인으로 낙찰자에게 대항할 수 없기 때문이다.

이 아파트는 한 차례 유찰된 후 5월 2회차 경매(최저매각가 7억 5200만 원)에서 감정가의 81%를 약간 웃도는 7억 6500만 원에 H씨에게 단독으로 낙찰됐다. 제법 괜찮은 가격에 낙찰을 받은 기쁨도 잠시, 단독입찰에 영 개운치 않았던 H씨는 주변 전문가의 자문을 받은 결과 심각한 문제가 있다는 것을 알았지만 이미 때는 늦었다.

H씨는 결국 대금을 납부할 수 없었고, 입찰보증금으로 제공한 7520만 원(최저매각가의 10%)은 몰수당했다. 왜 낙찰자인 H씨는 7520만 원이라는 거금을 포기하면서까지 낙찰대금을 납부하지 않았을까?

이유는 표면상 후순위 임차인인 줄만 알았던 L씨가 사실상 선순위 대항력 있는 임차인에 해당하여 L씨의 전세보증금을 H씨가 모두 물어줘야 한다는 것이다. 즉 L씨의 전입은 최초근저당 설정일보다 늦게 이루어졌지만, L씨의 아내인 K씨의 전입은 최초근저당보다 앞선 2006년 8월에 이루어졌다는 것이 원인이 됐다.

바로 '세대합가'와 관련된 문제다. 세대주의 가족이 먼저 전입한 후 나중에 세대주가 전입하는 경우를 세대합가라고 하는데, 이 경우 대항력 기산일은 세대주인 L씨의 전입일을 기준으로 하는 것이 아니라 아내인 K씨를 기준으로 한다. 대항력이 있기 위한 요건 중 하나인 전입신고(주민등록)는 임차인 본인뿐만 아니라 배우자, 자녀 등의 전입신고도 포함되기 때문이다.

따라서 세대주인 L씨보다 먼저 전입한 아내 K씨의 전입일을 기준으로 임차인 L씨는 대항력을 구비하고 있으므로 배당요구를 하지 않은 임차인의 보증금을 낙찰자가 모두 부담할 수밖에 없다. 이 아파트의 경우 K씨 전입 후 2년이 지나 재계약 시점의 전세시세가 2억 8000만 원이었으니 낙찰자인 H씨가 부담해야 할 금액은 낙찰가 7억 6500만 원에 전세가를 더해 무려 10억 4500만 원이 되는 셈이다. 감정평가액 9억 4000만 원을 훨씬 웃도는 금액이다. H씨가 낙찰대금을 납부할 수 없었던 이유다.

한 가지 아쉬운 것은 '세대합가'는 물건 소재지 읍·면·동사무소에서 전입세대 열람을 통해 충분히 확인할 수 있고, 믿을 만한 민간업체 경매정보에도 대부분 그러한 내용이 자세히 기재되고 있다는 점이다. H씨가 입찰하기 전 조금만 더 노력을 기울였다면 '세대합가'라는

사건번호	2012타경19445
소재지	서울 강남구 개포동 대청아파트 305동 506호
감정평가액	590,000,000원
최저경매가	377,600,000원
매각기일	2013년 4월 14일
임대차 신고내역	이○○, 전입 2011년 5월 26일, 보증금 2억 3500만 원 → 후순위
최초전입자	박○○, 전입 2009년 12월 28일 → 선순위
최초가압류(말소기준권리)	2010년 10월 7일
최종 결과	취하

함정에 빠지는 일은 없었을 것이다.

입찰 전 정보습득에 소요되는 비용이나 노력을 아끼지 말 것과 동사무소 전입세대 열람이나 현장답사 등 발품을 팔고 또 팔아야 함을 가르쳐주고 있는 셈이다. 이렇게 해서도 임차인에 대한 의문이 가시지 않는다면 입찰을 포기하면 그만이다. 경매제도가 존속하는 한 유사 경매물건은 언제고 다시 나오기 마련이다. 괜히 미련을 버리지 못하고 싸다는 점에만 매료되어 입찰했다가는 위 사례와 같이 값비싼 대가를 치를 수도 있다.

부동산시장 회복에 대한 기대감으로 경매시장에 투자자들이 다시 몰려든다고 한다. 재테크 수단으로서의 경매의 이점을 십분 활용한 경험이 있는 나로서도 경매투자를 적극 권장하는 바이지만 성공적인 투자가 거저 얻어지지는 않는다는 점을 명심해야 한다.

07 임차인 보증금이 인수되는 **다섯 가지 사례**

일반매매에서야 임차인을 승계하거나 명도협의 후 매수를 하는 것이 일반적이지만 경매에서는 명도에 앞서 이미 매수(낙찰)절차가 선행하게 된다. 바로 이런 차이 때문에 경매는 애당초부터 임차인과의 불가피한 분쟁이 예고되어 있다. 이 분쟁을 어떻게 하면 최소화시키고 가급적 인도명령이나 명도소송에 의한 강제집행까지 가지 않고 협의를 통해 명도를 이끌어내느냐가 경매의 관건일 것이다.

문제는 임차인 중에는 낙찰자가 어찌할 수 없는 임차인이 있다는 점이다. 바로 대항력 있는 선순위 임차인이다. 선순위 임차인은 경매 권리분석에서 말소기준권리라고 불리는 (근)저당, (가)압류, 담보가등기보다 앞서 전입과 입주를 마친 임차인을 말한다.

돈 버는 경매 돈 잃는 경매

이들 선순위 임차인이 보증금을 낙찰대금에서 전부 배당받으면 그리 문제될 것이 없다. 그렇지 않고 보증금의 전부나 일부를 배당받지 못하는 경우 그 보증금은 낙찰자가 물어줘야 한다. 선순위 임차인임을 확인했다 하더라도 그것으로 끝나서는 안 되고 임차인이 배당을 받는지 또는 배당을 받을 수 있는 보증금이 얼마인지를 파악해야 하는 이유다.

부동산이 경매시장에 나오게 되는 사정이 제각각인 만큼 부동산을 점유하고 있는 선순위 임차인이 배당을 받을 수 있는지 없는지에 대한 판단기준도 다양하다. 경매투자 사례에서 종종 보게 되는 선순위 임차인의 보증금 인수 유형을 간략하게 정리해본다.

선순위 대항력 있는 임차인의 보증금이 낙찰자에게 인수되는 경우

- 배당요구를 하지 않은 경우
- 배당요구 유무에 관계없이 그 임차인이 확정일자를 받지 않은 경우
- 배당요구를 했으나 배당요구종기가 지난 후 배당요구를 한 경우
- 확정일자를 받았으나 그 확정일자가 다른 권리순위보다 늦은 경우
- 별도의 배당요구 없이 임차권등기명령을 했으나 그 임차권등기명령이 경매개시결정등기 이후에 이뤄진 경우

배당요구를 안 했다

선순위 임차인이 배당요구를 하지 않은 경우다. 임차인이 낙찰대금에

소재지/감정서	면적(단위:㎡)	진행결과	임차관계/관리비	등기권리
(138-857) 서울 송파구 오금동 54-1 혜성공원 가동 9층 902호 토지이용계획 GO ▶건물구조 ▶감정평가서요약 ·통칭:101동 ·오주중학교서측인근 ·오금공원,공동주택등혼재 ·버스정류장및개룡역,오금역소재 ·개별난방 ·서북측및북측8m도로접함 ·도시계획시설도로접함 ·대공방어협조구역(위탁고도:77~257m) ·과밀억제권역	대지 ·24.61/685 (7.44평) 건물 ·56.74 (17.16평) (방3) 총 10층 중 9층 보존등기 1992.12.10 대지감정 112,000,000 건물감정 168,000,000 감정기관 청학감정	감정 280,000,000 100% 280,000,000 유찰 2011.08.22 80% 224,000,000 낙찰 2011.10.17 237,500,000 (84.82%) 조미순 응찰 1명 허가 2011.11.07 미납 2012.01.20 유찰 2012.03.05 64% 179,200,000 유찰 2012.04.16 51% 143,360,000 유찰 2012.06.04 41% 114,688,000	▶법원임차조사 이○○ 전입 2007.05.11 확정 2007.05.11 점유 9층 902호 보증 2억 (현황조사서상) 신○○ 전입 2007.10.04 점유 미상 (현황조사서상) ＊총보증금 200,000,000 ▶태인세대열람 GO 이○○ 전입 2007.05.11 열람일 2011.08.10 ▶관할주민센터	＊집합건물 등기. 소유권 김○○ 1993.08.20 매매(1993.06.21) 가압류 최○○ 2010.03.22 110,000,000 [말소기준권리] 압 류 강남구 2010.08.25 강 제 최○○ 2011.01.31 청구액 400,000,000원 [등기부채권총액] 110,000,000원 열람일 2011.02.24

자료: 부동산태인(www.taein.co.kr)

서 보증금을 배당받기 위해서는 반드시 배당요구를 해야 한다. 이 조건은 최우선변제 대상이 되는 소액임차인이나 소액임차인의 범위를 넘는 임차인을 가리지 않고 모든 임차인에게 해당되는 필요조건이다.

선순위 임차인이 모르고 배당요구를 하지 않은 경우도 있겠지만, 점유하고 있는 부동산을 임차인이 직접 낙찰받기 위한 다소 불순한 목적을 가지고 일부러 배당요구를 안 한 경우도 많다. 어쨌거나 두 가지 경우 모두 선순위 임차인의 보증금 전액은 낙찰자가 인수하게 된다.

확정일자를 받지 않았다

임대차계약서에 확정일자를 받는다는 것은 경매처분 시 낙찰대금으

● 확정일자를 받지 않은 사례(2013타경1260)

소재지/감정서	면적(단위:㎡)	진행결과	임차관계/관리비	등기권리
(134-060) 서울 강동구 둔촌동 172-1 둔촌주공 410동 8층 808호 토지이용계획 GO ▶ 감정평가서요약 • 서울특별시 강동구 둔촌동 소재 한산초등교 남동측 인근에 위치하고 있는둔촌 주공아파트 410동 8층 808호로서 주위는 대규모 주공아파트단지, 근린생활시설, 학교 등으로 형성되어 있음. • 제반차량 출입 양호하며 인근에 시내버스 정류장 및 지하철 5호선 둔촌역이 있어대중교통 사정은 양호함. • 철근콩크리트라멘조 슬래 브지붕 10층 중 8층 808호로서외벽: 세멘몰탈위 페인트 마감,내벽,천정: 벽지 도배 및 일부 타일 마감,바닥: 비닐장판 및 타일 깔기,창호: 알미늄샷시 및 목재 유리 이중창호.	대 지 • 68.22/151313.8 (20.64평) 건 물 • 76.84 (23.24평) 총 10층 중 8층 보존등기 1981.01.28 대지감정 405,000,000 건물감정 135,000,000 감정기관 대성감정	감정 540,000,000 100% 540,000,000 진행 2013.07.01 법원기일내역	▶ 법원임차조사 조○○ 전입 2009.03.16 점유 808호/주거 보증 1억4000만 (점유: 미상) *총보증금 140,000,000 ▶ 관리비체납내역 • 체납액:0 • 확인일자:2013.06.14 • 13년4월까지미납음 • ☎ 02-477-2167 ▶ 관할주민센터 둔촌1동 주민센터 GO 둔촌1동 172-5 ☎ 02-3425-7892	* 집합건물 등기. 소유권 박○○ 1993.09.24 매매(1993.09.01) 근저당 현대스위스저축은행 2011.07.29 520,000,000 [말소기준권리] 압 류 서울특별시강동구 2012.02.14 임 의 현대스위스저축은행 (로즈사업부) 2013.01.18 (2013타경1260) 청구액 449,842,441원 [등기부채권총액] 520,000,000원 열람일 2013.01.29

자료: 부동산태인(www.taein.co.kr)

로부터 배당을 받기 위한 매우 중요한 요건이다. 즉 확정일자가 있어야 임차인이 다른 후순위 권리자에 앞서 배당을 받을 수 있게 된다.

물론 현재 기준 보증금 7500만 원 이하의 소액임차인(수도권 과밀억제권역 기준)은 확정일자 유무에 관계없이 2500만 원 한도에서 다른 채권자에 우선하여 배당받을 수 있지만 2500만 원을 뺀 나머지 보증금 4500만 원을 배당받기 위해서는 역시나 확정일자가 필요하다.

결국 확정일자를 받지 않은 대항력 있는 선순위 임차인으로서 보증금이 7500만 원을 넘는 경우에는 그 보증금 전액을, 보증금이 7500만 원 이내의 소액임차인인 경우에는 최우선변제되는 2500만 원을 뺀 나머지 보증금을 낙찰자가 인수해야 한다. 이 보증금은 설령 임차인이 배당요구를 했다고 하더라도 임차인에게 배당되지 않는 보증금이다.

배당요구종기를 지나 배당요구를 했다

임차인이 배당을 받기 위한 필요조건인 배당요구는 반드시 법원이 지정한 배당요구종기 내에 해야 한다. 배당요구종기는 통상 첫 매각기일 이전 한 달로 정하여 법원이 임차인에게 통지한다. 2002년 7월 1일 새로 제정된 민사집행법이 시행되기 전에는 매각기일 후 7일 시점인 매각허부결정일이 배당요구종기였지만 민사집행법이 시행된 후부터는 배당요구종기가 첫 매각기일 이전으로 앞당겨졌다.

　배당요구종기 내 배당요구를 하지 않은 경우는 물론이려니와 배당요구종기를 지나 배당요구를 한 경우에도 임차인은 배당을 받을 수

● **배당요구종기를 지나 배당요구를 한 사례(2012타경19445)**

소재지/감정서	면적(단위:㎡)	진행결과	임차관계/관리비	등기권리
(135-939) 서울 강남구 개포동 12 대청 305동 5층 506호 토지이용계획 60 ▶감정평가서요약 ·강남구 개포동 소재 "대진초등학교" 남서측 직선거리 약200m지점에 위치하고 있으며 주변은 아파트단지, 남동측으로는 경찰서, 우체국, 성당, 업무시설, 학교 등이 혼재하고 있는 곳으로서 환경은 보통시 됨. ·차량 접근이 용이하고, 인근에 지하철3호선 "대청역"과 버스정류장이 근거리에 소재하는 등 제반 교통사정은 양호한 편임.	대 지 ·121040.4㎡중 42,351/1 21040.4 ⇒42,35㎡ (1 2.81평) 건 물 ·60 (18,15평) 총 15층 중 5층 보존등기 1992,11,30 대지감정 177,000,000 건물감정 413,000,000 감정기관 리파인감정	감정 590,000,000 100% 590,000,000 유찰 2012,12,05 80% 472,000,000 변경 2013,01,09 80% 472,000,000 변경 2013,02,13 80% 472,000,000 유찰 2013,03,14 ▶종국결과 취하 2013,04,12	▶법원임차조사 이○○ 전입 2011,05,26 확정 2005,08,19 1차 1억7500만 확정 2012,03,29 2차 2억3500만 배당 2012,09,17 점유 전부 보증 2억3500만 (점유: 2005,8,18,부터) *총보증금 235,000,000 배당요구종기일: 2012,09,13 전입 2005,08,18 이○○ 전입 2011,05,26	*집합건물 등기. 소유권 이○○ 　2003,07,16 　전소유자:임○○ 　매매(2003,06,15) 가압류 일레본건설 　2010,10,07 　365,048,517 　[말소기준권리] 강　제 일레본건설 　2012,06,20 　(2012타경19445) 청구액 446,381,118원 [등기부채권총액] 　365,048,517원

자료:부동산태인(www.taein.co.kr)

없다. 그럼에도 간혹 선순위 임차인이 배당요구를 했다는 사실만 확인한 채 배당요구를 언제 했는지는 간과하고 입찰했다가 낭패를 보는 입찰자들을 종종 보게 된다.

확정일자가 다른 권리설정일보다 늦었다

선순위 임차인이 확정일자도 받았고, 배당요구도 배당요구종기 내에 했음에도 배당을 받지 못하는 경우에 해당한다. 임차인이 다른 권리보다 앞서 배당을 받기 위해서는 전입과 입주를 다른 권리보다 앞서 해야 함은 물론 확정일자도 다른 권리보다 앞서 받아야 한다.

확정일자가 다른 권리보다 늦은 경우에는 선순위 임차인이라 하더라도 우선변제 받을 수 없고, 임차인은 그 권리의 종류에 따라 보증금의 전부 또는 일부를 배당받지 못할 수 있다. 이 역시 낙찰자가 인수해야 할 보증금에 해당한다.

확정일자를 받았으나 확정일자가 다른 권리보다 늦은 경우

선순위 대항력을 갖춘 임차인이 확정일자를 갖추고 배당요구까지 했으나 그 확정일자가 다른 우선변제권이 있는 권리(근저당, 담보가등기 등)에 비해 늦게 설정됐다면 이 임차인은 보증금의 전부 또는 일부를 배당받지 못할 가능성이 크다.

다음 사례에서 임차인은 말소기준권리인 최초근저당(2009년 9월 21일)보다 앞서 대항요건(2008년 3월 4일)을 갖추었으나 확정일자(2012년

● 확정일자가 다른 권리보다 늦은 사례(2012타경26498)

소재지/감정서	면적(단위:㎡)	진행결과	임차관계/관리비	등기권리

(135-110)
서울 강남구 압구정동 443 현대 61동 10층 1007호
토지이용계획 GO
 	
▶감정평가서요약
·강남구 압구정동 소재 구 정초등학교 북동측 인근에 위치하며 주위는 대규모 아파트단지가 밀집되어 있는 지역으로서 제반 환경은 보통입니다.
·본건은 차량접근 가능하며 인근에 지하철역(압구정역)과 노선버스 정류장이 소재하여 제반 교통사정은 보통입니다.
·철근콘크리트조 슬래브지붕 12층건 내 10층 1007호로서외벽: 몰탈위 수성페인팅내벽: 벽지도배, 일부 타일붙이기창호: 샷시 구조입니다.
·아파트(방2, 거실, 주방, 욕실, 다용도실, 현관, 발코니)로 이용 중입니다.
(본래 방 3개 구조이나 방
	대지,공원
	·22076.7㎡중 12,276/11
	839.6 ⇒22.89㎡ (6.92평)
	건물
	·82.5 (24.96평)
	총 12층 중 10층
	보존등기 1976.12.04
	
	대지감정 291,000,000
	건물감정 679,000,000
	감정기관 청학감정
		감정 970,000,000
		100% 970,000,000
		유찰 2013.04.10
		80% 776,000,000
		유찰 2013.05.15
		64% 620,800,000
		낙찰 2013.06.19
		     700,000,000
		     (72.16%)
		     이성희
		     응찰 4명
		
		법원기일내역
			▶법원임차조사
			유○○
			전입 2008.03.04
			확정 2012.02.06
			배당 2012.11.12
			점유 전부
			보증 3억1000만
			(점유: 2008.3.4.~현재까지)
			
			▪총보증금 310,000,000
			
			▶태인세대열람 GO
			
			▶관리비체납내역
			·체납액:382,470
			·확인일자:2013.03.26
			·1개월(13/1)
			·전기수도포함가스별도
			☎ 02-514-2301~6
			
			▶관할주민센터
			압구정동 주민센터 GO
			압구정동 458
			☎ 02-3423-7628
				·집합건물 등기.
				소유권 이○○
				2002.01.14
				전소유자:신○○
				매매(2001.12.14)
				
				근저당 수원(새)
				2009.09.21
				507,000,000
				[말소기준권리]
				
				근저당 수원(새)
				2009.09.21
				374,400,000
				
				임 의 수원(새)
				2012.08.21
				(2012타경26498)
				청구액 678,000,000원
				
				압 류 동대문세무서
				2012.09.18
				
				[등기부채권총액]
				881,400,000원
				
				열람일 2012.10.31

자료: 부동산태인(www.taein.co.kr)

2월 6일)는 말소기준권리보다 늦어 낙찰가액에 따라 보증금 3억 1000만 원을 전부 배당받지 못할 수 있다.

　이 물건은 2013년 6월 19일 경매에서 7억 원에 낙찰됐지만 배당순위에서 앞선 채권자에게 6억 7800만 원을 배당하게 되면 임차인에게는 2000만 원 정도만 배당되고 나머지 2억 9000만 원은 낙찰자 부담이다.

임차권등기명령이 경매개시결정등기보다 늦게 경료됐다

임차권등기명령은 임대차기간이 종료된 임차인이 임차보증금을 반환받지 못한 상태에서 다른 곳으로 이주할 필요가 있을 때 임차인이

● 임차권등기명령이 경매개시결정등기보다 늦게 경료된 사례(2006타경3838)

소재지/감정서	면적(단위:㎡)	진행결과	임차관계/관리비	등기권리
(156-010) 서울 동작구 신대방동 364-180 　　　　　토지이용계획 60 ▶건물구조 ▶감정평가서요약 ·대장상:위반건축물표기 (주차장위반,옥내주차장 일부주거사용및물건적치) ·문창중학교북측인근 ·단독및다가구,공동주택혼 재 ·차량출입가능 ·버스정류장및보라매역인 근 ·부정형평탄지 ·북동측3~4m도로접함 ·가스보일러개별난방 ·2종일반주거지역(7층이 하) ·철근콘크리트벽돌조 ·슬래브(평) ▶역세권정보 서울7호선 보라매역 354m 서울7호선 신대방삼거리역 700m	대 지 ·142 (42.96평) 건 물 ·1층 77.64 (23.49평) (3가구-방2,방겸주방2, 옥실3) ·2층 77.64 (23.49평) (4가구-방겸주방4,옥실 4) ·3층 70.06 (21.19평) (1가구-방3,옥실2) ·지층 77.64 (23.49평) (4가구-방겸주방4,옥실 4) 제시외 ·계단실 8.1 (2.45평) ·발코니 2 (0.61평) 총 3층 보존등기 2000.03.13 표준공시 　1,480,000 감정지가 　1,900,000 대지감정 269,800,000 건물감정 182,177,820 제시외 　　1,010,000 감정기관 에이원감정	감정 452,987,820 100% 452,987,820 유찰 2007.03.13 80% 362,390,000 낙찰 2007.04.17 460,900,000 (101.75%) 김덕 응찰 10명 허가 ▶종국결과 배당 2007.06.12	▶법원임차조사 석○○ 전입 2000.03.28 확정 2000.03.28 배당 2006.05.09 점유 일부 2층 방1 보증 2800만 점유 00.3.26 ~ (178만 증액) 이○○ 전입 2000.06.14 확정 2004.04.12 배당 2006.03.02 점유 일부 1층 방2 보증 5000만 점유 00.6.23 ~ (178만 증액, 2000.6.12에4000 만-확정2000.6.12일로 최초계약했다고함) 신○○ 전입 2001.06.20 확정 2001.06.20 임차권 2004.08.23 점유 지층일부 보증 2300만 점유 01.5.23 ~ 이○○ 전입 2002.03.20 확정 2002.03.20 배당 2006.02.03 임차권 2005.03.22 점유 201호 보증 2800만 점유 02.3.3 ~ 김○○ 전입 2003.08.05 확정 2003.08.05 배당 2006.04.12 전세권 2003.08.14 점유 지층B01호 방1 보증 2300만 점유 03.8.4 ~ (178만증 액) 김○○ 전입 2003.11.14 확정 2003.05.21 배당 2006.05.18 점유 2층202호방1 보증 3000만 점유 03.5.21 ~ (178만	▶건물등기. 전세권 김○○ 2003.08.14 23,000,000 -존속기간:2005.0 8.03 임차권 신○○ 2004.08.23 23,000,000 (전입:2001.06.20 확정:2001.06.20) 임차권 이○○ 2005.03.22 28,000,000 (전입:2002.03.20 확정:2002.03.20) 소유권 주○○ 2005.09.05 전소유자:이복일 매매(2005.08.30) 가압류 (주)엠비 2005.09.20 15,000,000 [말소기준권리] 강 제 이○○ 2006.02.09 청구액 28,000,000원 압 류 동작구 (세무1과) 2006.02.16 압 류 국민건강보험 (서초북부) 2006.03.06 임차권 김○○ 2006.03.06 24,770,000 (전입:2004.07.16 확정:2004.07.16) 가압류 남○○ 2006.04.13 20,000,000 가압류 동양파이낸셜 (특수사업팀) 2006.05.18 40,999,200 가압류 이○○

자료: 부동산태인(www.taein.co.kr)

단독으로 법원에 신청함으로써 이루어지는 절차다. 임차권등기명령 신청에 기해 임차권등기가 경료되면 임차인은 애초의 대항력과 우선변제권을 그대로 유지하는 것은 물론 배당요구를 한 것으로 간주되기 때문에 보증금을 배당받기 위한 별도의 배당요구를 할 필요는 없다.

여기서 한 가지 주의할 점은 임차권등기가 경매개시결정등기보다 앞서 경료되어야 한다는 점이다. 임차권등기가 경매개시결정등기보다 늦게 경료된 경우에는 배당요구를 한 것으로 볼 수 없으므로 임차인은 배당을 받을 수 없다. 해당 임차인이 배당을 받기 위해서는 반드시 배당요구종기 내에 별도의 배당요구를 해야 한다. 입찰자가 임대차분석 시 가장 간과하기 쉬운 부분이다.

이처럼 경매정보에 나타난 임차인이 대항력 있는 선순위 임차인이냐 아니냐를 판단하는 것도 중요하지만, 그보다 더 중요한 것은 그 임차인이 과연 보증금을 배당받을 수 있느냐 하는 것이다. 위에서 열거한 다섯 가지 유형은 경매정보나 등기부등본 또는 전입세대 열람을 통해 확인할 수 있는 사항이라는 점에서 그나마 다행이지만, 그럼에도 이마저 소홀히 하여 임차인의 보증금을 떠안게 되는 사례가 비일비재하다.

'임차인을 넘지 못하면 경매할 생각을 말라'는 것이 경매 불문율 중의 하나다. 경매투자에서 어느 과정 하나 소홀히 할 수 없는 것이지만, 특히 임대차분석에 임함에는 더욱더 세심한 주의를 요한다고 할 것이다. 자칫 잘못했다가는 임차인의 보증금 인수를 이유로 낙찰대금을 납부하지 못하고 적게는 수백만 원에서 많게는 수억 원에 이르는 입찰보증금을 몰수당하기 십상이다.

경매고수 이영진의 One-Point Lesson

대항요건과 대항력은 다르다

임차인의 대항요건과 대항력은 엄연히 구분된다. 대항요건은 주택의 인도(점유)와 주민등록(전입신고)을 갖추는 것으로 대항력이라는 효력을 발생시키기 위한 필요조건이다. 대항요건을 갖추면 대항요건을 갖춘 다음 날 0시부터 대항력이 발생한다. 다만 대항요건을 갖추었다고 모두 대항력이 있다는 것은 아니다. 경매절차에서 대항력이 있기 위해서는 대항요건을 갖추고 대항력 발생 기준일이 말소기준권리(저당권, 압류 등) 등기 설정일보다 빨라야 한다.

08 현장답사는 **삼고초려의 마음으로**

    2013년 1월의 겨울만큼 그리 추웠던 적이 있을까? 영하 10도 내려가는 것이 기본인 것처럼 일상이 되어버렸던 겨울이었다. 그런 혹한 속에서도 일은 멈출 수 없는 법이다.

    살을 에는 듯한 혹한을 뚫고 현장답사를 나간 곳은 인천 부평구 갈산동. 지하 1층~지상 4층 근린주택이 약 12억 8365만 원에 한 차례 유찰되어 약 8억 9855만 원(70%)에 경매에 부쳐질 예정이었기 때문이다. 입찰일은 2013년 1월 24일이다.

    입찰일에 사나흘 앞서 찾아간 해당 경매물건은 위치나 상태가 너무 형편없었다. 상권 형성의 정도가 매우 약했을 뿐만 아니라 경매물건 역시 1층을 제외하고는 지하 1층 공실, 지상 2~4층도 절반이 공

사건번호	2012타경15093
소재지	인천 부평구 갈산동 80-6
감정평가액	1,283,650,850원
최저경매가	898,556,000원
입찰일	2013년 1월 24일
낙찰가	910,000,000원(70.89%, 1명)
건물규모	지하 1층 / 지상 4층
토지면적	390㎡(117.98평)
건물연면적	1,075.78(325.44평)
준공연도	1996년 9월 9일

실이다.

건물이 1986년 8월에 준공된 것으로 노후되어 전면적인 개보수가 필요함은 물론 더 큰 문제는 심각한 누수가 발생하고 있다는 점이다. 조명이 없어 어두컴컴한 지하를 살펴보려 계단을 내려가다 얼음이 깨지는 소리에 멈칫했는데 누수로 지하 한 계단 이상이 물로 가득 차있었다. 하마터면 그 추운 겨울에 물에 빠질 뻔한 아찔한 순간이었다.

애초 지하를 교회에서 사용하고 있었는데 누수 때문에 2층으로 임시 이사를 하고 건물주가 건물을 개보수한 후 다시 지하로 내려가기로 했지만 약속이 이행되지 않았다고 한다. 당시 건물 개보수비용으로 잡혔던 예산은 약 1억 원. 임차인 또는 인근 부동산 탐문을 통해 알아낸 내용이다.

구분		금액(천 원)	내역
초기 투입 비용	매입가	900,000.0	
	취득세	41,400.0	매입가의 4.6%(농특세, 교육세 포함)
	기타 제세금	4,500.0	매입가의 0.5%(법무비용, 채권 매입비 등)
	컨설팅수수료	12,836.5	감정가의 1.0%
	인수금액	39,000.0	선순위 임차인, 유치권, 기타 권리상의 인수금액
	명도비용	15,000.0	이주 협의비 or 강제집행비용
	개보수비용	100,000.0	건물 개보수비용(내/외벽, 누수 등)
소계		1,112,737	

건물 상태나 위치는 그렇다 치고 임대수익은 얼마나 나올까? 이 물건은 위에서 언급한 바와 같이 지하 1층 공실, 1층 3개 점포 임대, 2층 일부 공실, 3층 일부 공실, 4층 주택(임차인) 상태로 총 보증금 8800만 원에 월 328만 원의 임대료가 발생하고 있다.

최저가 수준인 9억 원에 입찰한다고 가정할 때 취득세, 법무비용 등 제세공과금과 컨설팅비용, 임차인 보증금 인수비용, 건물 개보수비용, 명도비용 등 제반 비용을 고려하면 약 11억 1300만 원이 소요된다.

이를 기준으로 보면 담보대출 없이 순수 100% 자기자본 투자 시 약 3.8% 수익률이 발생하고, 수익률이 낮으므로 대출을 이용하면 수익률이 더 낮아질 수 있다. 낙찰 후 건물 개보수를 통해 임대를 하더라도 보증금 1억 2000만 원에 월 490만 원으로 수익률이 5.9%까지

상승할 수 있다. 그러나 이는 공실 없이 전량 임대를 맞췄다는 가정으로, 이 경매물건은 위치상 임대여건이 그리 썩 좋은 물건은 아니다.

매매가는 어떨까? 토지(390㎡, 117.98평) 시세가 평당 1000만 원 정도이지만 이는 호가일 뿐 이 가격에 거래는 전혀 기대할 수조차 없는 상황이다. 호가를 기준으로 하더라도 현 시세는 약 11억 8000만 원이지만 이 가격에 거래될 수 없는 걸 보면 아마도 거래가 될 수 있는 토지가는 10억 원 정도로 추산해야 마땅하다.

임대수익으로 보나 거래시세로 보나 1회 유찰된 지금의 최저가가 아니라 한 번 더 유찰된 후 최저가가 6억 2899만 원(49%)까지 떨어져야 마땅한 물건으로 생각됐지만, 결과적으로 이 물건은 매각기일에 9억 1000만 원에 개인에게 단독으로 낙찰됐다. 위에서 든 제반 비용을 고려하면 약 11억 2300만 원이 소요되는 것으로 거래시세를 훌쩍 뛰어넘는 금액이다.

이 물건은 대금 미납으로 재경매에 나올 것이라는 예상과 달리 2013년 2월 21일에 대금을 납부했다. 아마도 약 9000만 원에 달하는 입찰보증금 몰수가 두려웠는지도 모른다.

낙찰자가 나름대로 현장답사와 분석을 통해 소신 있게 지원했기를 바랄 뿐이지만 내가 그간 답사했던 내용이나 수익률을 분석한 결과로 보면 분명 어느 부분에서든 아마도 잘못 짚었거나 추위를 이유로 현장답사를 게을리한 결과가 아닌가 싶다.

입찰자 입장에서 혹한이나 혹서는 장애물이나 마찬가지다. 이때에는 꼼짝하기 싫고 그저 경매정보에 의존하는 경향이 짙어진다. 경매정보가 아무리 정확하게 제공된다고 하지만 어디 현장에 나가 조사하는 것만큼이나 정확할까. 특히 거액의 자금이 들어가는 부동산 투자에 그 시기가 언제든 현장조사는 10번이고 100번이고 아무리 강조해도 지나침이 없다.

경매고수 이영진의 One-Point Lesson

현장조사의 중요성
- 경매대상물건에의 숨은 하자(권리, 임대차, 물건현황내역 등)
- 입찰시점의 정확한 시세조사를 통한 감정평가액의 적정성 여부 평가
- 개발호재, 활용방안 등 잠재적 미래가치 평가를 통해 입찰가 반영
- 점유자 성향 파악으로 낙찰 후 인도(명도)협의 비용 및 인도(명도)기간 고려
- 취득 후 재매각 가능성 검증 또는 매각 시 거래수요에 대한 정보 습득
- 건물의 노후화 정도를 확인하여 취득 후 리모델링 또는 개보수 비용 예측

09 당해세 무시했다가
큰코다친 K씨

평소 부동산 재테크 수단으로 경매나 공매를 애용(?)해왔던 K씨. 수차례에 걸친 낙찰을 통해 상당한 수익을 거둬왔던 터라 이제는 전문가의 자문을 구하지 않고도 스스로 경·공매투자를 할 수 있을 정도로 베테랑이 됐다.

최근 몇 년 동안 전세난이 심화되면서 중소형 아파트, 오피스텔, 다가구주택 등 임대수익형 부동산이 인기를 끌자 이들 부동산에 투자하고자 경·공매물건을 검색하기 시작했다. 부동산시장이 침체라는데도 경매물건을 쉬이 찾을 수 없어 공매물건을 기웃거린 끝에 부천 중동에 소재한 B오피스텔이 눈에 들어왔다.

K씨는 베테랑답게 우선 입지분석에 돌입했다. 부천 중동 지역이면

지하철 7호선이 연장될 예정으로 있어 지하철 개통 수혜지역이기도 하고 중동생활권이나 서울 서부생활권을 기반으로 하는 직장인 또는 신혼부부 임대수요가 풍부한 곳이기도 하다.

건물이 준공된 지 그리 오래되지 않은 데다 지하 5층~지상 15층의 중급 규모 이상의 오피스텔로서 개통 예정된 지하철 7호선 상동역과도 도보 5분 내외면 닿을 수 있어 임대용으로 안성맞춤이라 여겼다. 오피스텔치고는 주차공간이 넉넉하고 임차인이 거주하고 있어 체납된 관리비도 없는 것으로 조사됐다.

최초감정가 7400만 원에 최저경매가는 6660만 원. 불과 한 차례 유찰(공매저감률은 10%)됐지만 임대시장이 호황을 보인 덕에 최초감정가 수준에 입찰해도 임대수익 7% 이상은 맞출 수 있을 것으로 생각했다. 그만하면 우량물건이다 싶어 입찰을 결심하고 임대차 및 권리에 대한 세부분석에 들어갔다.

등기부등본 확인 결과 말소기준권리인 최초가압류가 2007년 6월 4일에 설정되어 있고, 이후 8건의 가압류와 6건의 압류가 추가로 설정되어 있다. 임차인은 2007년 2월에 전입해 말소기준권리보다 앞서 대항요건을 갖추었으므로 대항력이 있는 선순위 임차인에 해당한다.

전세보증금 3600만 원. 소액임차인 최우선변제 대상이므로 1600만 원이 최우선변제되고 나머지 2000만 원도 확정일자(전입일과 같음)가 말소기준권리보다 앞서기 때문에 최초가압류보다 먼저 배당을 받을 수 있어 문제될 것이 없다.

문제는 물건지 관할관청을 비롯해 각급 세무과에서 설정한 압류 6건이다. 모두 말소기준권리보다 후순위로 설정되어 있어 단순 권리관계로 보면 크게 문제될 것이 없으나 조세채권은 일반적인 권리관계와 달리 해석해야 한다는 것은 기본적인 상식이다.

물론 K씨도 이 사실을 모를 리 없었다. 그렇지만 조세채권 내역을 판단하기가 어디 그리 쉬운가. 압류설정된 조세채권이 당해세인지 아닌지, 당해세이면 그 금액이 얼마인지, 그리고 당해세가 아니더라도 압류와는 상관없이 우선 배당되는 기준일이 되는 법정기일이 언제인지 등등.

조세채권 내역(금액)이 공매정보나 물건명세서에 상세하게 공개되는 것도 아니고, 또한 체납자 보호를 위해 내역 공개를 꺼리기 때문에 KAMCO 부천지사에 물어봐도 체납세액이 있다는 정도이지 당해세 여부나 법정기일이 앞선 조세채권 규모를 알려주려 하지 않는다. 조세채권 내역을 확인하는 것에 대한 정보 접근이 매우 제한적이라는 얘기다.

그럼에도 이들 내역을 확인하는 것이 왜 중요한지는 다음과 같은 두 가지 이유가 있다. 첫째, 당해세 우선의 원칙에 기해 당해세, 즉 매각부동산 자체에 부과된 조세(국세로서의 상속세, 증여세, 재평가세와 지방세로서의 재산세, 도시계획세, 공동시설세, 종합토지세 등과 그 가산금)는 담보채권이나 기타 채권보다 설정(압류) 순위가 늦더라도 소액임차인 최우선변제권이나 근로자의 임금채권(최종 3개월간의 임금과 최종 3년간의 퇴직금) 다음 순위(2순위)로 우선변제된다.

둘째, 당해세가 아닌 기타 국세·지방세(소득세, 법인세, 부가가치세, 취득세, 등록세, 양도소득세 등)라 하더라도 조세의 법정기일(신고일, 납세고지서 발송일, 납세의무확정일 등)이 담보채권이나 기타 채권보다 앞선다면 이 역시 당해세 다음 순위(3순위)로 우선변제된다는 사실이다.

따라서 임차인이 확정일자를 갖춘 선순위 대항력 있는 임차인이라 하더라도 조세채권액의 규모 및 성질(당해세이거나 법정기일이 임차인의 확정일자에 앞서거나) 여하에 따라 이 물건의 임차인이 최우선변제액 1600만 원을 제외한 나머지 2000만 원을 배당받지 못하는 경우가 생길 수 있다는 점이다. 임차인이 배당받지 못하는 2000만 원은 결국 낙찰자의 몫이 되기 때문에 낙찰자에게 심각한 타격을 줄 수도 있는 노릇이다.

입찰시간은 다가오고 당해세 규모 및 조세의 법정기일을 파악하는 길은 요원했다. K씨가 알고 있는 전문가에게 자문을 구해도 이들이 문제될 수 있다는 답변만을 들을 뿐 속 시원한 해결책은 없었다. 이때부터 K씨는 조급해지기 시작했다. 1억 원도 안 되는 소형 오피스텔에 기껏해야 조세채권액이 있다고 해도 얼마나 있을까? 7000만 원 정도에 낙찰된다면 공매비용 약 400만 원 잡고, 임차인 보증금 3600만 원 빼면 우선변제되는 조세채권액이 3000만 원 정도인데, 그 정도면 충분하지 않을까.

이런저런 계산 끝에 K씨는 6957만 원에 온비드 전자입찰에 참여해 2명의 경쟁자를 뒤로하고 B오피스텔을 낙찰받았다. 이것이 화근이 됐다. 낙찰 후 KAMCO 부천지사에 들러 조세채권에 대한 자세한 내용을 조사한 결과 당해세이거나 법정기일이 임차인 대항요건 구비일보다 앞선 조세채권액이 무려 1억 원에 달했던 것이다. 이들 체납세액은 채무자인 H건설사가 B오피스텔을 건설하기 이전인 토지 매입단계에서부터 아주 오래전에 발생된 조세였던 것이다.

이렇게 되면 배당순위는 공매비용 – 소액임차인 최우선변제액 1600만 원 – 조세체납액 1억 원 – 임차인 나머지 보증금 2000만 원이 된다. 낙찰가 6957만 원으로 배당을 해본들 임차인은 보증금 2000만 원을 배당받지 못하고 이 보증금은 결국 낙찰자인 K씨에게 떠넘겨지게 됐다.

경매절차에서는 이런 때 매각불허가신청을 통해 매각불허가를 얻고 입찰보증금을 찾을 수 있지만, 불행히도 공매절차에서는 그런 단계가 없다. K씨에게는 임차인 보증금 2000만 원을 인수할 것인가, 아니면 대금 납부를 포기하고 입찰보증금 695만 원(공매는 경매와 달리 입찰보증금이 입찰가액의 10%임)을 몰수당할 것인가에 대한 선택만 남아 있었다.

아무리 임대시장이 호황이라고 해도 감정가를 훌쩍 넘는 금액까지 부담하면서 당해 오피스텔을 취득할 수는 없었다. 설령 2000만 원을 추가 부담하고 취득하는 경우에는 임대수익률이 7%는커녕 5%도 나오지 않게 생겼다. K씨는 결국 입찰보증금을 몰수당하는 쪽으로 결

● 당해세 파악이 중요한 사례(2012타경26449 각색)

물건소재지	서울 구로구 개봉동 344-25 ○○빌라 4층 401호
감정평가액	170,000,000원
최저경매가	87,040,000원(51.2%)
임대차 및 권리관계	① 홍○○ 전입 2009.03.03 확정 2009.03.03 1억 원 배당요구 ② 가압류 ○○캐피탈 1억 5000만 원 ③ 근저당 ○○신용보증재단 5100만 원 ④ 가압류 ○○커머셜 2억 원 ⑤ 압류 안산세무서장 ⑥ 압류 인천세무서장
⑤번, ⑥번 압류가 당해세 이거나 당해세가 아니더라도 조세법정기일이 다른 채권보다 앞선 국세, 지방세인 경우의 배당순위	[낙찰가 93,000,000원 가정] ① 경매비용 약 300만 원 ② 당해세(또는 법정기일이 앞선 국세, 지방세), 금액 얼마? ③ 임차인 보증금 1억 원 ④ 가압류 이하 안분배당
낙찰자 인수사항	• 위 임차인은 대항력 있는 선순위 임차인으로서 9300만 원 낙찰 가정 시 당해세를 별론으로 하고 보증금 1억 원 중 9000만 원만 배당받게 되므로 1000만 원을 낙찰자가 인수 • 당해세 규모에 따라 임차인이 배당받는 금액이 적어지므로 그만큼 낙찰자가 인수하는 금액이 커짐.

론을 내리고 낙찰대금을 납부하지 않았다. 조세채권의 당해세 여부와 법정기일, 경매든 공매든 결코 소홀히 할 수 없는 복병 중 하나다.

10 후순위 권리도 **인수되는 경우가 있다**

    경매 낙찰 후 소유권이전등기 시 기존 등기부등본에 설정되어 있는 권리들이 말소되는지, 아니면 말소되지 않고 남아 있는지 여부는 경매물건 권리분석에서 매우 중요한 사안이다. 권리가 말소되지 않고 남아 있다는 것은 그 권리를 낙찰자가 인수하게 된다는 뜻이고, 그 권리를 말소하기 위해서는 상당한 비용이 지출될 수도 있다는 것을 의미하기 때문이다.

    등기부등본에 기재된 권리가 낙찰 후 말소되느냐, 아니면 말소되지 않고 낙찰자에게 인수되느냐를 결정하는 기준이 되는 권리를 말소기준권리라 한다. 통상 압류, 가압류, 저당, 근저당, 담보가등기 등 5개 권리를 말소기준권리라 하며, 이들 권리가 없을 경우 강제경매개시결

선순위	인수되는 권리 (인수주의)	전세권, 지상권, 지역권, 가처분, 환매등기, 임차권, 소유권가등기
	말소기준권리: (근)저당, (가)압류, 담보가등기, 강제경매개시결정등기	
후순위	말소되는 권리 (소제주의)	전세권, 지상권, 지역권, 가처분, 환매등기, 임차권, 소유권가등기

※ 말소기준권리와 상관없이 항상 인수되는 등기부등본상의 권리
• 예고등기, 청산절차를 마친 담보가등기, 지상건물철거 및 토지인도청구권보전을 위한
  건물의 처분금지가처분

＊ 선순위 전세권: 전세권자가 배당요구를 하는 경우에 한하여 매각으로 소멸됨.

정등기를 말소기준권리 범주에 포함시킨다.

따라서 이 말소기준권리 중 최초 설정된 권리보다 앞서 설정된 권리는 말소되지 않고 낙찰자에게 인수되고(인수주의), 이보다 나중에 설정된 권리는 말소된다는 것(소제주의)이 일반적인 권리분석의 원칙이다.

예컨대 등기부등본상의 권리가 ① 가처분 ② 근저당 ③ 전세권 ④ 가압류 ⑤ 소유권가등기 순으로 설정됐다고 하자. 이 사례에서 말소기준권리는 근저당(②)이 되고 근저당을 비롯한 후순위 권리인 전세권(③), 가압류(④), 소유권가등기(⑤)는 말소되지만, 근저당보다 앞서 설정된 가처분(①)은 말소되지 않고 낙찰자에게 인수된다.

권리분석이 이처럼 간단명료하면 얼마나 좋을까마는 불행히도 그렇지가 않다. 경매물건은 등기부등본상의 권리만 있는 것이 아니라 유치권, 법정지상권, 분묘기지권 등 등기부 외적인 권리도 수두룩하

고, 임차인과의 관계에서 대항력 여부를 판단해야 하는 다소 복잡다단한 문제들이 산적해 있다.

또한 등기부등본상의 권리라 하더라도 말소기준권리와 상관없이 낙찰자에게 항상 인수되는 권리들도 있다. 예고등기, 청산절차를 마친 담보가등기, 지상건물철거 및 토지인도청구권보전을 위한 건물처분금지가처분이 그것이다. 이를 부연 설명해보자.

① 예고등기

예고등기는 등기원인의 무효나 취소 사유로 인해 법원에 등기말소 또는 등기회복의 소송이 제기된 경우 이를 제3자에게 알려 불측의 손해를 방지하기 위해 법원에서 직권으로 하는 등기를 말한다.

주로 소유권말소나 회복의 소를 원인으로 하는 예고등기 또는 근저당권말소나 회복의 소를 원인으로 하는 예고등기가 주를 이룬다. 이들 예고등기는 그 예고등기의 원인이 된 소의 결과에 따라 낙찰자에게 미치는 영향이 매우 크다.

예컨대 원소유자가 현 소유자를 대상으로 제기한 소유권말소의 소가 진행 중으로 예고등기가 된 경매물건을 낙찰받은 경우 원고가 승소하여 현 소유자의 소유권이 말소되면 경매 취득은 원인무효가 되어 낙찰자 역시 소유권을 취득할 수 없게 된다.

또한 최선순위 근저당말소의 소를 원인으로 하는 예고등기가 된 경매물건을 낙찰받았다고 하더라도 소의 결과 근저당이 말소되면 후

● 예고등기 사례(2011타경19235)

소재지/감정서	면적(단위:㎡)	진행결과	임차관계/관리비	등기권리
(471-030) 경기 구리시 수택동 544-18 토지이용계획 GO ▶감정평가서요약 ·구리초등학교남동측인근 ·단독주택,다세대주택,아파트,근린생활시설등혼재 ·차량접근가능 ·인근지하철역(구리역),버스정류장 ·정방형토지 ·남서측도로접합 ▶건물구조 ·벽돌조 ·슬래브(평) ▶토지이용계획 ·도시지역 ·재정비촉진지구 ·과밀억제권역 ·배출시설설치제한지역 ·한강폐기물매립시설설치제한지역 ·토지거래계약에관한허가구역 ·1종일반주거지역 ·절대정화구역	대 지 ·137.3 (41.53평) 건 물 ·1층 72 (21.78평) ·2층 72 (21.78평) ·지하실 80.1 (24.23평) (보일러실,기름창고,대 피소,연탄광) 제시외 ·창고 16.25 (4.92평) 총 2층 보존등기 1990.04.21 표준공시 1,220,000 감정지가 3,140,000 대지감정 431,122,000 건물감정 78,435,000 제시외 1,625,000 감정기관 한국씨티감정	감정 511,182,000 100% 511,182,000 변경 2011.10.20 100% 511,182,000 미진 2013.06.07 80% 408,946,000 예정 2013.07.11 법원기일내역	▶법원임차조사 김○○ 전입 1996.01.08 (현황서상) 김○○ 전입 2007.02.28 배당 2011.08.10 점유 1층전부/주거 보증 8500만 (점유: 2007.2~) 안○○ 전입 2008.08.01 점유 미상/주거 (현황서상) 송○○ 전입 점유 지하층 전부/주거 보증 300만 차임 월30만 (현황서상) *총보증금 88,000,000 *총월세 300,000 ▶태인세대열람 GO 김○○ 전입 1988.05.24 김○○	*건물등기. 소유권 태양지역주택조합 2007.12.03 전소유자:김○○ 매매(2007.11.07) 근저당 구리(새) 2008.03.28 390,000,000 [말소기준권리] 근저당 고○○ 2010.12.30 100,000,000 가압류 삼익산업개발 2011.01.27 300,000,000 임 의 구리(새) 2011.05.25 (2011타경19235) 청구액 314,045,740원 예 고 2011.09.29 등 기 2011가단49394 의정부지방법원 내용보기 (태양지역주택조합 소유권말소예고등 기)

자료: 부동산태인(www.taein.co.kr)

순위 권리(가처분, 임차인 등)가 선순위로 되어 낙찰자가 그 권리를 인수해야 하는 경우가 생길 수 있다. 그 근저당에 기해 경매를 신청했다면 근저당 말소로 경매가 원인무효가 되어 낙찰자가 소유권을 취득할 수 없음은 물론이다.

② 청산절차를 마친 담보가등기

가등기는 물권의 설정이나 소유권의 이전, 변경, 소멸의 청구권을 보전하기 위해 하는 등기로 장래의 본등기에 대비하여 미리 등기부상의

순위를 확보하기 위해 행하는 등기를 말한다.

예컨대 부동산매매 시 매수인이 매매잔금까지 모두 치렀으나 사정으로 소유권이전등기를 미루고 있는 경우 그 사이 매도인이 제3자에게 이중매매하거나 매도인의 다른 채권자가 매매부동산에 압류하는 것을 방지하기 위해 이루어지는 가등기(소유권이전청구권가등기)가 그것이다.

반면 담보가등기는 채권담보의 목적(차용금을 변제하지 않을 때의 대물변제를 위한)으로 이루어지는 가등기로 경매절차에서 담보가등기는 저당권과 동일하게 취급하고 있다. 따라서 채무자가 차용금을 변제하지 않을 때에는 담보가등기에 기해 경매신청 채권자로서 배당에 참가할 수도 있고, 대물변제로 소유권을 취득할 수도 있다.

대물변제로 인해 소유권을 이전할 때에는 청산절차를 거쳐야 한다. 청산절차는 부동산 가격과 차용금의 차액인 청산금 지급 통지서를 발송하고 이로부터 2개월이 경과한 후에 청산금을 지급하면 대물변제의 요건이 완성되고 청산절차가 마무리된다.

이러한 청산절차가 마무리된 경우에는 후순위 담보가등기라 해도 말소되지 않고 등기부에 남게 된다. 즉 낙찰자가 낙찰 후 대금을 납부해도 담보가등기권자가 가등기에 기해 본등기를 경료하게 되면 가등기권자에게 소유권이 이전되기 때문에 낙찰자는 소유권을 취득할 수 없게 된다.

다만 담보가등기가 경료된 부동산에 대해 경매개시결정이 있는 경우 경매신청이 청산금을 지급하기 전에 행해진 때에는 담보가등기권자는 그 가등기에 대한 본등기를 청구할 수 없다. 청산절차가 마무리되기 전에 경매신청이 먼저 된 경우에는 낙찰로 인한 소유권 취득에 하등의 영향이 없다는 뜻이다.

③ 지상건물철거 및 토지인도청구권보전을 위한 건물처분금지가처분

가처분은 금전채권 이외의 특정물에 대한 각종 청구권(소유물반환청구권, 임차목적물인도청구권 등)을 가지는 채권자가 장래의 집행보전을 위해 현재의 상태대로 현상을 고정·유지할 필요가 있을 때 채무자의 재산은닉·제3자에게 양도금지 등 처분을 금지시키고 그 보관에 필요한 조치를 명하는 보전처분을 말한다.

경매절차에서 가처분은 말소기준권리보다 선순위로 설정된 경우만 인수대상이고 후순위로 등기된 가처분은 말소되는 것이 원칙이다. 그러나 이 원칙에도 예외가 있다. 후순위 가처분이라 해도 가처분의 목적이 지상건물철거 및 토지인도청구권보전을 위한 건물처분금지가처분인 경우에는 말소되지 않고 낙찰자에게 인수된다는 점이다.

예컨대 토지임대차계약을 체결하고 지상에 건물을 짓고 영업을 한 후 임대차기간이 만료됐으나 건물주(토지임차인)가 토지반환을 거부하고 있는 경우 토지 소유자가 지상건물철거 및 토지인도반환청구권보전을 위해 건물에 대한 가처분을 한 경우 설령 그 가처분이 후순위라 하더라도 낙찰로 소멸되지 않고 낙찰자에게 인수된다. 가처분이 있는

● 후순위 가처분 인수 사례(2012타경17746)

주 의 사 항	· 건물만 매각 · 갑구 순위 13번 건물철거 및 토지인도청구권보전을 위한 가처분등기(2011.6.29.등기)는 말소되지 않음 · 1층은 공부상 단독주택으로 되어 있으나 음식점으로 사용하고 있고, 2층~4층은 근린생활시설(독서실)로 등재 되어 있으나 현황은 다가구주택(원룸 구조 등)형태와 3층 일부주택으로 이용중임			
소재지/감정서	**면적(단위:㎡)**	**진행결과**	**임차관계/관리비**	**등기권리**
(136-860) 서울 성북구 종암동 24-15 ▶건물구조 ▶감정평가서요약 【건물】 · 철근콘크리트구조 평스라 브지붕 5층 제2종 근린생 활시설 및 단독주택으로 서,외벽은 석재마감 등,내 벽은 벽지 및 일부 타일 등 마감,바닥은 석재, 장판깔 기 및 일부 타일 등 마감, 창호는 알미늄 및 하이샷 시 창호임. · 2009년 07월 사용승인된 5 층 제2종 근린생활시설 및 단독주택으로서,1층:근린 생활시설(식당)2층:원룸 4	토지이용계획 Go 건 물 · 1층 100.91 (30.53평) · 2층 116.27 (35.17평) · 3층 116.27 (35.17평) · 4층 92.11 (27.86평) · 5층 62.41 (18.88평) 제시외 · 주방 7.5 (2.27평) · 창고 3.2 (0.97평) · 보일러실 3.1 (7.39평)	감정 440,948,520 100% 440,948,520 유찰 2013.03.14 80% 352,759,000 유찰 2013.04.18 64% 282,207,000 유찰 2013.05.23 51% 225,766,000 진행 2013.06.27 법원기일내역	▶법원임차조사 오○○ 전입 1978.12.20 점유 미상/주거 (현황서상) 이○○ 전입 1989.01.27 점유 미상/주거 (현황서상) 김○○ 전입 2005.09.12 점유 205호/주거 (현황서상) 위○○ 전입 2008.04.01 배당 2012.08.24 점유 201호/주거 보증 5000만	▪건물등기. 소유권 2005.08.30 보 존 전세권 이○○ 2009.10.05 60,000,000 (2010.06.01 ~2010.06.01) [말소기준권리] 근저당 이○○ 2010.11.30 40,000,000 가처분 이○○ 2011.06.29 2011카합1516 서울중앙지방법원 내용보기

자료: 부동산태인(www.taein.co.kr)

경우 그 가처분의 목적이 무엇인지 파악해야 하는 이유다.

다만 가처분이 집행된 경우라도 가처분이 집행된 뒤에 3년간 본안의 소를 제기하지 아니하면 채무자나 이해관계인이 가처분에 대한 취소를 구할 수 있음은 물론이다.

위와 같이 등기부등본에 기재되는 권리 중 예고등기, 청산절차를 마친 담보가등기 및 지상건물철거 및 토지인도청구권보전을 위한 건물처분금지가처분은 단지 말소기준권리보다 후순위 권리라고 해서 말소되는 권리들이 아니기 때문에 권리분석 시 상당히 주의를 요하는 사항이다.

11 입찰가 산정의 **최종 변수는?**

경매에서 입찰가는 경매의 상징이자 산소와 같은 절대적 존재다. 입찰가 없이 경매를 논할 수 없고, 입찰가가 있을 때 비로소 경매는 경매로서의 생명력을 갖는다.

입찰가는 그렇게 중요한 존재다. 그렇다 보니 입찰가를 써내는 순간에는 낙찰자를 발표하는 순간만큼이나 떨리고 가슴 졸이게 된다. 입찰가를 쓰는 순간뿐만 아니라 다 써낸 후 개찰하고 집에 돌아갈 때까지도 너무 낮게 썼나, 아니면 너무 높게 썼나 하는 갖은 상념이 뒤따라오는 것이 바로 입찰가다.

입찰자들은 대부분 머릿속에 예상입찰가를 염두에 두고 입찰법정을 찾는다. 그런데 그 예상입찰가는 의외로 참 많은 의미와 변수들이 어우러져 만들어진 결과물이다. 상상 그 이상으로!

입찰가 산정에 영향을 미치는 주요 요인들

- 경매 통계(유사물건 또는 해당 지역 평균 낙찰가율)
- 시세(거래시세, 실거래가, 급매가 등)
- 수익률(시세차익, 임대수익, 개발수익 등)
- 권리 및 임대차 인수 사항(임차인 보증금, 유치권, 법정지상권, 분묘기지권 등)
- 물건 하자(관리상태, 개보수 정도, 활용도, 접도조건, 폐기물 등)
- 당일 법정 분위기(인파 및 인파 유형, 입찰자가 몰릴 만한 유망 경매물건 정도 등)

우선 통계적인 측면에서 접근해보자. 예상입찰가를 산정하는 주된 기준이 되는 게 바로 감정평가액이다. 감정평가액을 기준으로 평균 낙찰가율이라는 통계가 나오고 이 낙찰가율에 견주어 예상입찰가가 산정된다.

평균 낙찰가율이야 당시의 부동산시장 흐름에 따라 입찰자가 인용하는 정도의 차이는 있겠지만, 예상입찰가를 산정하는 데 평균 낙찰가율을 한 번쯤 따져보지 않는 사람은 경매시장에서 왕초보로 통한다.

유사물건의 평균 낙찰가율을 인용하든 인근 지역의 평균 낙찰가율을 인용하든 평균 낙찰가율 여하에 따라 예상입찰가의 높고 낮음이 결정되기 때문에 어쨌든 예상입찰가는 낙찰가율이라는 통계적 수치가 가미되어 산출된 결과물이라 할 수 있다.

다만 평균 낙찰가율을 예상입찰가에 반영할 때에는 주의할 사항이 하나 있다. 즉 평균이라는 것은 일정 기간 내 수십 건 또는 수백 건 이상의 낙찰사례가 모여져 나온 것이니만큼 물건 각각의 개별적 특성은 배제되어 있다는 점이다. 물건이나 권리상 하자가 있어 낙찰가율이 20%로 떨어진 물건이나 개발호재가 확실하고 감정이 시세보다 매우 낮게 되어 감정가 이상의 120%로 낙찰된 물건을 모두 아울러 나오는 수치가 바로 평균 낙찰가율이다.

평균 낙찰가율을 참고하되 반드시 맹신할 필요가 없고 대신 입찰하고자 하는 물건 자체의 특성에 따른 예상입찰가를 산정하는 것이 바람직하다는 얘기다.

둘째, 예상입찰가는 수익률이라는 변수에 의해서도 좌우된다. 입찰자 각자가 바라는 기대수익이 죄다 다르고 어떤 기준에 주안점을 두느냐에 따라 수익률은 천양지차를 이룬다. 이때의 기준에는 시세(차익), 임대수익, 개발가치, 개발호재 등 갖가지 요인들이 총동원된다.

때로는 하나, 때로는 두 개 이상의 요인들이 복합적으로 융합하여 예상입찰가가 산정된다. 물건 유형에 따라 시세차익이 발생하는 물건이 있고, 임대수익이 발생하는 물건이 있고, 당장의 수익은 없지만 개발이나 리모델링 후의 자산가치 상승을 바라는 물건이 있다. 예컨대 내가 보기에 감정가의 75%가 적정하다고 생각하는 물건도 그 이상 높은 가격에 낙찰되는 것은 물건의 수익 유형이 제각각 다르기 때문이기도 하지만 또 입찰자 자신이 어느 수익 유형으로 판단하고 수익률을 계산하느냐에 따라 입찰가가 달라진다. 수익률에 따른 입찰자의 예상입찰가 산정은 기본적으로 입찰자가 실수요자이냐 투자자이냐에 따라서도 정도의 차이가 있음을 주지할 일이다.

셋째, 예상입찰가는 경매라는 그 자체의 특성상 간직하고 있는 무수한 위험요인들을 제거하고 또 제거해서 얻어진 수치다. 입찰가에는 임차인과의 관계, 점유자의 명도, 등기부상의 권리관계뿐만 아니라 등기부에 기재되어 있지 않은 권리관계에 대한 위험들이 내포되어 있기 때문이다. 예컨대 임차인과의 관계에서 임차인의 보증금을 인수하게 되는 만큼 입찰가는 낮아지게 되고 또한 점유자의 성향이 강해 보일수록 명도기간에 대한 위험을 고려하기 때문에 아무래도 공격적인 입찰가를 적어내기에는 무리다.

입찰하려고 하는 물건에 유치권이 걸려 있다든지 토지나 건물만 경매에 부쳐져 법정지상권 성립 여지가 있다든지, 취득하고자 하는 토지에 분묘가 있어 소유권 행사에 제약이 있다든지 하는 등의 위험요인도 같은 맥락으로 이해하면 된다. 집합건물 등에서 발생하는 체납관리비도 입찰가 산정에 영향을 미치는 변수 중 하나임은 물론이다.

이렇듯 객관적 사실에 의하거나 주관적 가치판단에 의하거나, 아니면 통계적인 수치에 의하거나 어쨌든 입찰법정에 도달하기까지 입찰자는 자신이 쓰고자 하는 입찰가를 미리 염두에 두고 온다. 그러면서도 그 (예상)입찰가를 확정하지 못하고 고민하고 또 고민하는 것은 당일 법정 분위기가 어떠하냐 하는 것 때문이다. 이것이 바로 입찰가 산정에서의 무시하지 못할 최종적인 변수다.

2012년 5월 31일에 내 자문을 통해 낙찰된 물건 중 하나가 그 예를 적적히 대변해주는 듯해서 이를 부연 설명해본다. 신당동에 있는 어느 아파트 경매물건에 입찰했는 데 입찰 당시 위에 나열한 여러 가지 요인(통계, 수익률, 위험요인 등)을 고려해 예상입찰가를 산정해놓고, 그럼에도 예상입찰가로 A, B, C 세 가지 경우를 가정했다.

그 이유는 법정 분위기에 따라, 즉 당일 입찰법정에 입찰자들로 북적대는지 아니면 방청객석이 듬성듬성 빈자리가 보일 정도로 썰렁한지 등을 판단한 후 예상 입찰자가 3명 이하이면 A 입찰가를, 4~7명이면 B 입찰가를, 8명 이상이면 C 입찰가를 써내기로 의뢰인과 사전 합의를 했던 탓이다.

당일 법정 분위기가 다른 때와 달리 조금은 썰렁한 분위기여서 A 입찰가를 써냈는데 결과적으로 3명이 입찰하여 차순위와 470만 원 차이로 낙찰됐다. 법정 분위기 파악 없이 낙찰받고자 하는 욕심만 앞서 B나 C 입찰가를 써냈다면 그 이상의 큰 차이로 낙찰받아 의뢰인에게 면목이 서지 않을 수 있었던 사례다.

물론 법정 분위기는 단지 보이는 사람 수로만 판단해서는 안 된다. 당일 진행되는 경매물건이 몇 건인지, 그 경매물건 중에 사람이 몰릴

● 신당동 현대아파트 낙찰사례(2011타경17299)

소재지/감정서	면적(단위:㎡)	진행결과	임차관계/관리비	등기권리
(100-450) 서울 중구 신당동 840 현대 8동 15층 1501호 토지이용계획 GO ▶건물구조 ▶감정평가서요약 ·주위환경:본건주위는래미안신당2차아파트(2011년1 0월입주예정;탐문),행당역풍림아이원아파트등의대단지아파트,중소규모의공동주택,단독주택,생활편의시설,각급학교,공원등이혼재 ·주거환경은무난한편임. ·차량출입가능 ·인근버스정류장있음 ·교통여건은무난시됨. ·서남측부정형 ·단지내외로포장도로개설되어있음	대 지 ·54.07/44338.5 (16.36평) 건 물 ·122.275 (36.99평) 총 15층 중 15층 보존등기 1996.02.08 대지감정 135,000,000 건물감정 315,000,000 감정기관 강서감정	감정 450,000,000 100% 450,000,000 유찰 2012.04.26 80% 360,000,000 낙찰 2012.05.31 388,099,000 (86.24%) 김현숙 응찰 3명 허가 2012.06.07 납부 2012.07.05	▶법원임차조사 이○○ 전입 2009.10.09 점유 1501호일부 (점유:미상, 보증금:미상) ▶태인세대열람 GO 한○○ 전입 1999.01.12 이○○ 전입 2001.02.09 이○○ 전입 2009.10.09 열람일 2012.04.20 ▶관리비체납내역 ·체납액:9,300,000 ·확인일자:2012.04.12 ·기간미상 ·전기포함수도가스별도 ·☎ 02-2235-0993	·집합건물 등기. 소유권 한○○ 1997.02.22 매매(1989.08.10) 근저당 신한은행 (서대문역) 2006.06.09 291,600,000 [말소기준권리] 근저당 흥국생명보험 2007.11.19 52,000,000 근저당 흥국생명보험 2008.01.24 58,500,000 압 류 서울시중구 2010.09.07 임 의 흥국생명보험 2011.06.17 청구액 85,000,000원

자료: 부동산태인(www.taein.co.kr)

만한 특이한 물건은 없는지, 학습차 참관한 경매 교육생들로 인해 법정이 북적대 보이지는 않는지 등을 꼼꼼히 계산하고 입찰가를 최종 낙점해야 차순위와 격차를 벌리지 않고 아슬아슬하게 낙찰될 수 있는 확률을 높일 수 있다.

3장

진짜 경매는
낙찰 이후 시작된다

01 경매의 함정에 빠졌다면?
_매각불허가신청과 즉시항고를 적극 활용하라

경매는 그 제도의 특성상 물건 자체에 숱한 함정을 내포하고 있다. 등기부등본에 기재된 권리관계는 물론 등기부등본에 기재되지 않는 권리로도 문제가 발생할 수 있는 분야가 바로 경매다.

또한 임차인과의 문제, 감정평가서와 물건현황의 불일치에서 오는 문제, 인도(명도) 등 경매물건의 수만큼이나 다양하고 복잡한 문제가 존재하고 이로 인해 다수의 입찰자가 함정에 빠지기도 한다.

이는 일반매매의 경우 매매물건 하자에 대한 책임을 매도인이 지는 것(매도인의 하자담보책임)과 달리 경매는 오로지 낙찰자가 모든 책임을 져야 한다는 데에서 비롯된다. 경매에서의 매도인은 매도 주체가 아니라 경매 과정에서 전혀 의사결정권이 없는 간접 당사자에 불과하므로 함정에 빠졌다고 해서 매도인(소유자)에게 책임을 전가할 수는 없다.

그렇다고 경매함정에 빠졌을 때 그 구제방법이 전혀 없는 것은 아니다. 지피지기면 백전백승이라 했다. 그러나 경매물건을 낙찰받는 것만이 승리가 아니라 경매함정에 빠졌을 때 좌절하고 포기하고 있는 것보다 그 함정에서 어떻게 신속하게 빠져나오느냐 역시 승리의 관건이다. 그러기 위해서는 구제방법으로 어떤 것이 있는지 알아야 함은 물론이다.

경매함정에 빠졌을 때 구제방법으로 민사집행법은 우선적으로 매각불허가신청과 즉시항고를 규정하고 있다. 매각불허가신청이라 함은 경매절차에서의 이해관계인이 매각을 허가해서는 안 된다는 소송법상의 진술을 말한다. 이를 매각허가에 대한 이의라고도 하며, 서면으로 신청할 수도 있다.

그러나 매각허가에 대한 이의를 어느 경우에나 아무 때나 할 수 있는 것은 아니다. 민사집행법(제120조 제2항)에 의하면 매각에 대한 이의신청은 매각허가가 있을 때까지 해야 한다고 규정하고 있다. 매각허가가 있을 때까지라 함은 매각 후 7일 내, 즉 매각결정기일까지라는 얘기다.

또한 민사집행법 제121조는 매각허가에 대한 이의신청 사유를 7가지로 한정해 규정하고 있다. 따라서 이들 사유 이외의 사유에 기하여는 이의신청할 수 없으며, 매각허가에 대한 이의는 이의진술자인 자신의 권리에 관한 이유에 의하여야 하고 다른 이해관계인의 권

● 매각불허가신청 서식 예

매각불허가신청

채권자
채무자

　위 당사자간 귀원 20　 타경　 호 부동산 강제(임의)경매사건에 관하여, 년　월　일의 매각기일에서 신청인은 최고가 매수신고를 하고 아직 매각결정기일 전이나, 폭우(또는 화재)로 인하여 본건 경매물건의 토지 및 건물이 현저히 훼손(또는 소실)되어 경매의 목적을 달성할 수 없게 되어 부득이 매각불허가를 받고자 이 신청을 합니다.

　　　　　　　　　　　첨부서류

1. 훼손증명서　　　　1통
1. 건물멸실대장등본 1통

　　　　　　　　　　200 ．　．　．
　　　　　　　　　　위 채권자 겸 매수인　　　(인)

　　　　　지방법원　　　　　귀중

리에 관한 이유로 신청하지 못한다는 것도 명문으로 규정(법 제122조)하고 있다.

매각허가에 대한 이의 사유(민사집행법 제121조)

1. 강제집행을 허가할 수 없거나 집행을 계속 진행할 수 없을 때

2. 최고가매수신고인이 부동산을 매수할 능력이나 자격이 없는 때

3. 부동산을 매수할 자격이 없는 사람이 최고가매수신고인을 내세워 매수신고를 한 때

4. 최고가매수신고인, 그 대리인 또는 최고가매수신고인을 내세워 매수신고를 한 사람이 제108조 각호(매각장소의 질서유지 차원에서 집행관이 매수신청을 금지한 사람) 가운데 어느 하나에 해당되는 때

5. 최저매각가격의 결정, 일괄매각의 결정 또는 매각물건명세서의 작성에 중대한 흠이 있는 때

6. 천재지변, 그 밖에 자기가 책임을 질 수 없는 사유로 부동산이 현저하게 훼손된 사실 또는 부동산에 관한 중대한 권리관계가 변동된 사실이 경매절차의 진행 중에 밝혀진 때

7. 경매절차에 그 밖의 중대한 잘못이 있는 때

위와 같은 사유 중 하나만이라도 충족되는 사유(5호 또는 7호 사유가 이해관계인에게 주로 원용됨)가 있을 때 최고가매수인(낙찰자)을 포함한 이해관계인은 매각허가에 대한 이의를 신청할 수 있고, 이 이의신청

항고장

항고인(소유자)
　　OO시 OO구 OO동 OOO번지 OO빌라 OOO호

　항고인은 귀원 20　타경　호 부동산 강제(임의)경매사건에 관하여 귀원이 20 . . 에 선고한 매각허가결정에 대하여 불복하므로 항고를 제기합니다.

항고취지

　원심결정을 취소한다.
　이 사건 매각을 허가하지 아니한다.
라는 판결을 구합니다.

항고이유

　매각기일은 이해관계인에게 미리 통지하여야 하는 바, 20 . . 매각기일에 관하여 항고인은 통지를 전혀 받지 못하였습니다. 그런데 원심법원은 위 매각기일에서 최고가매수인으로 정하여진 OOO에게 매각을 허가하는 결정을 하였습니다. 따라서 위 매각허가결정은 취소되어야 하고, 위 OOO에 대한 매각은 불허가됨이 마땅합니다.

　　　　　　　　　　　200 . . .
　　　　　　　　　　　위 채권자 겸 매수인　　　　(인)

　　　　　　지방법원　　　　　귀중

이 정당하다고 인정한 경우 법원은 매각을 불허한다.

즉시항고는 매각이 허가되었거나 불허가결정이 내려짐으로써 손해를 보는 이해관계인이 그 매각허부결정에 대한 불복방법으로서 인정되는 것이다. 즉시항고를 할 수 있는 기간은 매각에 대한 이의신청과 같이 매각허부결정일로부터 7일이 주어지며, 매각허가 또는 불허가결정에 따라 손해를 보는 이해관계인, 매각허가에 정당한 이유가 없거나 결정에 적은 것 외의 조건으로 허가해야 한다고 주장하는 매수인(낙찰자), 자신에의 매각을 허가해야 한다고 주장하는 매수신고인(입찰자)이 할 수 있다.

다만 매각에 대한 이의신청과 달리 매각허가결정에 대해 항고를 하고자 하는 사람은 매각대금의 1/10에 해당하는 금전 또는 법원이 인정한 유가증권을 공탁해야 한다. 매각허가결정에 대한 항고 시에 적용되는 것이므로 매각불허가결정에 대하여는 보증을 제공할 필요가 없다.

만약 채무자 및 소유자가 한 항고가 기각된 때에는 항고보증금이 몰수되고, 채무자 및 소유자 외의 사람이 한 항고가 기각된 때에는 보증금에서 항고를 한 날로부터 항고기각결정이 확정된 날까지의 매각대금에 대한 연 20%를 제하고 돌려준다. 항고가 기각되면 그만큼 손해를 보기 때문에 항고할 때에는 무작정 항고할 것이 아니라 그 항고가 받아들여질 가능성이 짙을 때 하는 것이 바람직하다는 얘기다. 항고에 대한 무분별한 남용으로 경매절차가 지연되는 것을 막기 위해 마련된 조치다. 항고심의 재판에 불복하거나 손해를 받는 이해관계인은 재항고도 할 수 있다.

이렇듯 우리 경매제도는 경매함정에서 빠져나올 수 있는 기간, 즉 하자치유기간을 부여해주고 있다. 따라서 입찰 전에 풀리지 않았던 부분이 있었음에도 입찰에 응해 낙찰받았거나, 입찰 결과 단독으로 낙찰을 받은 경우 들뜬 기분에 심취해 있을 것이 아니라 매각기일로부터 7일간 주어진 매각불허가신청기간 동안 재차 현장탐문을 통해 물건상태나 점유관계 등을 다시금 파악해보고, 법원에 보관된 집행기록 열람을 통해 그간 드러나지 않았던 권리관계나 경매절차상의 하자는 없는지 등을 알아볼 필요가 있다.

낙찰자가 매각에 대한 이의 사유를 근거로 매각불허가신청을 했는데 받아들여지지 않고 매각허가결정이 내려졌거나 매각허가에 대한 이의신청을 못 하고 그 기간을 지나 버린 경우에는 즉시항고를 하면 된다. 매각불허가신청이 경매함정에 빠졌을 때 구제될 수 있는 1차적인 방안이라면 즉시항고는 2차적인 구제방법인 셈이다.

이 제도를 알고 유효적절하게 활용한다면 경매함정으로 인한 금전적 손해를 상당 부분 줄일 수 있을 것이다. 매각에 대한 이의신청에 의해 매각이 불허되거나 매각허가에 대한 항고가 인용되어 매각허가결정이 취소된 경우 낙찰자는 제공한 입찰보증금을 돌려받을 수 있다.

02 낙찰대금과 차액납부 활용법

낙찰, 참으로 기분 좋은 일이다. 처음 입찰하여 낙찰이 됐든, 아니면 수차례 고배를 마신 후 낙찰이 됐든 낙찰 그 자체는 당시 어떤 무엇과도 바꿀 수 없는 희열과 전율이 있다. 숱한 경쟁을 물리치고 얻은 전리품이자 그간 생고생하며 품을 팔았던 인고의 산물인데 어찌 감회가 남다르지 않을까.

그러나 낙찰의 기쁨도 잠시, 낙찰자의 현실에 맞닥뜨려지는 것은 바로 낙찰대금 납부다. 일부 낙찰자를 제외한 대부분의 낙찰자는 자기가 보유한 현금 외에 일정액을 경락잔금대출을 통해 마련된 대금으로 낙찰대금을 납부하게 된다. 그러나 낙찰된 물건이라고 해서 모든 물건이 다 대출이 되는 것은 아니다. 설령 대출이 된다고 해도 애초 생각했던 금액보다 적게 대출이 되어 곤란을 겪는 경우도 허다하다.

경매의 경우 낙찰대금을 납부하지 못하면 입찰보증금 10%를 몰수당하게 된다. 수중에 들어왔던 경매물건에 대한 소유권을 취득하지 못할뿐더러 입찰할 때 이미 납부한 입찰보증금마저 몰수당하는 엄청난 손해를 입기 때문에 낙찰대금이 마련될 때까지 한시도 마음을 놓을 수 없는 이유다.

낙찰대금은 통상 현금(또는 금융기관이 발행한 자기앞수표)으로 납부하게 된다. 경락잔금대출을 통해 대금을 납부하는 경우에도 금융기관 대출과 동시에 같은 날 거의 시간차를 두지 않고 대금 납부, 소유권 이전 및 근저당설정이 이루어진다. 금융기관의 의뢰를 받아 법무사가 등기업무까지 처리하기 때문에 낙찰자에게 대출금이 손에 쥐어지지는 않지만, 이 역시 현금 납부라는 기본 원칙은 지켜지는 셈이다.

그러나 낙찰대금을 현금으로 납부하지 않아도 되는 특별한 경우가 두 가지 있다. 배당액과의 차액지급(이른바 '상계')과 채무인수가 그것이다. 전자와 후자 모두 일반거래에서도 종종 볼 수 있는 대금 지급방법으로 낙찰자가 당장 낙찰대금을 마련하기 어려운 경우에 써먹을 수 있는 방법들이다. 다만 낙찰자가 두 방법을 통해 낙찰대금을 납부하고 싶다고 해서 모두 받아들여지는 것은 아니다. 여기에도 일정한 요건과 제한이 있다.

전자, 즉 상계(相計)에 의한 대금 납부방법은 낙찰자가 배당받을 금액을 뺀 나머지 차액만을 낙찰대금으로 납부하는 방식이다.

● **매각대금 납부방법**

구분	일반적 방법	상계	채무인수
납부의무/권리자	낙찰자	배당채권자인 낙찰자	낙찰자
납부방법	현금 납부	차액(매각대금 − 배당액) 납부	차액(매각대금 − 기존 채무인수) 납부
납부조건	대금 지급기한 내 납부	법원에 상계신청	채권자 승인
배당기일 지정	대금 완납 후 1개월 이내	즉시 배당기일 지정	즉시 배당기일 지정

다만 모든 낙찰자가 이 방법을 취할 수 있는 것은 아니다. 채권자가 낙찰받은 경우, 좀 더 정확하게는 배당기일에 배당받을 금액이 있는 채권자가 낙찰받은 경우에 한해 법원에 상계를 신청할 수 있다. 전세보증금을 배당받는 임차인이 임차주택을 낙찰받은 경우의 그 임차인 또는 담보대출을 일으킨 근저당 채권자가 담보물건을 낙찰받은 경우의 근저당 채권자가 이에 해당한다.

예컨대 어떤 주택이 3억 원에 낙찰됐는데, 그 주택의 낙찰자가 다름 아닌 임차인인 경우 그 임차인의 전세보증금이 2억 원이고 그 임차인이 전액 배당을 받을 수 있다고 가정해보자. 통상의 절차라면 낙찰자인 임차인은 낙찰대금 전체 3억 원을 납부하고 1개월 후 배당기일에 다시 2억 원을 배당받는 절차를 거치게 된다.

그러나 차액지급신고(상계신청)를 하게 되면 3억 원이라는 낙찰대금을 납부할 것 없이 임차인이 배당받을 2억 원을 뺀 나머지 차액(1억 원)만 납부하면 된다. 낙찰자인 임차인으로서는 3억 원이라는 거금을 마

채권상계신청

사건번호 20 타경 호 부동산강제(임의)경매
채권자
채무자

　　위 당사자 간 귀원 20 타경 호 부동산강제(임의)경매사건에 관하여 채권자는 매각부동산을 금　　　　　원에 매수하여 그 대금을 납부하여야 하는바, 채권자가 배당받아야 할 채권액이 별지 기재 채권계산서와 같이 금　　　　원이어서 위 금액을 매각대금 중에서 상계하여 주시기 바랍니다.

첨부서류

1. 채권계산서 1부

200 . . .
위 채권자 겸 매수인　　　(인)

지방법원　　　귀중

련해서 납부해야 하는 부담에서 벗어날 수 있게 되는 셈이다.

또 하나의 대금지급 방법인 채무인수(債務引受)는 낙찰자가 낙찰대금 지급에 갈음하여 채권자가 채무자에게 가지고 있는 금전채무를 인수하는 형식으로 이루어진다.

통상의 매매절차에서 채무자의 근저당채무를 매수인이 동일한 조건으로 인수하고 인수한 채무액을 뺀 나머지 매매대금을 채무자에게 지급하는 것과 유사하다.

채무인수의 경우에도 낙찰자는 낙찰대금과 인수한 채무액의 차액을 지급하면 된다. 예컨대 어떤 물건이 3억 원에 낙찰됐고 이 물건에 2억 원의 근저당 채권이 설정되어 있다고 하자. 이 경우 낙찰자는 근저당 채권자의 동의를 얻어 채무자가 지고 있는 채무(2억 원)를 인수하고 나머지 1억 원만 낙찰대금으로 납부할 수 있다. 상계에서처럼 낙찰자의 대금부담을 경감시키는 효과가 있다.

다만 채무인수가 상계(배당액과의 차액지급)와 다른 점은 채무인수에 대해 해당 채권자의 승낙을 받아야 한다는 점이다. 상계는 배당받을 채권자인 낙찰자가 법원에 상계신청만 하면 되지만 채무인수는 법원에의 채무인수 신청에 앞서 인수채무의 채권자의 승낙을 받아야 하므로 채권자의 승낙이 없으면 채무인수가 불가능하다.

통상의 경매절차에서는 낙찰이 되면 14일 후 매각이 확정되고 이로부터 1개월 내 기한으로 대금 납부기한이 정해진다. 기한 내 낙찰대금이 납부되면 이로부터 다시 1개월 이내의 날로 배당기일이 정해지며,

매수인의 채무인수신청서

사건번호 20 타경 호 부동산강제(임의)경매
신청인(매수인)
채권자
채무자

  위 부동산강제(임의)경매사건에 관하여 신청인은 본건 부동산을 매수하여 대금을 납부하고자 하는바, 매각대금의 범위에서 선순위 저당권자 OOO가 가지고 있는 채무자에 대한 다음의 채권을 채무자가 부담하고 있는 동일한 조건으로, 채권자의 동의를 받아 동 채무를 인수하고자 하오니 허가하여 주시기 바랍니다.

다음

1. 제1번 근저당권
   금   원 및 20 . . .부터 20 . . . 까지 연 %에 의한 지연손해금

2. 위 동의할 채권자
   1번 저당권자 OOO
   주소 :

200 . . .

위 채권자 겸 매수인   (인)

지방법원   귀중

그 배당기일에 배당받을 채권자를 소환하여 배당이 이루어진다.

그러나 낙찰자가 신청한 상계나 채무인수가 받아들여지면 매각확정기일(낙찰일로부터 14일)이 지나 대금 납부기한을 따로 정할 필요 없이 바로 배당기일이 지정된다. 이처럼 상계나 채무인수는 단지 낙찰자의 대금 지급부담을 완화하는 데 그치는 것이 아니라 낙찰 후 배당까지의 소요기간을 최대 30일 정도 단축시키는 효과가 있다.

낙찰대금을 납부하지 못해 보증금을 몰수당하고 재경매에 부쳐지는 물건이 낙찰건 대비 평균 15% 정도에 이른다고 한다. 이 중에는 권리나 임대차분석을 잘못하여 소유권이전에 영향을 줄 수 있을 정도의 권리 또는 임차보증금을 인수하는 사례도 있고, 물건분석을 잘못해 하자 있는 물건을 낙찰받거나 필요 이상 고가로 낙찰받은 사례도 있다. 또한 DTI, LTV 규제 등으로 대출 문턱이 높아지면서 부족한 낙찰대금을 마련하지 못해 재경매에 부쳐진 사례도 심심치 않게 나오고 있다.

경매투자를 잘한다고 하기 위해서는 입찰성공률을 높이고 입찰사고를 줄이고 사고를 신속하게 잘 처리하는 것이겠지만 대금을 원활하게 잘 납부할 수 있는 능력도 하나 더 추가해야 할 것 같다. 그런 의미에서 낙찰자 또는 채권자의 여건에 맞게 상계나 채무인수를 통한 대금 납부도 적극 활용해볼 만하다.

03 소유권이전등기 비용을 줄이는 법

　　매수인이 매각대금을 완납함과 동시에 진행되는 절차가 바로 소유권이전등기다. 다만 일반매매와 달리 경매 취득을 원인으로 하는 소유권이전등기는 매수인 또는 등기 대리인(법무사 또는 변호사)이 촉탁서를 작성하여 법원에 제출하고 법원은 이를 근거로 등기소에 등기촉탁을 한다는 점이다.

　　즉 매수인 또는 등기 대리인이 등기에 필요한 서류를 갖추고 법원 경매계에 제출하면 법원이 관할등기소에 이들 서류와 함께 소유권이전등기촉탁서를 발송한다.

등기촉탁 시 법원에 제출해야 하는 구비서류

① 등기촉탁신청서

② 매각대금완납증명원(또는 법원보관금영수증)

③ 매각허가결정 정본

④ 부동산목록, 낙찰부동산 등기부등본(토지, 건물)

⑤ 취득세영수필확인서(시·군·구청)

⑥ 국민주택채권 매입필증 및 계산내역(금융기관)

⑦ 토지대장, 건축물관리대장

⑧ 주민등록초본(3개월 이내)

관할등기소는 법원의 등기촉탁에 의해 매수인 명의로 소유권을 이전하게 되는데, 이때 등기부등본에 인수되는 권리는 남기고 그렇지 않은 권리는 말소한 후 등기권리증을 법원으로 보내주면 등기절차는 모두 완료된다.

등기촉탁 시 말소되는 등기부등본 위의 권리

① 경매개시결정기입등기

② 저당권, 담보가등기, 압류 및 가압류등기

③ 선순위 담보물권보다 후순위의 소유권이전청구권가등기

④ 선순위 담보물권보다 후순위의 전세권등기, 배당요구한 선순위 전세권등기

⑤ 선순위 담보물권보다 후순위의 임차권등기 및 가처분등기

이처럼 경매절차에서의 소유권이전등기 업무는 매수인이 직접 하든, 아니면 법무사나 변호사가 대리하든 등기소에 가서 직접 등기업무를 수행하는 것이 아니라 등기에 필요한 서류를 구비하고 법원에 등기촉탁을 의뢰하는 것에 불과하다. 그래서 경매로 인한 소유권이전등기는 굳이 법무사나 변호사에게 위임하지 않고도 매수인이 직접 할 수 있는 여지가 충분하다. 매수인이 직접 등기업무를 수행하면 비용절감 효과도 있다.

만약 등기업무를 위임하지 않고 매수인이 직접 소유권이전등기를 하는 경우 절감되는 등기비용은 얼마나 될까?

취득물건 규모에 따라 그 비용도 천차만별이겠지만 최근 낙찰되어 등기이전을 마무리한 단독주택을 그 사례로 들어보면 얼추 어느 정도의 비용을 절감할 수 있는지 어림짐작할 수 있을 것이다. 다음 사례는 단독주택 소유권이전등기 전에 모 금융기관 대출 등기업무를 전담하는 변호사 사무소에서 보내준 등기비용 견적서다.

견적서에 나와 있는 비용 중 소유권이전과 근저당설정 및 말소 등에 소요되는 취득세(교육세 포함), 수입증지대, 송달료, 국민주택채권매입비용 등과 금융기관에 들어가는 인지대, 설정비용(지금은 설정비용을 금융기관이 부담) 및 법원에 소요되는 촉탁비용은 공식적인 비용으로 그 증거가 남거나 계산식이 정해져 있는 필수항목이며, 절감할 수

● 소유권이전등기 비용내역 예

사건명	이전, 설정		사건번호	2012타경16629(북부6계)	
부동산 표시	서울특별시 중랑구 상봉동 ○○○-○○			공시지가	132,000,000
				매각대금	211,780,000
등기권리자	○○○	연락처	–	채권최고액	206,400,000
	주민번호			입찰보증금	18,450,000
	주소				
소유권이전 근저당권설정 말소 6건					
취득세	4,235,600		18,000	잔금	193,330,000
교육세	423,560		3,600	대출금	172,000,000
농특세	–			① 본인부담금액	21,330,000
수입증지대	30,000		18,000	은행 비용	
국민주택채권	83,100	61,920		인지대	75,000
대금 완납				신용평가수수료	
송달료	70,000			출자금	
원인증서 작성	50,000			통장개설비	
열람/등본대	40,000			화재보험료	
전입세대 열람				② 소계	75,000
보수액	329,309		140,400		
제출대행/일당	70,000			기타 비용	
교통비	69,000			촉탁비	100,000
인도명령 4건	120,000			절삭	−419
				③ 소계	99,581
				④ 이전비용	5,553,499
				⑤ 설정비용	61,920
				⑥ 말소비용	180,000
				총입금액(①+②+③+④+⑤+⑥)	
				27,300,000	
				입금은행	○○은행
				계좌번호	–
부가가치세	32,930	–		예금주	○○○
합계	5,553,499	61,920	180,000	※ 잔금 하루 전까지는 입금 바랍니다.	

변호사 ○○○법률사무소

있는 비용이 별로 없는 항목들이다.

매수자가 직접 소유권이전등기를 함으로써 절감할 수 있는 비용 항목은 바로 대행업체의 보수에 해당하는 부분이다. 위 사례를 기준으로 원인증서 작성료 5만 원, 열람 및 등본대 4만 원, 소유권이전과 말소 부분에 해당하는 대행업체 순수 보수액 약 47만 원, 제출대행 및 일당 7만 원, 교통비 6만 9000원, 인도명령신청 4건에 대한 비용 12만 원과 우측 하단의 등기말소 6건에 대한 비용 18만 원 등 모두 99만 9000원으로 거의 100만 원에 이른다.

물론 이 비용이 모두 절감되는 것은 아니다. 어찌 됐든 매수자가 직접 움직인다 해도 교통비는 들어가고, 등기사항을 말소하는 데도 1건당 6600원 정도가 소요(총 3만 9600원)되는 등 일부 비용이 들어가게 된다. 그럼에도 어디 그 비용이 100만 원이나 소요될까. 이 비용 중 넉넉잡아 30% 정도가 소요되는 것으로 추산할 때 최대한 70만 원까지는 비용을 절감할 수 있다는 얘기다.

이렇듯 비용절감 폭이 큼에도 매수인이 소유권이전등기를 직접 하지 않고 대리위임하는 이유는 그 절차나 서류 구비가 까다롭다는 것도 있지만, 무엇보다 경매 취득 부동산의 십중팔구가 경락잔금대출을 이용해 매각대금을 납부하고 있다는 데서 기인한다.

경락잔금대출을 이용하는 경우 금융기관에 전속된 법무사나 변호사 사무실에서 등기업무를 전담하기 때문에 매수인이 소유권이전등기를 직접 할 수 있는 여지가 없어지는 것이다. 다만 이 경우에도 소유권이전 비용을 절감할 수 있는 방법이 전혀 없는 것은 아니다.

경락잔금대출을 위한 금융기관을 알아볼 때 금리, 대출한도액 등을 알아보면서 더불어 소유권이전등기 시 비용견적서를 요구하면 된다. 견적서를 자세히 비교해보면 보수액부터 등기말소 비용, 열람 및 등본대, 인도명령신청대행료, 원인증서 작성료, 제출대행 및 일당, 교통비 등에서 다소의 비용 차이를 발견할 수 있을 것이다. 심지어 간혹 국민주택채권 매입비용에서도 차이가 발생한다. 채권할인율이 채권 매입 시점마다 달라지는 데에서 기인한다.

또한 견적서를 한 곳에서만 받을 것이 아니라 두세 군데 이상 견적서를 받아보고 이 중 가장 착실한 견적서를 내준 금융기관 전담 법무사나 변호사 사무소에 등기업무를 위임하면 된다.

04

[명도수칙 1]

최종 점유자를
확인하라

경매투자에서 가장 힘든 일이 있다면 아마도 점유자를 명도하는 과정일 것이다. 그중에서도 점유자가 없는 경우의 명도과정은 더 어렵고 복잡할 수 있다.

물론 점유자가 있는 경우에도 그 점유자가 채무자(소유자)인지 임차인인지, 악의의 점유자인지 선의의 점유자인지 및 보증금 배당의 정도에 따라 명도 또는 명도 협상의 수위가 달라질 수는 있다.

그러나 어느 경우에나 점유자라는 명도대상이 있기 때문에 협상의 기술에 따라, 아니면 강제집행절차에 따라 명도하는 데 다소 시간차는 있어도 그리 큰 부담이 생기는 것은 아니다. 문제는 명도대상이 불명확하거나 특정되어 있지 않은 경우다.

명도대상이 불명확하거나 특정되어 있지 않다는 것은 점유는 하고 있으되 점유자가 누군지 모르거나 점유자의 행방이 묘연한 경우를 말한다. 일반적으로 인도명령을 통한 강제집행절차에서 강제집행에 앞서 인도명령결정문에 대한 송달증명이 필요한데 명도대상이 불명확하거나 특정되지 않으면 이 송달증명을 받을 수 없게 되고 결국 강제집행 자체를 어렵게 만든다.

● **인도명령에 기한 강제집행절차**

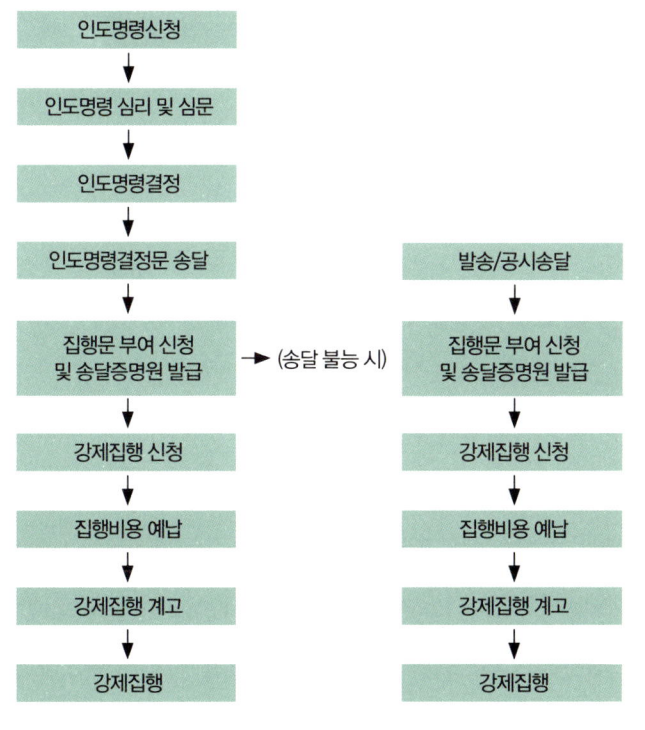

송달증명이 안 되는 경우 공시송달이라는 절차를 거친 후에야 강제집행을 하게 되지만 공시송달을 거쳤다고 해서 강제집행이 순리대로 이루어질 것이라고 보면 오산이다. 이해를 돕기 위해 실제 사례를 한번 들어보자.

K씨가 여의도에 있는 M오피스텔 한 채를 낙찰받은 것은 2011년 7월 중순으로 임대차조사서상 KM이라는 회사가 점유하고 있는 물건이다. K씨는 매각허가가 확정되고 대금 납부기한이 정해지자마자 8월 초에 곧장 대금을 납부했다. 이후 점유자(임차인)를 수차례 만나려 했으나 문은 굳게 잠겨 있고 좀처럼 점유자를 만날 수가 없었다.

입찰 전에 관리사무실이나 M오피스텔을 주로 중개하고 있는 중개사무소 직원으로부터 해당 오피스텔 내부에 사무집기는 남아 있으나, 오래전부터 점유자가 거주하지는 않는 것 같다는 얘기를 들어왔던 터다.

점유자를 만나 명도협의를 해서 모양 좋게 오피스텔을 인수받으려 했던 낙찰자 K씨는 명도협의를 포기할 수밖에 없었다. 결국 인도명령을 신청해 인도명령결정문까지 받았다. 인도명령신청서 작성 시 인도명령 대상자(채무자)로 대법원 경매정보에 있는 임대차조사서상의 KM사를 기재했다. 문제는 송달증명이었다.

오피스텔 내부에 점유자가 아무도 없으니 송달이 될 리 없었다. 그간에도 수차례 오피스텔을 방문해 명도협의를 하려고 했으나 결과는 달라지지 않았다. 할 수 없이 공시송달절차까지 밟았다.

2주간의 공시송달기간이 지난 후 강제집행 신청을 통해 강제집행 날짜를 지정받았다. 그때가 낙찰받은 때로부터 꼬박 4개월이 지난 11월 중순이었다.

강제집행 당일 이삿짐을 실을 차량이 대기하고 있고, 법원에서 나온 집행관을 비롯해 오피스텔 내부 집기를 들어낼 인부들이 오피스텔 복도에 모여들었다. 열쇠 전문가가 출입문 열쇠를 해체하는 작업을 벌이고, 그동안 집행관은 강제집행 장소에 나온 증인 2명으로부터 서명을 받았다.

드디어 오피스텔 출입문이 개방되고 집행관, 인부들이 오피스텔 안으로 들어갔다. 일부는 옮길 목록을 작성하고 일부는 사진을 찍었다. K씨는 이제 다 끝났다고 생각했다. 순간 문제가 발생했다.

K씨가 인도명령신청 시 채무자(인도명령 대상자)로 명기했던 임차인 KM이라는 회사가 당해 오피스텔을 점유하고 있다는 물증이 나와야 하는데 내부에 있는 서류나 우편물, 법인통장을 아무리 살피고 또 살펴도 그런 물증이 나오지 않았다.

책상 서랍이고, 휴지통이고, 책꽂이 그 어느 곳을 찾고 뒤져봐도 KM이 인도명령신청서상의 점유자라는 증거는 나오지 않았다. 대신에 KM 대신 그간 민간 경매정보나 대법원 경매정보의 임대차조사서에 전혀 언급되지 않았던 H라는 법인명이 새로이 등장했다.

관리사무실에서의 관리비 청구서, 국민연금 납부고지서, 보관된 법인통장, 우편물, 기타 여러 회사 관련 서류들을 보아도 최근까지의 점유자는 KM이라는 회사가 아니라 H라는 회사가 분명했다.

KM이라는 회사의 이름이 하나라도 드러나 있으면 집행이 가능할 텐데 그 어느 곳에서도 그러한 이름은 보이지 않았다. 집행관도 난감해했다. K씨는 다소 불안한 마음을 버릴 수 없었다. 아니나 다를까. 한참 동안 물증을 찾으려 했던 집행관이 입을 열더니, 집행이 불가능하다고 했다. 최근까지 점유한 것으로 새롭게 드러난 H라는 회사를 채무자로 하고 다시 인도명령을 신청하라고 했다.

그것으로 끝이 아니었다. 강제집행을 못한 것도 억울한데 이사차량 대기, 기타 등등 비용으로 30만 원이 현장에서 청구됐다. 인도명령을 다시 신청해서 집행하기까지 또 2달 이상을 기다려야 할 판이다. 그깟 조그마한 오피스텔 하나 명도하는 데 꼬박 6개월이 걸릴 참이다.

뭐가 문제였을까? 이미 강제집행 과정에서 다 나왔듯 최종 점유자 확인을 게을리한 탓이다. 경매정보에 나와 있는 임차인이 최종 점유자인 줄로만 알고 인도명령 채무자를 그대로 기재했던 것이 문제다. 물론 K씨 입장으로서는 사전에 문을 강제로 열고 들어가는 수밖에 달리 방법이 없었겠지만, 이는 형사범죄의 소지가 있으므로 마뜩잖다.

그렇다고 전혀 방법이 없는 것은 아니다. 최근까지 점유하고 있었다면 관리사무실에 가서 당해 오피스텔 관리비를 누구를 대상으로 청구하고 있었는지 또는 가장 최근까지 누가 관리비를 납부하고 있었는지를 확인하면 된다. 또 내선 전화 사용료에 대한 우편물 청구서가 누구 이름으로 되어 있는지 등을 살펴보면 될 일이다.

확인된 사실상의 점유자와 신고된 임차인인 점유자가 일치되면 인도명령 채무자를 그대로 하면 되지만 그 둘이 다르다면 관리사무실이나 각종 우편물을 통해 최종 점유한 것으로 확인된 사실상의 점유자를 인도명령 채무자로 특정하여 인도명령을 신청해야 한다. 만약 점유자가 수시로 바뀔 가능성이 있으면 점유이전금지 가처분 신청을 선행한 후 인도명령신청을 하는 것도 잊어서는 안 된다.

● **인도명령과 명도소송의 차이**

구분	인도명령	명도소송
소의 성격	경매사건에 포함(약식 소송)	별도 사건으로 처리(정식 소송)
신청시기	대금납부 후 6개월 이내	대금 납부 후 즉시
신청대상	소유자, 채무자 및 권원 없이 점유하고 있는 자	• 매수인에게 대항할 수 있는 권원이 있는 점유자(대항력 있는 임차인, 유치권자 등) • 인도명령 대상자로서 대금납부 후 6개월이 지난 경우
신청방법	송달증명원을 첨부하여 담당 경매계에 신청	집행력 있는 정본(판결확정증명원 + 송달증명원)을 첨부하여 관할법원에 신청
소요기간	신청 후 3~4주	소송제기 후 4~6개월
유의사항	매각대금 납부와 동시에 신청할 것	소송과 동시에 점유이전금지가처분 신청할 것

[명도수칙 2]
낙찰자라면
점유자 명도에
관대하라

2012년 8월 어느 날의 일이다. 어느 경매 컨설팅업체로부터 다급한 전화가 걸려왔다. 낙찰받은 아파트 소유자와의 원만한 명도 협의를 통해 이사비용과 이사날짜를 맞춰놓았는데 이사하기로 한 하루 전날 낙찰자가 갑자기 이사비용으로 합의한 200만 원은 못 주고 100만 원만 주겠다며 생떼를 쓰더라는 것이다.

애기를 들은즉 이렇다. 당초 500만 원의 이사비용을 요구하던 소유자와 오랜 시간 줄다리기를 통해 겨우 200만 원으로 이사비용을 맞춰놓았는데 이제 와서 그 200만 원도 내놓지 못하겠다니 기가 막힐 노릇이었다. 밤늦게까지 낙찰자와 통화하면서 설득을 해도 막무가내다.

그간 마음고생한 것이며, 대금 납부를 하고도 한 달 보름씩이나 명도가 걸린 것에 대한 불만, 이후 발생하는 체납관리비까지 왜 낙찰자가 부담해야 하는지, 그리고 인도명령신청과 점유이전금지가처분 당시 업무를 진행했던 법무사 직원의 불친절함, 그간 컨설팅업체가 하라는 대로 이끌려 다니기만 했다는 등등 이유 같지도 않은 억지를 부렸지만 어찌 됐든 경매 문외한이었던 낙찰자로서는 못마땅한 게 한둘이 아니었던 모양이다.

그래도 이렇게 임박해서 명도협의를 없던 일로 하자는 것은 대단한 몽니가 아닐 수 없다. 사태가 워낙 심각해서 내일 집을 비워주기로 했던 점유자(소유자)에게 전화해서 급변한 사정 얘기를 했더니 노발대발이다. 이삿짐센터도 다 맞춰놓고 이사할 곳의 잔금을 기다리고 있는데 지금 그러면 어떻게 하겠냐는 것이다.

내일 명도가 마무리되지 않으면 낙찰자도 점유자도 서로 악감정만 남기 때문에 결국 강제집행을 통해 문제를 해결할 수밖에 없는 사태가 발생하게 된다. 약정 기일에 원만하게 이사를 마무리해야 낙찰자도 점유자도 서로 행복하게 일을 마무리할 수 있다는 것을 알기에 밤 늦게까지 낙찰자, 점유자와 번갈아가면서 통화를 시도했지만 해결의 실마리가 보이지 않았다고 한다.

컨설팅업체가 출혈을 감수할 수밖에 없는 것 외에는 달리 방도가 없을 듯했다. 그래서 컨설팅업체에 낙찰로 받기로 했던 수수료 중 잔금이 있다면 100만 원을 이사비용으로 대신 지급하고 나머지 수수료만을 받거나 이미 다 받았다면 100만 원을 컨설팅업체에서 부담하는 것이 좋겠다고 조언했다.

이 방법에 대해서는 낙찰자도 마지못해 동의했다. 낙찰자로서도 동의를 안 해줄 명분이 없었던 것이다. 원하던 100만 원을 절감할 수 있었으니까. 결국 다음 날 낙찰자로부터 입금된 200만 원(컨설팅업체가 대신 부담하기로 한 100만 원 포함)을 지참하고 무사히 명도를 완료할 수 있었다. 컨설팅업체는 고맙다는 한마디 인사도 없이 수수료 잔금에서 100만 원을 제하고 잔금을 지급받았음은 물론이다. 43평형 아파트를 낙찰받은 국내 굴지의 모 대기업에 다니는 회사원으로부터 말이다.

이처럼 명도(협의)는 경매절차에서 최종 관문이자 입찰자들이 가장 껄끄러워하는 분야이기도 하다. 우선 점유자(소유자 또는 임차인)를 만나는 것 자체가 두렵지만 만나서 어떻게 협의를 이끌어내야 할지 그리고 협의가 됐다고 해도 이사시점, 이사비용은 물론 위와 같이 낙찰자나 점유자의 돌발행위로 중간에서 일하는 사람들이 애를 먹는 경우가 허다하다.

물론 편하게 인도명령이나 명도소송을 통해 강제집행하는 방법이 있지만 어디 사람 일이라는 게 그리 매몰차게만 할 수 있을까. 될 수 있으면 물리력을 행사하지 않고 원만하게 해결되는 것이 누이 좋고 매부 좋은 격이다. 그래야 낙찰자도 점유자도 주변 시선 의식하지 않고 들어오거나 나갈 수 있는 법이다.

명도협상의 당사자 중 낙찰자는 될 수 있으면 명도기간을 짧게 하고 명도비용을 최소화하려 하고, 반면 점유자는 그 반대의 모습을 이끌어내려 하는 게 일반적인 모습이다. 그러면서 당사자 간 이견을 조율하고 조율해서 원만한 명도를 이끌어내는 것이 또한 명도협상의 기술이다.

인도·명도(협의) 시 낙찰자의 바람직한 자세

① 명의(협의)는 가급적 매각대금을 완납한 후에 할 것

② 낙찰자는 명도가 완료되기까지는 약자라는 인식을 가질 것

③ 점유자의 상황을 이해하고 최대한의 사정과 편의를 배려할 것

④ 사전에 파악된 점유자의 성향에 따라 인도명령을 먼저 신청한 후 명도(협의)를 진행할 것

⑤ 명도소송 시에는 반드시, 인도명령 시에는 필요에 따라 점유이전금지 가처분 신청을 할 것

그렇지만 가끔 낙찰자든 점유자든 욕심을 지나치게 부릴 때가 있다. 이 중 더 애를 먹이는 건 점유자의 욕심보다는 낙찰자의 욕심이다. 점유자의 욕심이야 한계가 있기 마련이지만 낙찰자 중에는 인도명령이나 명도소송이라는 법적 수단이 강구되어 있으면서도 지나치게 경직되게 원칙에 입각한 명도를 이끌어내려는 사람들이 더러 있다.

그렇지만 사회적인 약자는 분명 점유자다. 물론 점유자 중에 악의의 점유자도 간혹 보이지만 대부분은 낙찰대금 중 한 푼도 건지지 못하는 소유자(채무자)이거나 보증금의 일부 또는 전부를 잃게 되는 임

차인들이다. 자의건 타의건 살던 집, 생계수단이던 상가를 떠나 또다시 밑에서부터 재기의 길을 모색해야 하는 사람들이다.

그런 사람들에게 경매를 통해 비교적 저렴하게 낙찰받은 낙찰자가 인지상정 차원에서 가급적 용인될 수 있는 수준의 관행적인 이사기간이나 이사비용을 지원해주는 것이 그리 어려운 일일까? 아무리 경매에 문외한인 사람도 주변에서 듣거나 컨설팅업체 조언을 받아 입찰 전에 낙찰대금을 납부하고 명도협의(이사기간이나 이사비용에 대한 협의)를 진행하고 예상비용 또는 명도시점에 대해 나름대로 인지하고 있었을 터이다.

위 사례도 분명 그랬을 것이다. 게다가 낙찰대금 완납 후 불과 한 달 보름 정도의 기간 만에 명도를 하고, 이사비용도 200만 원으로 마무리됐다는 점에서 보면 최상의 명도협의를 이끌어냈다고 평가할 수 있다. 그런데도 중간에야 어떤 사정이 있었는지 모르지만, 명도비용 중 절반을 컨설팅업체가 부담했다는 것은 뭔가 잘못돼도 한참 잘못됐다.

경매투자에도 일정한 질서가 있다. 이 질서를 마구잡이로 흔들려고 한다면 낙찰자든 점유자든, 아니면 다른 제3자든 반드시 피해자가 생기기 마련이다. 특히 유리한 고지에 서 있는 낙찰자로서는 입주 및 비용에 대한 조급함보다는 승자에 대한 여유와 관대함을 가질 필요가 있다. 그래야 질서가 유지되고, 명도협의 당사자 간 원-원(win-win)할 수 있는 길이 열리는 법이다.

06

[명도수칙 3]

협의명도가 우선이다
_한 달 만의 명도와
3개월 만의 명도

경매투자는 전투다. 입찰자들과 경쟁해야 하고, 악의의 채권자들과 싸워야 하고, 점유자(소유자, 임차인, 유치권자 등)와 싸워야 한다. 궁극적으로는 시간, 비용과의 싸움에서도 결단코 이겨야 하는 전투다.

그 전투 중에서도 가장 힘든 전투는 점유자와 벌이는 싸움이다. 다른 권리나 채권자야 그 유형이 딱 정해져 있지만, 점유자는 그 유형이 천차만별이라 명도에 대응하는 방법이나 수준 역시 점유자 유형에 따라 각양각색으로 전개된다. 그래서 힘든 싸움이다.

점유자 유형으로는 소유자, 임차인, 유치권자가 주를 이룬다. 분류야 간단하지만 실제 전투에서 점유자 유형을 구별 짓는 것이 그리 간단치는 않다. 가장 크게는 그 점유자가 주택 점유자냐 상가 점유자냐 부터 그 점유자가 배당을 받는 점유자인지 아닌지, 점유자가 점유할 권원이 있는지 없는지, 점유자 수가 많은지 적은지, 점유하고 있는 사람의 연령대 등등 그 경우의 수를 따지자면 한도 끝도 없다.

혹자는 주택 점유자가 상가 점유자보다 명도(또는 명도협의)하기가 더 쉽고 명도기간도 짧다고 한다. 주택과 상가의 기본적인 인식 차이가 있는 것도 그러려니와 아무래도 상가보다는 주택의 점유관계가 더 명확하고 점유자 성향이 더욱 온순할 것이라는 생각에서 비롯된 것이리라.

그러나 반드시 그렇지만은 않다. 특히 영업활동 공간인 상가는 생계를 영위하기 위한 수단인 반면 주택은 삶의 절대적인 터전이라는 한 가지 면만 보더라도 어느 정도 명도에 대한 저항이 상가보다는 주택에서 더 강하게 나올 수 있음을 짐작하게 한다. 섣불리 주택이라고 명도가 간단하고 쉬울 것이라는 예단을 해서는 안 된다는 것이다.

예를 들어보자. 2012년 9월 중순 용인 풍덕천동에 소재한 한 아파트 38평형을 낙찰받은 적이 있다. 같은 해 11월 초에 매각대금까지 순조롭게 납부하고 나서 명도협의차 낙찰주택을 방문했으나 문전박대부터 받았다. 소유자가 점유하고 있었는데 아직도 경매당한 사실을 믿을 수 없었던 모양이었다. 아니면 애써 그 사실을 외면하고 싶었거나.

원만한 명도를 원한다는 취지를 담은 장문의 편지를 문에 밀어 넣고 나서야 점유자를 만날 수 있었지만 예상했던 것 이상으로 명도협의가 쉽지 않았다. 될 수 있으면 2012년을 넘기기 전 12월 말까지 입주를 마무리할 심산으로 명도협의를 추진했으나 이주할 곳 미계약, 초등학교와 중학교 다니는 아이들 방학, 이주비용 등 갖은 핑계를 대면서 차일피일 명도시기를 미뤘다.

인도명령을 통해 어렵사리 강제집행 계고장까지 붙이고 왔지만 집행관 일정, 추운 날씨 탓에 집행날짜 잡는 것마저 쉽지 않았다. 이를 아는지 모르는지 협의된 명도기일을 점유자는 매번 어기고 넘겼다. 대금 완납 후 2달을 넘겨서야 간신히 집행날짜를 받고 2013년 1월 10일에 명도를 위한 강제집행에 돌입했다.

이때까지도 점유자는 설마 진짜 집행당할까 하고 생각했는지 전혀 이주할 준비가 안 된 그야말로 무방비 상태였다. 집행관이 들이닥치자 너무 당황했는지 그때야 딱 열흘만 시간을 주면 진짜 이사를 하겠다고 집행관의 바짓가랑이를 붙잡고 통사정을 했다.

집행관과 낙찰자 협의 하에 그러기로 하고 이날 들어간 비용(이사 차량, 사다리차량, 집행관 및 노무자 당일 인건비 등 약 100만 원)은 점유자가 부담하고 아울러 열흘 후 명도 시 낙찰자에게 어떠한 이사비용도 요구하지 않는다는 각서를 쓴 후에야 집행차 왔던 모든 사람을 철수시켰다.

열흘가량을 넘긴 1월 22일에 점유자는 약속한 대로 이주를 했다. 낙찰일로부터 4개월, 대금 완납일로부터 약 3개월 만에 명도가 마무

● 명도사례 1

사건번호	2012타경15946
소재지	경기 용인시 수지구 풍덕천동 1018 신정3단지아파트 306동 1101호
감정평가액	410,000,000원
최저경매가	328,000,000원
입찰일	2012.09.18
낙찰가	340,780,000원(83.12%, 3명)
매각대금 납부	2012년 11월 1일
강제집행일(1차)	2013년 1월 10일
최종협의명도일	2013년 1월 22일
명도소요기간	3개월

리된 셈이다. 인도명령에 기한 강제집행을 서둘렀으면 더 짧게 명도
를 완료할 수 있었지만, 주택 성격상 가급적 강제집행보다는 협의에
의한 명도가 더 보기에 좋을 것이라는 생각으로 명도협의를 끝까지
진행했던 터라 명도완료 시까지의 시일이 다소 흘렀다.

　이번에는 2012년 10월 말에 낙찰된 상가건물 명도사례를 들어보
자. 안양시 안양동에 소재한 이 건물은 지하 1층, 지상 4층 상가건물
로 일부 공실을 제외하고 모두 10개 점포(커피숍, 미용실, 부동산, 약국,
당구장, 학원 등)가 영업하고 있고, 준공연한 30년이 지나 상당히 낙후
된 건물이다. 낙찰 후 한 달 만인 11월 말에 매각대금을 완납하고 명
도협의에 돌입했다.

　상가 명도협의야 주택과 달리 이주보다는 재계약을 우선하기 때문
에 재계약 시의 임대가가 문제였다. 특히 해당 물건은 입지나 규모가

그 지역 일대에서 최고라고 평가됐음에도 오랫동안 임대가 조정을 거치지 않아 대부분 시세보다 훨씬 낮은 수준의 임대가를 유지해왔던 터라 현 시세와 기존 임대가 격차가 너무 컸다.

재계약 협상 시 예상대로 임차인들의 저항이 거셌다. 임대가뿐만 아니라 노후된 건물의 문제점을 들고 나와 개보수를 요구하는 임차인도 적지 않았다. 일단 낙찰자로부터 영업에 지장이 없을 정도로 건물을 말끔하게 개보수할 것과 2년 이내에는 임대료를 인상하지 않을 것이라는 양보를 얻어냈고, 임차인으로부터는 수차례 미팅을 통해 현 시세에 조금 못 미치는 선에서 보증금과 임대료를 인상하는 합의를 이끌어냈다.

합의안 도출 시 임차인은 언제든지 임차인의 책임 하에 점포를 타인에게 양도할 수 있도록 한 것도 빠뜨리지 않았다. 경매를 이유로 저하됐던 영업이 추후 정상화되면 점포양도 시 발생할 권리금에 대한 기대도 심어주었던 것이 주효했다. 명도협의 시 임차인의 사업자등록 현황, 임대차계약서, 보증금 및 월세 입금내역 등 점유현황을 파악할 수 있는 모든 서류를 징구했음은 물론이다.

그해를 넘기기 전에 10개 점포 중 9개 점포에 대한 임대차계약이 끝났고, 재계약하지 않은 나머지 1개 점포도 12월 30일에 이주를 마무리함으로써 낙찰 후 2개월, 대금 완납 후 1개월 만에 명도가 완료됐다. 앞서 사례로 든 주택보다 2배 이상 짧은 기간 내에 명도가 마무리된 셈이다. 주택이라고 또는 점유자가 적다고 명도가 쉽다거나 명

● **명도사례 2**

사건번호	2011타경8400
소재지	경기 안양시 만안구 안양동 835-6
감정평가액	2,147,018,520원
최저경매가	1,717,615,000원
입찰일	2012년 10월 30일
낙찰가	1,847,710,000원(86.06%, 4명)
매각대금 납부	2012년 11월 29일
명도협의 대상	총 11개 점포
협의(재임대) 완료	2012년 12월 21일(10개 점포)
명도(이주) 완료	2012년 12월 30일(1개 점포)
명도소요기간	1개월

도기간이 짧지만은 않다는 것을 단적으로 보여준 사례라 할 수 있다.

명도기간은 짧을수록 좋지만 그렇다고 점유자의 상황을 전혀 개의치 않고 무조건 명도(인도)집행에 돌입하는 것은 바람직한 자세가 아니다. 물건 종류, 점유자의 성향, 점유자의 피치 못할 사정, 감내할 수 있는 시간과 비용 등을 십분 고려하고, 될 수 있으면 집행에 의한 명도보다는 협의에 의한 명도가 최우선이라는 기본 인식이 배어 있어야 한다. 그러기 위해서는 명도 당사자에게 명도협의에 응할 수 있는 명분과 실리를 찾아주는 것 역시 매우 중요하다.

07 부동산관리명령
활용하기

경매절차를 유심히 들여다보면 경매 관련 제도의 하나로 규정되어 있으나 그 제도의 실효성이 담보되지 못해 경매시장에서 악용되거나 전혀 무용한 것들이 상당수 있다. 경매물건 취득 후 인도명령이나 명도소송에 앞서 취할 수 있는 조치 중 하나인 부동산관리명령이 대표적이다.

경매절차에서 인도명령이라 함은 낙찰부동산에 대해 점유자(채무자, 임차인 등)가 정당한 사유 없이 그 인도를 거절하는 경우 낙찰자가 낙찰대금 납부 후 6월 이내에 법원에 인도명령을 신청하면 법원이 점유자에 대해 부동산을 매수인에게 인도하도록 명하는 것을 말한다.

인도명령은 낙찰부동산에 대한 인도를 공권력을 빌려 비교적 간단

하게 할 수 있다는 점에서 낙찰자에게 점유자와의 인도(또는 명도)협의
에서 우월적 지위를 갖게 해주는 매우 유용한 제도로 활용되고 있다.
유치권자나 선순위 대항력 있는 임차인처럼 인도대상 부동산을 점유
할 정당한 권원을 가진 점유자를 제외한 나머지 점유자의 경우 인도
명령절차를 통해 강제집행을 할 수 있기 때문이다.

　다만 한 가지 단점이 있다. 인도명령신청은 낙찰자가 대금을 납부
한 후에나 가능하다는 점이다. 경매부동산이 낙찰되고 대금 납부까
지 통상 1.5개월(2002년 7월 1일 민사집행법이 시행된 후 대금납부기일제가 기
한제로 바뀌고 나서는 약 1개월 정도로 당겨졌지만)의 기간이 소요된다.

　이 기간 동안 낙찰부동산이 낙찰자의 관리를 벗어나 있게 되고 또
그 기간 동안 악의의 점유자로부터 해당 부동산에 대한 훼손(법률상의
처분행위, 사실상의 행위 등) 가능성이 크다는 것이 문제다. 훼손은 아파
트나 연립·다세대 등 공동주택은 물론 여타 종별에 걸쳐 광범위하게

● **부동산관리명령과 인도명령의 차이**

구분	부동산관리명령	인도명령
신청자격	낙찰자 또는 채권자	낙찰자
신청시기	매각허가결정 후	매각대금 완납 후
신청목적	낙찰 부동산 훼손 또는 가치 감소 방지를 위한 부동산 관리	낙찰부동산의 인도
명령의 유효기간	관리인의 관리 하에 있는 낙찰부동산의 인도를 청구한 때까지	강제집행 종료 시까지
관리인의 선임	집행관 또는 변호사	없음
점유자 인도거부 시	관리불능 → 인도명령 → 강제집행	강제집행

나타나고 있지만 상가나 공장, 토지 등 점유자가 없거나 공실상태인 물건에서 더욱 빈번하다.

이러한 훼손 가능성에 대비하여 민사집행법은 인도명령과는 별도의 부동산관리명령제도를 두고 있는데도 그런 사실을 아는 사람은 그리 많지 않은 것 같다. 나에게 들어오는 경매 관련 상담사례 중 낙찰부동산의 훼손을 염려하여 그 대책을 물어보는 사람이 거의 없기 때문이다. 아니면 부동산관리명령제도가 별로 실효성이 없거나.

아무튼 부동산관리명령은 낙찰자가 매각허가결정(낙찰 후 7일)을 받은 후 대금을 지급하고 그 부동산의 인도를 받을 때까지 사이에 채무자인 소유자가 해당 부동산을 법률상 또는 사실상으로 훼손하는 경우 그 부동산의 가치가 감소되어 매수인이나 채권자의 이익을 해할 염려가 있는 경우 낙찰자나 경매신청 채권자의 신청에 의해 법원이 관리인을 선임하여 그 관리인으로 하여금 해당 부동산을 관리하게 하는 제도로 엄연히 민사집행법(제136조 제2항)에 규정되어 있다.

부동산관리명령을 아무나 신청할 수 있는 것은 아니다. 그 신청은 낙찰자 또는 경매를 신청한 채권자만 할 수 있다. 관리명령 신청이 있는 경우 법원은 특별한 사정이 없는 한 2일 내에 재판을 통해 관리의 구체적 내용, 부동산의 종류, 위치, 구조 등을 고려하여 적임자를 관리인으로 선임해야 한다.

관리인의 자격에 관하여는 법률상 제한이 없으므로 신청인이 적임자를 추천할 수도 있으나 채권자나 채무자 또는 매수인을 관리인으로 선임할 수는 없다. 특히 매수인을 선임하는 것은 대금지급 전에 부동산을 인도하는 결과로 되어 인용되지 않는다. 통상 집행관이나 변호사를 관리인으로 선임하는 것이 관례다.

선임된 관리인이 하는 일은 무엇일까? 관리인으로 선임된 자는 관리명령에 기해 채무자에 대해 매각부동산의 인도를 구하고 해당 부동산을 선량한 관리자의 의무를 다해 관리에 착수하게 된다. 그 관리의 범위는 부동산의 보존·유지라는 목적을 달성하기 위한 범위에 한정되고 제3자에게 사용대차하거나 임대차하여 차임을 얻는 권한까지 갖는 것은 아니다.

부동산관리명령에 기한 관리인의 임무는 낙찰자가 낙찰대금을 모두 납부하고 관리인의 관리 하에 있는 낙찰부동산의 인도를 청구한 때에 종료된다. 낙찰자가 낙찰부동산의 인도를 청구하면 관리인은 관리사무를 청산하고 그 부동산을 낙찰자에게 인도해야 한다.

이때 낙찰자는 대금을 완납한 것을 증명하여 관리인으로부터 인도를 받으면 되고 법원으로부터 별도의 인도명령을 받을 필요는 없다. 낙찰부동산의 관리에 돌입했다는 것은 이미 관리인이 채무자로부터 낙찰부동산의 관리권 또는 점유를 넘겨받았다는 것이 되기 때문이다.

사실상 인도명령절차 이전에 인도를 받게 되는 것으로 이 제도의 취지만 십분 활용한다면 그리 어렵지 않게 낙찰부동산을 인도받을 수 있어 낙찰자에게는 매우 유익한 제도라 아니할 수 없다. 그런데도 불구하고 부동산관리명령제도가 그리 활성화되지 못한 이유는 어디에 있을까? 부동산관리명령제도에는 그럴 만한 문제가 숨겨져 있다.

관리인이 선임되면 부동산을 관리하기 위해 부동산을 점유할 필요가 있기 때문에 채무자에게서 해당 부동산을 인도받아야 한다. 그러나 대금 납부 후 거치는 인도명령절차에서도 순순히 강제집행에 응하는 점유자가 많지 않은데 어느 누가 낙찰자가 대금도 납부하기 전에 부동산을 순순히 인도하겠는가 말이다.

특히 관리명령은 채무자가 관리인에게 낙찰부동산을 임의로 인도하지 않는 경우 그 인도를 강제할 권한을 가지지 않는다. 물론 이 경우 낙찰자 또는 채권자의 신청에 의해 인도명령에 준하는 명령을 추가로 발하여 인도를 강제할 수 있지만 이것도 어디까지나 낙찰부동산을 점유할 정당한 권원(유치권자, 대항력 있는 선순위 임차인)이 있는 점유자를 대상으로는 인도명령에 준하는 명령을 발할 수 없다는 것이다.

그뿐만 아니라 민사집행법 시행 후 대금지급기한제 시행으로 대금 납부가 통상 낙찰 후 1개월 이내로 앞당겨 이루어지고 있다는 점에서 관리명령을 발하고 인도거부에 따른 추가 명령을 발하기까지 그리 시간적 여유가 없어졌다. 그 시간이면 이미 대금 납부를 하고도 남을 시간이라 관리명령보다는 인도명령절차를 통해 강제집행에 돌입하는 것이 더 빠를 수 있기 때문이다.

그나마 점유자가 있는 부동산보다는 점유자가 없는 부동산에 일부 적합한 제도라고 할 수 있지만, 점유자가 없는 부동산에 굳이 비용을 들여(관리인 보수나 관리에 소요되는 비용은 관리명령 신청자가 부담한다는 것이 통설) 관리명령을 신청할 사람은 그리 많지 않아 보인다. 경매가 점차 대중화되고 재테크 수단화될수록 경매물건에 대한 고의적 훼손 가능성도 점차 옅어진다는 측면에서도 더욱 그렇다.

경매 대중화, 입찰자 보호를 위해 도입한 제도적 취지는 이해하지만, 그 취지를 십분 공감하기 위해서는 단지 제도를 도입하는 것만으로 끝나지 않고 이에 못지않게 그 제도의 효율성과 대중적 활용성을 담보하기 위한 제도적 개선 또는 홍보가 필요한 시점이다.

경매고수 이영진의 One-Point Lesson

부동산관리명령 시 관리비용은 누가 부담하나?

관리인에 대한 보수 그 밖의 관리에 소요되는 비용은 관리명령을 신청한 매수인이나 채권자가 부담해야 하며 이것이 집행비용으로 되어 채무자의 부담으로 되는 것은 아니다. 왜냐하면 관리명령은 직접적으로 매수인 또는 채권자를 보호하기 위한 것이고 또 이것은 집행절차의 파생적 부수처분으로서 매각절차에 속하지 않기 때문이다(집행비용으로 보아야 한다는 반대설 있음).

4장

경매로부터 내 재산을 지키는 방법

01 전세보증금을 안전하게 지키는 **네 가지 방법**

　　임차인에게 전세보증금은 전 재산과 다름없는 존재이기 때문에 전세계약 후 물건의 내외적 하자보다는 전세보증금의 안전성과 직결되는 권리적인 측면에 대한 대비를 결코 소홀히 할 수 없다. 전세물량이 없다고, 전세가가 급등한다고 전세보증금에 대한 안전성 검토 없이 무턱대고 전세계약을 체결할 수는 없는 일이다.

　　전세보증금을 안전하게 확보할 수 있는 권리적인 측면에 대한 대비는 단계별로 크게 네 가지로 나눠볼 수 있다. 첫째는 전세계약 후 주택인도(점유) 시까지 계약체결 당시 없었던 권리사항이 등기부등본에 기재됐는지를 확인하는 것이요, 둘째는 주택인도와 동시에 전입신고를 하는 것이요, 셋째는 전세계약서에 확정일자를 부여받는 것이요,

넷째는 경매 시 배당요구기간 내에 배당요구를 하는 것이다.

전세보증금을 지키기 위해서는?

- 전세계약 전, 잔금 지급 전 등기부등본상의 변동사항 유무 확인할 것
- 대항요건(주택의 인도+전입신고)을 갖출 것
- 대항력을 확보할 것, 즉 말소기준권리(근저당, 가압류, 담보가등기 등) 설정일보다 앞서 대항요건을 갖출 것
- 대항요건을 갖춘 날과 같은 날에 계약서에 확정일자를 받을 것
- 경매 진행 시 보증금을 낙찰대금에서 배당받기 위해서는 법원이 정해준 기간 내에 반드시 배당요구를 할 것

첫째의 경우 전세계약서를 작성하면서 계약 후 주택인도 시까지 임차인에게 영향을 미칠 만한 중대한 권리관계의 변동이 생기면 임대차계약을 취소할 수 있다는 문구를 계약서에 삽입하는 것으로 문제 발생 여지를 예방할 수 있다.

주택인도 시까지 권리관계의 변동이 생기는지는 중개업자를 통해서나 본인 스스로가 주택을 넘겨받는 날까지 수시로 등기부등본 발급을 통해 확인하면 된다. 더욱 정확하게는 임차인이 주택을 인도받고 전입신고까지 마친 날까지 권리관계 변동 여부를 확인해야 한다. 후순위 권리자에 대한 임차인의 대항력은 주택인도뿐만 아니라 전입신고까지 마친 날의 다음 날 0시부터 발생하기 때문이다.

둘째의 주택인도와 전입신고는 임차인에게 대항력을 갖게 하는 절대적 요건이다. 대항력은 일반매매에서나 경매에서 매수인(또는 낙찰자)에게 전세보증금을 돌려받을 수 있거나 약정한 임대차기간 동안 거주할 것을 주장할 수 있는 힘을 부여해주는 권원이다.

다만 경매는 매매와 달리 대항요건, 즉 입주와 전입신고를 마쳤다고 해서 대항력이 발생하지는 않는다는 점에 유의할 필요가 있다. 소위 말소기준권리(근저당, 가압류, 담보가등기 등)라고 하는 권리(또는 그중 하나)가 대항력이 발생하기 전에 이미 설정되어 있다면 그 임차인은 대항력을 상실하게 된다.

따라서 임차인이 주택인도와 더불어 전입신고를 마치기 전에 등기부등본에 기재된 말소기준권리가 없을 경우에 한해 임차인은 비로소 대항력이 발생하게 되고 '주택인도+전입신고' 다음 날 0시를 기준으로 낙찰자에게 전세보증금의 인수 혹은 반환 또는 임대차기간 동안의 거주를 주장할 수 있게 된다.

주택인도와 전입신고 사이에 기간차를 두는 것도 위험요인이다. 대항력은 두 가지 요건을 모두 갖춘 다음 날 0시부터 발생하므로 이 사이 말소기준권리가 설정되면 이 역시 대항력이 사라지기 때문에 주택을 인도받으면서 전입신고를 하는 것이 최상이다. 전세계약 시 계약 이전에 설정된 말소기준권리가 없는지는 물론 계약 후에도 대항력을 갖추기 전까지 권리관계의 변동, 즉 새로운 말소기준권리가 설정되지는 않았는지 등을 확인하는 것이 왜 중요한지에 대한 답이다.

셋째의 경우, 즉 확정일자를 부여받는 일은 경매처분 시 전세보증금에 대한 우선변제권을 확보하기 위한 일환이다. 말소기준권리에 앞서 대항력을 갖춘 임차인은 낙찰자에게 전세보증금에 대한 인수를 주장할 수 있지만 확정일자가 없으면 낙찰대금으로부터 우선변제를 받을 수 없다.

확정일자를 받을 때도 주의할 사항이 있다. 즉 확정일자는 우선변제적 효력이 부여되는 것이지만 절대적이 아니라 상대적이라는 점이다. 따라서 대항요건을 갖추고도 확정일자 부여받는 일을 게을리하여 한 달 후쯤 늦게 확정일자를 받는 사이 근저당이 설정됐다면 임차인은 근저당 채권자에게 우선변제권을 주장할 수 없다.

즉 대항요건 구비일과 확정일자를 받는 시점 사이에 기간차가 커그 사이 근저당, 가압류 등 권리가 설정된 경우, 예컨대 ① 임차인 대항요건 구비 ② 근저당 ③ 확정일자와 같은 순위라면 임차인은 낙찰자에게 보증금 인수를 주장할 수 있을지언정 낙찰대금으로부터의 배당순위는 근저당에 밀려 근저당 채권 규모에 따라 보증금 전액 또는 일부를 배당받을 수 없게 된다.

물론 현재 서울 기준 보증금이 7500만 원 이하인 소액임차인에게 권리순위에 상관없이 최우선하여 변제되는 2500만 원은 확정일자 없이도 변제를 받을 수 있지만, 나머지 5000만 원을 권리순위에 따라 우선변제 받기 위해 확정일자를 받아야 함은 매한가지다.

확정일자를 대항요건 구비에 앞서 전세계약 시 부여받는다고 해서 우선변제적 효력이 전세계약 시로 소급하는 것은 아니다. 확정일자의 우선변제적 효력은 대항요건을 갖춘 상태에서 의미가 있기 때문이다. 따라서 확정일자를 미리 받는다고 좋을 것은 없으나 확정일자 받는 일을 잊고 지내다 낭패를 당하는 경우가 많아 될 수 있으면 전세계약 후 바로 확정일자를 받거나 최소한 전입신고(또는 주택인도)와 동시에 확정일자를 받을 것을 권한다.

마지막으로 임차주택 경매처분 시 낙찰대금으로부터 보증금의 전부 또는 일부를 배당받고자 한다면 위와 같은 대항요건을 갖추고 확정일자를 부여받는 것 외에 법원이 정한 기간 내에 반드시 배당요구해야 함을 잊어서는 안 된다.

이때 주의할 점은 배당요구도 아무 때나 할 수 있는 것이 아니라 배당요구를 할 수 있는 기간(배당요구종기)이 정해져 있다는 것이다. 경매신청이 들어오면 법원은 경매신청된 사실과 함께 배당요구종기 내 배당요구할 것을 임차인에게 서면으로 통지하게 되는데 대항요건을 갖춘 임차인으로서 낙찰대금에서 배당을 받고자 한다면 반드시 이 기간 안에 배당요구해야 한다.

대항력이 있는 임차인, 즉 말소기준권리보다 앞선 날짜에 대항요건을 갖춘 임차인은 전세보증금을 낙찰자에게 인수시키거나 낙찰대금에서 우선변제를 받을 수 있으므로 배당요구를 할지 말지를 알아서 결정하면 된다. 일반적으로 배당요구종기는 첫 매각(경매)기일 1개월 전으로 해서 정해진다.

이처럼 임차인이 자신의 보증금을 지키기 위해서는 임대차계약과 입주 및 전입신고 사이의 권리변동사항을 체크해야 함은 물론 대항력을 갖추어야 하고, 확정일자를 받아야 하고, 배당요구종기 내에 배당요구를 해야 하는 등의 일련의 안전장치 마련을 위한 노력을 거듭해야 한다. 그러나 불행히도 경매처분되는 주택 임차인의 상당수가 이러한 요건을 갖추지 못해 보증금의 전부 또는 일부를 되찾지 못하고 있는 것이 현실이다.

이러한 임차인 중 대항요건을 구비하지 못한 임차인, 대항요건을 구비했으나 대항력이 없는 임차인 등은 곧잘 경매투자자의 표적이 되기도 한다. 어렵사리 얻은 전세주택에서의 행복한 보금자리를 이어가고 임차인의 전 재산, 생명이나 다름없는 보증금을 지키는 일, 그 누구도 아닌 바로 임차인 자신의 몫이라는 것을 명심해야 한다.

전세보증금을 인상할 때
반드시 따져보아야
할 것들

　　주택거래시장 침체가 계속되면서 전세가 상승이 매매가의 60%를 넘어섰다는 보도자료들이 심심치 않게 나오고 있다. 평균 60%라는 것이지 사실상 지역별, 물건별로 들어가 보면 매매가의 70%, 80% 이상 넘어선 곳도 수두룩하다.

　　전세가 상승은 재계약을 앞두고 있는 세입자에게는 그 부담이 이만저만 아니다. 전세보증금 인상이 감당할 수준이라면 모를까, 그렇지 않다면 살던 전셋집보다 규모가 작은 곳으로 이사하거나 부득불 대출을 통해 전세보증금을 인상해주거나 규모를 줄이지 못한다면 전셋집이 조금 더 싼 외곽 쪽으로 밀려날 수밖에 없는 중차대한 기로에 서게 된다.

세간을 줄여서 이사하거나 시 외곽 쪽으로 이사하는 것은 다소의 불편함을 감수하는 정도라 그리 큰 문제가 될 것은 없지만, 대출이나 비축해둔 자금을 통해 전세보증금을 인상해주는 경우에는 챙겨야 할 것들이 한둘이 아니다.

전세보증금 인상 시 체크사항

- 전세보증금 인상 계약 전 등기부등본상의 권리관계 변동사항이 있는 지 확인할 것
- 보증금을 증액한 계약서에 반드시 확정일자 받을 것
- 보증금 인상 후 전체 보증금이 매매시세 대비 너무 높지 않은지 확인 할 것
- 경매 시 예상 낙찰가율 따져 전세보증금 확보가 안전한지 평가할 것

우선 전세보증금을 인상해주기 전에 인상시점의 등기부등본을 반드시 열람해보아야 한다.

애초 전세계약 시 권리관계가 깨끗했어도 2년간 거주하는 동안 금융기관 근저당이나 기타 채권자의 가압류 등 새로운 권리가 설정됐거나 기존 권리관계에 변동이 생겼을 수도 있다.

이러한 권리관계 변동이 임차인이 용인할 수준을 벗어날 정도, 예컨대 전에는 없던 가압류가 여러 건 설정된 사실이 있다거나 담보대출이 급격히 늘어난 경우라면 권리관계에 중대한 변동이 생겼기 때문

에 차후 문제가 발생할 소지가 크다. 이런 상황이 발생했을 때에는 무리하게 전세보증금을 인상해서 재계약하는 것보다는 새로운 주택으로 이사하는 것이 낫다.

다음으로 전세 재계약 시 인상된 보증금에 대한 확정일자는 꼭 받아야 한다. 권리관계에 아무런 이상이 없고 인상하는 전세보증금도 감당할 수준이어서 보증금을 올려주고 전세 재계약을 했다고 치자. 그러나 재계약 후 확정일자를 추가로 받지 않으면 나중에 경매가 진행되더라도 인상된 보증금에 대한 우선변제권이 없어 경매 매각대금에서 배당을 받을 수 없다.

물론 애초 임대차계약 시 다른 권리보다 우선순위를 확보하고 있다면 인상된 보증금에 대해 확정일자가 없어도 매수인(낙찰자)에게 대항력을 행사할 수 있지만, 만약 보증금 인상 전에 근저당이나 가압류 등이 설정됐다면 그 인상된 보증금에 한해서는 대항력을 행사할 수 없게 된다. 확정일자는 애초 임대차계약 시의 보증금이나 재계약 시의 인상된 보증금에 대한 배당순위를 결정짓는 중요한 요소다.

끝으로 인상된 후의 전세보증금이 매매시세 대비 너무 높지는 않은지 살펴보아야 한다.

전세가는 천정부지로 치솟는데 매매가는 하염없이 떨어지고 있는 상황에서 비롯되는 현상으로 집주인이 올려달라는 대로 무작정 보증금을 올려주다 보면 어느덧 전세가와 매매가 차이가 별로 나지 않는 경우까지 이를 수 있다.

[사례 공통 가정]
• 2년 전 임대차계약 시 매매시세 4억 원, 전세가 2억 5000만 원
• 2년 후 재계약 시 전세가 5000만 원 인상(총 전세가 3억 원)
• 재계약 시 매매시세 3억 5000만 원으로 하락
• 감정가 3억 5000만 원으로 경매 진행, 낙찰가 2억 8000만 원
• 경매비용, 당해세 등 변수 고려하지 않음.

사례별 권리순위	① 임차인(대항력 확보 + 확정일자도 우선순위)	① 근저당 1억 원 ② 임차인 3억 원	① 임차인 2억 5000만 원 ② 근저당 1억 원 ③ 임차인 5000만 원 (인상)
배당순위 및 배당액	① 임차인 2억 8000만 원	① 근저당 1억 원 ② 임차인 1억 8000만 원	① 임차인 2억 5000만 원 ② 근저당 3000만 원
임차인 미배당액	2000만 원	1억 2000만 원	5000만 원
미배당액 회수책	낙찰자에게 주장	없음	없음

이 경우 문제는 유사시, 즉 경매처분 시 전세보증금 확보에 비상이 걸릴 수 있다는 점이다. 이때 전세보증금을 확보할 수 있느냐의 여부는 현재 시세는 물론 최근 경매시장에서 유사 경매물건이 어느 정도 선에서 낙찰되고 있는지 등을 종합적으로 고려해서 판단해야 할 일이다.

예컨대 2년 전 임대차계약 시 어느 아파트 매매시세가 4억 원이고 전세가는 2억 5000만 원(전세가율 62.5%)이었다고 가정해보자. 이 아파트가 2년이 지난 재계약 시점에 집주인이 전세가를 5000만 원 인상을 요구(총 전세가 3억 원)하고 있는데 정작 매매시세가 3억 5000만 원으로 떨어졌다면 전세가율은 85.7%로 거의 시세에 인접하게 된다.

만약 이 아파트가 어떤 사유로 감정가 3억 5000만 원에 경매 부쳐졌다고 할 때 아파트 평균 낙찰가율 80%를 적용한 예상낙찰가는 2억 8000만 원 정도. 낙찰대금에서 배당을 받는다고 해도 2000만 원 이상이 모자라게 된다.

　　다행히 이 임차인이 선순위 대항력을 확보하고 있다면 대항력을 행사해 미배당 2000만 원을 낙찰자에게 인수시킬 수 있으나, 애초의 임대차계약 전에 1억 원의 근저당권이 먼저 설정되어 있거나 재계약 시점에 앞서 1억 원의 근저당권이 먼저 설정되어 있다면 낙찰가 2억 8000만 원에 견주어 전자의 경우는 1억 2000만 원 이상(배당순위, ① 근저당 1억 ② 임차인 1억 8000만 원)을, 후자의 경우는 5000만 원 이상(배당순위, ① 임차인 2억 5000만 원 ② 근저당 3000만 원 ③ 임차인 추가 확정분 0원)의 보증금을 잃게 되는 결과가 발생할 수 있다.

　　요즘은 딱히 이사철이 정해져 있는 것은 아니지만 그래도 봄, 가을은 이사가 본격적으로 시작되는 시기다. 이사가 빈번하다는 것은 그만큼 임대차 사고가 자주 발생할 수 있다는 개연성을 내포하고 있기도 하다. 특히 전세보증금 인상과 관련하여 주택임대차보호법에서는 전월세 인상률을 5%로 제한하고 있지만 어디 현실이 그러한가? 집주인이 요구하는 인상폭을 따라가지 못하면 어쩔 수 없이 이사해야 하는 게 현실이다.

　　이사를 하지 않고 보증금 인상을 통해 재계약을 하는 경우라면 위에서 언급한 것처럼 등기부등본상의 권리관계 변동 여부 확인, 인상

보증금에 대한 확정일자 추가 구비 등 안전장치를 마련하는 것은 필수다. 더불어 경매처분 시를 대비해 시세와 예상낙찰가, 권리(배당)순위 등을 분석함으로써 전세보증금에 대한 안전성이 어느 정도 확실시된 연후에야 재계약에 돌입하는 게 바람직할 것이다.

경매고수 이영진의 One-Point Lesson

각 채권자의 일반적 배당순위

- 제1순위: 집행비용(경매예납비용)
- 제2순위: 필요비·유익비
- 제3순위: 소액임차보증금채권, 최종 3개월분 임금과 최종 3년간의 퇴직금 및 재해보상금
- 제4순위: 당해세(집행의 목적물에 대하여 부과된 국세, 지방세와 가산금)
- 제5순위: 담보물권(저당권, 전세권, 확정일자부 임차보증금반환채권 등)
- 제6순위: 기타 임금채권
- 제7순위: 기타 국세·지방세 및 이에 관한 체납처분비, 가산금 등의 징수금
- 제8순위: 산업재해보상보험료, 4대보험료(국민건강, 국민연금, 고용, 의료보험료 등)
- 제9순위: 일반채권

03 당신이 오해하고 있는 확정일자의 비밀

    확정일자는 법원, 등기소, 공증기관, 읍·면·동사무소 등에서 받는 것으로 임대차계약이 체결되었음을 증명하는 일종의 요식행위에 해당한다.

    따라서 임대차계약서에 확정일자가 날인된 경우 확정일자인에 기재된 날짜에 임대차계약 문서가 존재하고 있음을 증명하는 것이 되고 이 날짜는 향후 임차주택이 경매 또는 공매 처분될 시 후순위 권리자보다 앞서서 보증금을 배당받을 수 있게 된다.

    그러나 경매절차에서 확정일자는 상당한 위력을 발휘할 수도 있고, 무용의 요식행위에 그칠 수도 있다. 그런데도 경매투자 상담을 하다 보면 아직도 임대차계약서에 날인된 확정일자를 잘못 이해하는 사람들이 많다. 확정일자만 받아놓으면 모든 것이 해결되는 것인 양 착각하고 있는 것이 대표적인 예다.

확정일자에 대한 오해를 풀고 확정일자가 갖는 의미를 명확하게 이해하는 일, 경매투자 성공을 위해 반드시 필요한 일이다. 확정일자에 대해 일반인들이 어떤 오해를 갖고 있는지 한번 알아보자.

확정일자는?

- 대항요건 또는 대항력 발생요건이 아니다.
- 경·공매 시 우선변제 순위를 결정하는 요인이다.
- 대항요건 구비를 전제로 우선변제 효력이 발생한다.
- 경·공매 시 배당요구를 하지 않으면 확정일자는 아무 쓸모가 없다.

첫째, 확정일자를 일반매매나 경·공매를 불문하고 효력을 갖는 만병통치약으로 알고 있는 사람들이 많다. 그러나 확정일자는 임차주택이 경매나 공매로 매각될 경우 확정일자로서의 효력을 발휘하는 것이지 일반매매에서는 아무런 쓸모가 없다. 즉 확정일자는 경·공매로 임차주택이 매각될 경우 매각대금으로 배당하게 되는 각 채권자의 배당순위를 결정하는 데 그 확정일자보다 후순위의 채권자보다 앞서서 배당을 받을 수 있는 효력을 갖는다.

둘째, 확정일자를 대항력과 같은 것으로 오해하는 사람도 있다. 임차인의 대항력은 임대차계약 체결 후 전입신고와 입주(임차주택 점유)

를 마무리한, 즉 대항요건을 갖춘 다음 날 0시부터 발생하는 것으로 확정일자 구비 여부와 상관이 없다. 확정일자는 매각대금에서 배당을 받을 수 있는 요건 중 하나이지 대항력과는 무관하다.

다만 확정일자가 배당순위로서의 효력을 갖기 위해서는 대항요건이 먼저 구비돼야 하므로 전입신고와 입주 전에 임대차계약서에 확정일자를 미리 받는다고 해도 배당순위는 계약서상의 확정일자가 아니라 대항력 발생일을 기준으로 정해진다는 점은 있다. 반대로 대항요건을 먼저 갖추고 나중에 확정일자를 받는 경우에는 확정일자인을 부여받은 날을 기준으로 배당순위가 매겨진다는 상관관계 정도는 있다.

셋째, 확정일자를 부여받았다고 해서 경·공매절차에서 무조건 배당을 받을 수 있는 것은 아니다. 경·공매 매각대금으로 임차인이 배당을 받기 위해서는 반드시 법원에 배당요구를 해야 한다.

그것도 배당요구를 아무 때나 할 수 있는 것이 아니라 경매법원이 정한 배당요구기한(통상 경매물건 매각공고가 있기 한 달 이전까지로 정해 각 이해관계인에게 통지된다) 내에 해야 한다. 배당요구기한을 지나서 배당요구를 해도 배당을 받을 수 없다. 물론 매각대금에서 배당을 받을 의사가 없으면 배당요구를 하지 않아도 된다.

끝으로 임대차계약 연장으로 보증금 증액이 있는 경우 보증금 증액분에 대해 확정일자를 다시 받아야 한다는 사실을 모르는 사람이 많다. 설령 보증금을 증액한 임대차계약서에 확정일자를 다시 받았다 하더라도 그 사이 다른 권리가 치고 들어온 경우 증액된 보증금의 배당순위는 이들 권리보다 후순위로 밀리게 된다는 사실을 모르는 사람은 더더욱 많다.

예컨대 임차인 갑이 어느 아파트를 보증금 1억 9000만 원에 임차하고 2009년 5월 16일 전입신고를 하면서 같은 날 확정일자도 받았다고 하자. 전입신고를 하거나 확정일자를 받을 당시에는 근저당이나 가압류 등 설정된 다른 권리가 아무것도 없었기 때문에 갑은 대항력 있는 선순위 임차인의 지위를 확보하고 있는 셈이 된다. 따라서 경매로 매각된다고 해도 전세보증금 1억 9000만 원을 우선하여 배당받을 수 있다.

이후 2011년 5월 16일을 전후하여 전세보증금을 5000만 원 인상해주기로 하고 임대차계약을 갱신했을 때 갑이 증액 보증금 5000만 원에 대한 확정일자를 추가로 받았지만, 그 사이 집주인이 어느 은행으로부터 대출받으면서 근저당을 설정했다면 증액된 보증금 5000만 원은 배당순위에서 은행의 근저당 채권에 밀리게 된다.

이런 상황에서 임차주택이 경매로 매각되면 갑은 근저당 채권액 규모나 경매 매각가액 여하에 따라 5000만 원 전부 또는 일부를 배당받을 수 없게 된다. 만약 증액 보증금 5000만 원에 대한 확정일자를 받지 않았다면 배당요구기한 내에 배당요구를 했다고 해도 5000만 원을 배당받을 수 없다.

여기서 임차인들이 간과해서는 안 될 매우 중요한 사항이 하나 더 있다. 갑의 증액 보증금 5000만 원이 근저당 순위에 밀려 후순위에 해당한다면 그 5000만 원에 대해서는 낙찰자에게도 대항력을 행사할 수 없다는 점이다.

즉 증액 전 보증금이 선순위를 확보하고 있다고 하더라도 5000만 원을 증액하고 추가 확정일자를 받기 전에 그 사이 근저당이 설정됐다면 그 5000만 원 보증금은 후순위에 해당한다. 따라서 이 경우 임차인은 낙찰가액 여하 또는 선순위 채권액 여하에 따라 5000만 원 전부 또는 일부를 낙찰대금에서 배당받지 못하고 더불어 낙찰자에게도 5000만 원에 대한 대항력을 행사할 수 없게 된다. 이와 관련한 내용은 앞서 4장 2절 '전세보증금을 인상할 때 반드시 따져보아야 할 것들'에서도 언급한 바 있다.

확정일자를 이해하는 것, 즉 임차인이 확정일자를 받았는지, 받았으면 언제 받았고 다른 권리와의 관계에서 배당순위가 어떻게 되는지, 또 확정일자에 기해 배당요구를 했는지, 그로 인해 임차인이 보증금의 전부를 배당받을 수 있는지 아니면 일부만 배당받을 수 있는지, 증액 보증금에 대한 확정일자를 받았는지 여부 등을 파악하는 것은 임차인의 대항력을 이해하는 것만큼이나 중요한 사안이다.

[소액임차인에 대한 오해 1]

소액임차인이면 어떤 담보물권보다 무조건 최우선 변제된다?

2010년 7월 26일부터 소액임차인 보증금 범위가 서울 기준 6000만 원에서 7500만 원으로 대폭 상향됐다.

소액보증금 한도 4000만 원이 7년간 유지되어 오다 2008년 8월 21일부터 6000만 원으로 상향된 지 불과 2년이 채 안 된 조치다. 더불어 소액임차인의 최우선변제액 범위도 서울 기준 2000만 원에서 2500만 원으로 상향됐다.

순위 설정에 상관없이 다른 담보물권자(근저당, 담보가등기 등)보다 우선하여 변제를 받을 수 있는 임차인, 이른바 소액임차인의 보증금 범위는 1984년에 소액임차인보호제도를 처음 도입한 이후 2010년 7월까지 모두 여섯 차례나 상향되어 왔다.

소액임차인보호제도를 도입한 초창기를 제외하고는 통상 5~7년 주기로 소액임차인 범위 확대와 관련하여 주택임대차보호법이 개정되어 온 것으로 보면 초고속 상향이랄 수 있다. 최근 주택시장 침체와는 반대로 전세가격이 급등하자 서민들의 전세보증금에 대한 일정액 보호가 미흡하다는 판단 아래 이루어진 것이지만, 그만큼 전세시장이 불안하다는 방증이기도 하다.

소액보증금 확대로 서울특별시 기준 7000만 원 이하 임차인은 유사시(경매, 공매처분 등) 소액임차인으로서 보호를 받게 되어 이 중 2500만 원을 다른 담보물권자보다 우선하여 변제(이른바 최우선변제)를 받게 된다. 1984년 소액임차인보호제도 도입 당시 소액임차인 보증금 및 최우선변제액이 300만 원이었던 것에 비하면 그야말로 괄목할 만한 성장이다.

주택임차인 최우선변제 요건

- 소액임차인일 것
- 경매개시결정등기 이전에 대항요건(입주+전입신고)을 갖출 것
- 대항요건을 배당요구종기까지 유지할 것
- 배당요구종기 내에 배당요구할 것

소액임차인에 해당하기만 하면 무조건 최우선변제를 받을 수 있다고 생각하는 사람들이 있다. 그러나 소액임차인이라고 해서 모두 다

최우선변제를 받을 수 있는 것은 아니다.

소액임차인으로서 최우선변제를 받으려면 우선 임차인이 경매개시결정등기 전에 대항요건(전입신고+입주)을 갖추어야 하고, 그 대항요건을 법원이 정한 배당요구종기까지 유지해야 한다. 배당요구종기는 대개 첫 매각(경매)기일 1개월 전으로 정해지며, 경매신청 때로부터 추산하면 경매신청 후 3~4개월 기간 이내로 지정되는 것이 일반적이다.

임차주택이 경매절차에 들어가게 되면 찾아오는 사람도 많고 불안하기도 해서 더러는 다른 곳으로 이사하기도 하는데 임차인이 대항요건을 상실하게 되면 최우선변제를 받을 수 없게 된다. 부득이 이사를 할 필요가 있다면 배당요구종기까지 거주한 후 이주하거나 임차권등기명령 신청에 의한 임차권등기가 경료된 후 이사하면 된다.

경매개시결정등기 이후에 대항요건을 갖춘 경우에도 소액임차인으로서 보호받지 못한다. 소액임차인은 순위 설정에 관계없이 다른 담보물권자보다 우선하여 보호받게 되는바 다른 채권자의 이익을 해치는 것이 되므로 최소한의 요건을 갖추도록 요구하는 것이다.

다음으로 배당요구종기 내에 반드시 배당요구를 해야 한다. 이는 소액임차인이든 그렇지 않든 배당을 받고자 하는 모든 임차인에게 요구되는 사항이다. 보증금 7000만 원에서 최우선변제되는 2500만 원을 뺀 나머지 4500만 원에 대한 우선변제권도 행사하려면 임대차계약서에 확정일자를 받아두어야 하는 것은 물론이다.

또한 소액임차인에 해당하면 어떤 담보물권보다 우선하여 최우선 변제를 받을 수 있는 것으로 오해하고 있는 사람들도 많다. 그러나 전세보증금이 7000만 원으로 현행법에서는 소액임차인에 속해도 이

● **주택 소액임대차보증금 및 최우선변제액 변천사**

담보물권 설정일	지역	소액보증금 범위	최우선변제액 범위
1984년 1월 1일~ 1987년 11월 30일	특별시, 광역시	300만 원 이하	300만 원 이하
	기타 지역	200만 원 이하	200만 원 이하
1987년 12월 1일~ 1990년 2월 18일	특별시, 광역시	500만 원 이하	500만 원 이하
	기타 지역	400만 원 이하	400만 원 이하
1990년 2월 19일~ 1995년 10월 18일	특별시, 광역시	2000만 원 이하	700만 원 이하
	기타 지역	1500만 원 이하	500만 원 이하
1995년 10월 19일~ 2001년 9월 14일	특별시, 광역시	3000만 원 이하	1200만 원 이하
	기타 지역	2000만 원 이하	800만 원 이하
2001년 9월 15일~ 2008년 8월 20일	수도권 중 과밀억제권역	4000만 원 이하	1600만 원 이하
	광역시 (군지역, 인천 제외)	3500만 원 이하	1400만 원 이하
	기타 지역	3000만 원 이하	1200만 원 이하
2008년 8월 21일~ 2010년 7월 25일	수도권 중 과밀억제권역	6000만 원 이하	2000만 원 이하
	광역시(군지역, 인천 제외)	5000만 원 이하	1700만 원 이하
	기타 지역	4000만 원 이하	1400만 원 이하
2010년 7월 26일~ 현재	서울특별시	7500만 원 이하	2500만 원 이하
	수도권 중 과밀억제권역	6500만 원 이하	2200만 원 이하
	광역시(군 제외), 안산시, 용인시, 김포시 및 광주시	5500만 원 이하	1900만 원 이하
	기타 지역	4000만 원 이하	1400만 원 이하

법 시행 전에 이미 다른 담보물권이 설정되어 있다면 최우선변제를 받을 수 없게 된다. 소액임차인에 해당하느냐의 여부는 담보물권 설정일을 기준으로 결정되기 때문이다.

예컨대 서울 소재 주택 등기부등본에 권리관계가 '① 근저당 2010.7.21 ② 근저당 2010.7.27 ③ 임차인 전입·확정 2010.7.27, 보증금 7000만 원'과 같이 설정되어 있다고 가정해보자. ①번 근저당 설정 당시 소액임차인에 해당하는 보증금은 수도권 과밀억제권역(서울 포함) 기준 6000만 원이었으므로 위 임차인은 소액임차인이 아니다.

따라서 위 임차인은 소액임차인 최우선변제를 받을 수는 없고 ①번 근저당권자에게 채권액을 변제한 후에야 ②번 근저당권자에 앞서 2500만 원의 범위 내에서 최우선변제를 받을 수 있다. 물론 이것도 ①번 배당 후 남는 금액이 있는 경우에 한한다.

2년 만의 소액임차인 보증금 범위 확대, 소유주 및 채권자의 이해 관계를 따지지 않고 시대적 상황이나 정치적 논리로만 가지고 무작정 보호 보증금 범위만 인상하는 것이 옳은가에 대한 궁극적인 의문을 갖게 하지만, 어쨌거나 임차인 입장에서는 행복한 일이 아닐 수 없다.

[소액임차인에 대한 오해 2]
소액임차인이면 무조건 최우선변제액 전액이 배당된다?

소액임차인에 대해 잘못 알고 있는 또 다른 상식 중 하나는 소액임차인에 해당되면 무조건 최우선변제액 전액을 배당받을 수 있는 것으로 알고 있는 사람들이 많다는 것이다. 이를테면 보증금 7500만 원인 소액임차인은 최우선변제액 상한에 해당하는 2500만 원을 모두 배당받는다는 식이다.

물론 틀린 얘기는 아니다. 담보물권 설정일 2010년 7월 26일 이후 현재까지 대항요건을 갖춘 임차인의 경우 서울은 7500만 원 이하 소액임차인에 해당하면 최대 2500만 원, 수도권 과밀억제권역은 6500만 원 이하 소액임차인으로서 최대 2200만 원, 광역시(군 제외), 안산시, 용인시, 김포시 및 광주시 등은 5500만 원 이하 소액임차인으로서 최대 1900만 원, 기타 지역은 4000만 원 이하 소액임차인으로서 최대 1400만 원이 최우선변제 된다.

그러나 여기서 한 가지 문제가 있다. 소액임차인 최우선변제는 이보다 권리순위에서 앞선 담보물권에 우선하여 최우선적으로 배당을 해주기 때문에 그 담보물권의 권리를 심하게 해한다는 것이다.

아파트나 구분상가 등 집합건물이라면 임차인 구성이 대부분 1세대로만 되어 있기 때문에 선순위 담보물권의 권리를 해하는 정도가 약하지만, 특히 다가구주택, 원룸주택 및 근린주택과 같이 소액임차인이 여럿 있는 건물은 그 소액임차인마다 최우선변제를 한도껏 다 해주다 보면 선순위 담보물권이 설정되어 있는 경우 소액임차인에 우선하는 권리순위를 확보하고 있음에도 배당 한 푼 받지 못하는 문제가 발생할 수 있다.

예컨대 4억 원에 낙찰된 어느 아파트에 선순위 담보물권이 3억 설정됐고, 후순위 소액임차인이 보증금 7500만 원에 거주하고 있다고 하자. 이 경우 소액임차인에게 2500만 원을 최우선변제한다고 해도 선순위 담보물권자 역시 채권액 전액 3억 원을 배당받는 데 아무런 문제가 없다.

반면 4억 원에 낙찰된 물건이 아파트가 아니라 7500만 원 이하 소액임차인 10가구가 거주하고 있는 다가구주택이라면 어떻게 될까? 10가구에 각각 최우선변제액 2500만 원씩을 배당하다 보면 소액임차인에게 배당되는 금액은 총 2억 5000만 원이 되고, 선순위 담보물

● 소액임차인이 다수인 경우의 배당 사례

[가정]
- 서울 소재 주택
- 최초근저당 설정일: 2010년 9월 9일, 채권청구액: 2억 원
- 낙찰가: 2억 300만 원, 경매(집행)비용을 제한 실배당금액 2억 원
- 소액임차인 모두 배당요구함.

임차인	보증금	최우선변제액 한도	실배당액	계산식
A	7000만 원	2500만 원	1563만 원	(2500 / 1억 6000) x (2억 x 1/2)
B	5000만 원	2500만 원	1563만 원	(2500 / 1억 6000) x (2억 x 1/2)
C	2000만 원	2000만 원	1250만 원	(2000 / 1억 6000) x (2억 x 1/2)
D	7000만 원	2500만 원	1563만 원	(2500 / 1억 6000) x (2억 x 1/2)
E	1500만 원	1500만 원	938만 원	(1500 / 1억 6000) x (2억 x 1/2)
F	3000만 원	2500만 원	1563만 원	(2500 / 1억 6000) x (2억 x 1/2)
G	2500만 원	2500만 원	1563만 원	(2500 / 1억 6000) x (2억 x 1/2)
합계	2억 2500만 원	1억 6000만 원	1억 원	

권자는 우선순위를 확보하고 있음에도 채권액 3억 원 중 1억 5000만 원밖에 배당을 받지 못하는 모순이 생긴다.

구체적으로 사례를 들어 부연 설명해보자. 2억 300만 원에 낙찰된 서울 소재 어느 주택의 경매비용을 제한 실배당금액이 2억 원이라고 하자. 이 주택에는 임차인 7가구가 거주하고 있고, 최초근저당 설정일 2010년 9월 9일을 기준으로 모두 소액임차인에 해당한다.

소액임차인은 선순위의 담보물건이 있다고 하더라도 이보다 우선하여 최우선변제되므로 원칙대로 한다면 위 표에서와 같이 소액임차인에게 총 1억 6000만 원을 배당하게 된다. 1억 6000만 원을 배당하

고 나면 남는 금액 4000만 원은 최초근저당권자에게 배당이 이루어진다. 여기서 최초근저당권자는 채권청구액이 2억 원임에도 4000만 원밖에 배당을 받지 못하는 문제가 생긴다.

이런 이유 때문에, 즉 소액임차인보다 권리순위에서 앞서는 채권자를 보호하기 위한 일련의 조치로 주택임대차보호법 및 상가건물임대차보호법은 소액임차인이 다수 있는 경우의 최우선변제 되는 일정액 한도를 주택은 주택가격의 1/2, 상가건물은 상가건물 가격의 1/3 범위 내에서만 배당이 이루어지도록 하는 규정을 두고 있는 것이다. 주택이나 상가건물 가격은 매각대금에서 경매비용을 뺀 실제 배당액을 말한다.

이 규정에 의해 소액임차인에게 배당을 해보면 앞선 것과는 사뭇 다른 결과가 나온다. 실배당액 2억 원을 한도로 배당하는 것이 아니라 2억 원의 1/2에 해당하는 1억 원을 총배당액으로 하여 소액임차인 7명에게 최우선변제액 일정액 비율로 배당이 이루어진다. 어쨌든 소액임차인에게 배당되는 금액이 총 1억 원을 넘지 않는다는 얘기다.

이렇게 배당이 이루어지면 앞선 배당방법에 의하면 4000만 원밖에 배당을 받지 못했던 최초근저당권자는 이보다 6000만 원이 많은 1억 원을 배당받게 되어 채권손실 부분을 그나마 약간은 줄일 수 있게 됐다.

채권자 입장에서야 좋을 일이지만 소액임차인 입장에서 보면 손해가 이만저만 아닌 셈이 됐다. 위 사례에서와 같이 소액임차인이 많을

수록, 낙찰가가 낮아 실제 배당할 금액이 적어질수록 소액임차인에게 배당될 최우선변제액이 임대차보호법에서 정한 한도액에 미치지 못할 수 있기 때문이다.

다가구주택이나 원룸주택 등 임차인이 많은 주택을 임차해 거주할 때에는 등기부등본상의 권리순위와 주택가격 및 예상낙찰가를 따져보아야 하는 것은 물론 소액임차인으로서 최우선변제액의 최대한도로 배당이 이루어질 수 있는지도 아울러 살펴봐야 하는 이유가 여기에 있다.

경매고수 이영진의 One-Point Lesson

● **배당요구 신청 시 채권자 유형별 구비서류**

채권의 종류	첨부 서류
임차인보증금채권	임대차계약서, 주민등록등본
임금채권	회사경리장부, 근로감독관청확인서, 근로소득원천징수서류
근저당채권	설정계약서, 등기부등본
가압류채권	가압류결정정본, 등기부등본
집행력 있는 정본의 채권	집행력 있는 정본(확정판결문, 화해조서, 조정조서 등)
일반채권	채권원인증서

06 경매는 전세 탈출의 **가장 좋은 방법이다**

　　경험칙상 전세가 폭등장세는 내 집 마련의 호기가 되기도 했다. 외환위기라는 긴 터널을 빠져나오던 2000~2001년, 노무현 정부 부동산 규제가 한창 정점을 향해 치달았던 2004~2005년이 그랬다. 가장 최근에는 2008년 하반기 글로벌 경제위기 이후 주택시장 침체가 본격화된 2010년부터 현재까지도 진행형이다.

　　불확실한 시장 전망, 거래심리 위축 등으로 매매보다는 전세를 선호하게 되는 경향이 강해지면서 전세가는 지속적으로 상승하게 되는 반면 매매가는 보합세를 보이거나 하락해 전세가와 매매가 격차가 비교적 근소한 차이로 좁혀졌다고 볼 수 있는 시점들이다.

　　게다가 전세자금으로 내 집 마련 시 가장 문제가 되는 것이 전세

살던 집이 신규 취득한 주택의 자금 일정에 맞춰 딱 나가느냐, 즉 새로운 임차인을 구하는 것이 쉬운 일이냐 하는 것인데 당시 매매수요보다는 전세수요가 많았던 탓에 이것도 그리 문제가 되지 않았다.

2000~2001년에는 외환위기 막바지이긴 하지만 그래도 얼어붙은 부동산시장이나 투자심리가 쉽사리 회복되기 어려웠고, 더불어 매매보다는 전세를 더 선호하는 경향이 강했다. 2004~2005년에는 노무현 정부 막바지 부동산 규제가 총체적으로 이루어지고 있었고, 국민임대주택단지 건설계획이 속속들이 발표됐던 때였다.

2010~2013년 현재는 2008년 하반기 글로벌 금융위기라는 국제적 쇼크, 2009년 하반기에 있었던 보금자리주택 공급과 DTI 규제의 서울, 수도권 확대 등으로 주택수요가 급감하면서 주택시장이 꽁꽁 얼어붙었던 때이다.

이제 아파트를 투자수단으로 보는 시대는 끝났다는 의식이 은연중 확산되어 갔던 터라 시장 분위기를 지배하는 것은 매매가 아니라 전세였다. 전세난을 틈타 그간 전세 방식이 주를 이뤘던 주택의 임대구조도 월세(보증부월세) 방식으로 전환되기 시작했다.

전세수요자는 집주인의 전세가 인상요구에 부응하여 전세가를 올려주거나 보증부월세로 전환하거나 더 싼 곳, 형편에 맞는 곳으로 평형을 줄여 이사했고, 전세가 인상분을 대출을 통해 충당해야 하는 일부는 전세가 인상분에 조금의 대출을 더해 아예 주택을 구입하기도 했다. 외환위기 이후 두 자릿수 이상을 기록했던 금리도 한 자릿

수로 떨어지면서 저금리 기조로 진입하는 시점이라 대출부담도 그리 크지 않았다.

나도 지금으로부터 정확히 13년 전인 2000년에 전세 살던 서초구 양재동 빌라에서 한꺼번에 2500만 원을 올려달라는 집주인의 요구에 고민하다 후자의 방법을 통해 내 집을 마련했던 적이 있다. 지금이야 결과적으로 천만다행이다 싶고, 집주인에게 오히려 고마움(?)을 표해도 될 성싶지만, 당시 그런 결정이 그리 쉬운 일은 아니었다.

경매를 이용한 전세 탈출 적기인 이유

- 매매가 대비 전세가 비중 평균 60% 돌파로 추가 자금부담이 적어짐.
- 주택시장 침체로 매매가 하락해 전세가 비중 더 상승할 가능성 있음.
- 매매보다는 임대 선호로 전세입자 주택 재임대 용이해 전셋집이 쉽게 빠질 수 있음.
- 3~4%대 초저금리시대를 맞아 원리금 상환부담이 적어짐.
- 경매의 경우 전세자금 외 추가 자금부담을 일반매매보다 대폭 낮출 수 있음.

그로부터 10여 년이 지난 2010년부터 2013년에 이르기까지 전세 탈출을 위한 또 한 번의 기회가 다가왔다. 전세난과 전세가 상승, 주택거래시장 침체로 인한 매매가 보합세 또는 하락세로 전세가와 매매가 격차가 점차 줄어들고 있기 때문이다.

전세자금으로 내 집 마련 시 가장 고민되는 부분 중 하나인 전세 살던 집이 빠질 가능성, 즉 재임대 가능성도 일부 지역을 제외하고는 매우 높아졌다. 시장에 대한 불확실성, 보금자리주택의 공급 등으로 특별한 이슈나 호재가 있는 지역을 제외하고는 거래가 거의 올스톱 상태다. 대출금리도 3~4%대 초저금리 수준으로 이만하면 충분히 감당할 만하다.

전세 탈출을 위한 제반 여건이 10여 년 전과 매우 흡사한 상황이다. 특히 최근 부동산정보업체의 언론보도에 따르면 매매가 대비 전세가 비중이 평균 60%를 넘었다고 한다. 말이야 평균이지 지역별로 들어가 보면 전세가 비중이 70~80%에 이르는 곳도 허다하다. 주로 소형평형이 많고 신혼부부나 직장인 수요가 많은 분당 구미동 일대, 강서 등촌동, 염창동 일대, 노원 중계동·하계동 일대 대규모 아파트 단지들이 밀집해 있는 곳이 그렇다.

전세가 비율이 70%이면 그간 10%에 해당하는 자금을 비축해뒀다고 가정할 때 나머지 20% 정도는 대출을 통해 매입자금을 조달할 수 있고, 만약 비축자금이 없다면 대출비율을 높여도 30%를 넘지 않아 이자부담이 그리 크지 않다. 예컨대 갑이 전세 살던 어느 25평형대 아파트를 매수하고자 하는 경우 매매가 3억 원이고, 전세가가 매매가의 70%인 2억 1000만 원이라고 가정해보자. 이 경우 갑이 추가 4000만 원의 비축자금이 마련되어 있다면 갑은 나머지 5000만 원만 대출받으면 집을 살 수가 있었다. 설령 비축자금이 없다고 해도 대출

규모는 9000만 원으로 매입금액의 30% 수준에 불과하다.

위 물건을 경매를 통해 구입한다고 하면 대출규모는 대폭 줄어든다. 2013년 상반기 기준 서울을 비롯한 수도권 내 중소형 아파트 평균 낙찰가율은 83% 정도다. 이를 기준으로 할 때 감정가 3억 원(매매가보다 높을 수 있지만)인 위 물건의 예상낙찰가는 2억 4900만 원이다.

전세가가 2억 1000만 원이니까 비축자금 4000만 원이 있다면 추가 부담 없이 집을 구입할 수 있는 상황이고, 비축자금이 없더라도 약 4000만 원만 대출을 일으키면 된다. 대출규모가 매입가의 16% 수준이다. 취득세, 법무비용, 낙찰수수료, 명도비용 등 제반 비용 약 1000만 원을 고려하더라도 20% 정도에 불과하다.

2013년 5월 13일 낙찰된 분당 구미동 무지개마을 대림아파트 20평형 낙찰사례를 예로 들어보자. 최초감정가 2억 5000만 원에서 1회

● **낙찰사례를 통해 본 소요자금 비교**

구분	일반매매	경매
낙찰사례	분당구 구미동 무지개마을 대림아파트 20평형	
사건번호	2012타경30238	
시세/낙찰가	2억 3000만 원	2억 500만 원
전세가	1억 7000만 원	1억 7000만 원
제세공과금	500만 원	1000만 원
총 취득비용	2억 3500만 원	2억 1500만 원
추가 필요자금(총취득비용−전세가)	6500만 원	4500만 원

*취득비용: 일반매매(취득세, 법무비용 등 제세공과금, 중개수수료), 경매(제세공과금, 경매수수료, 명도비, 체납관리비, 임대차/권리 인수비용 등 포함)

유찰되어 2억 원에 경매 진행됐던 물건이다. 현재 시세는 2억 3000만 원, 전세가는 1억 7000만 원으로 매매가 대비 전세가 비중이 무려 73.9% 수준이다. 제반 비용을 고려하더라도 6500만 원의 추가 자금만 있으면 주택을 구입할 수 있다.

경매는 어떨까? 이 물건은 결과적으로 2명이 경쟁입찰한 끝에 약 2억 500만 원(낙찰가율 82.31%)에 낙찰됐다. 낙찰가 기준으로 보면 전세가 비중은 무려 82.9%로 일반매매가 대비했을 때보다 9.0%가 상승했다. 그만큼 추가 부담이 적어진다는 것이다.

마찬가지로 제반 비용을 고려해 전세자금 1억 7000만 원 외에 약 4500만 원의 추가 자금만 있으면 잔금을 치를 수 있다. 일반매매를 통해 구입했을 때보다 2000만 원이 덜 들어가는 것이다. 굳이 실수요자가 아니라 투자자라 하더라도 비축자금이든 대출자금을 활용하면, 4500만 원이면 집 한 채를 구입하는 셈이다. 규모가 작아 2000만 원 차이지만 규모가 이보다 큰 물건일수록 매매와 경매 취득 시의 추가 부담 차이는 더 커진다.

주택거래가 활성화되지 않는 한 전세시장 불안이 지속될 것으로 보이는바, 경매는 추가 자금부담을 줄일 수 있다는 한 가지 면만 보더라도 전세 탈출의 비상구 역할을 충분히 할 것으로 보인다.

물론 경매물건이 일반매매물건에 비할 수 없을 정도로 많지 않아 내 입에 딱 맞는 경매물건을 찾기가 쉽지는 않겠지만 수도권을 중심으로 주택 경매물건이 점점 더 늘어나고 있다는 점에서 전세입

자들의 경매를 통한 내 집 마련 기회가 더 다가오고 있음을 주지할
일이다.

경매고수 **이영진의** One-Point Lesson

전세보증금으로 경매주택 취득 요령

• **살고 있는 전셋집에 입주할 새로운 임차인과의 전세계약이 체결된 후 입
  찰하라**

  그렇지 않은 상태에서 입찰해 낙찰받는 경우 전셋집이 빠지지 않아 잔금
  을 마련하는 데 곤란한 상황에 직면할 수 있다. 전셋집이 금방 빠질 수 있
  는 곳이라면 최소한 전셋집을 내놓은 후 입찰물건을 골라도 늦지 않다.

• **전셋집에 새로 들어올 임차인과의 전세계약이 체결된 경우에도 그 임차
  인 입주일을 최대한 늦춰라**

  낙찰 후 입주까지가 통상 최소한 2개월 이상 걸리고 한 번에 낙찰된다는
  보장이 없기 때문에 입주일을 짧게 가져가면 낙찰을 받기도 전에 또는 낙
  찰 후 가옥을 명도하기도 전에 살던 전셋집을 빼줘야 하는 상황에 처할
  수도 있다.

• **임시거처를 사전에 마련해둬라**

  경매는 매매와 달리 낙찰받은 주택에의 입주시점이 불명확하다. 매각대
  금을 완납하고도 점유자와의 명도기간(협의 또는 강제집행)에 따라 길게는
  낙찰주택 입주까지 3개월 이상 걸릴 수 있다. 따라서 명도가 완료되기 전

에 살던 전셋집을 비워줘야 하는 경우가 생길 수 있으므로 최소한 1개월 이상 임시로 거주할 곳을 마련해두어야 한다. 보관할 짐들이 많아 임시 거처로 모두 옮길 수 없다면 이 역시 일정 기간 짐을 보관할 장소를 물색해두는 것이 좋다.

• 전세보증금을 대신할 단기 융통자금을 마련하라

낙찰 후 매각대금 납부일정은 명확하게 나오지만 살고 있는 전셋집이 그 일정에 맞춰 빠지리라는 보장이 없다. 전세잔금일자(새로운 임차인 입주시점)가 경매매각대금 납부기한보다 늦다면 전세보증금으로 매각대금을 납부할 수가 없게 된다. 그럴 경우를 대비하는 차원에서 전세잔금일자를 고려해 전세보증금을 대신 경매매각대금을 납부할 단기 융통자금을 마련할 필요가 있다. 대금 납부기한 내 매각대금을 납부하지 못하면 입찰 시 제공했던 입찰보증금을 몰수당할 수 있음에 유의해야 한다.

07 임차인의 자기 임차주택, 스스로 낙찰받아 볼까?

　　대개 전세수요가 매매수요로 전환되는 모티브가 될 수 있는 전세가 비율을 60%로 보고 있다. 이는 전세자금 60% 외 주택 구입 시 추가로 소요되는 나머지 비용을 대출로 충당한다고 하더라도 그 대출금액을 최소화할 수 있는 범위다.

　　그 기준은 또한 전세수요자가 천정부지로 치솟는 전세보증금을 재차, 삼차 인상해주면서까지 버티고 감내할 수 있는 수준이기도 하다. 임차인이 대출을 통해서나 비축자금을 통해 전셋값을 올려줄 수 있는 임계점 또는 매매수요를 유발할 수 있는 시발점이 되는 전세가 비율을 60%라고 보는 것이다. 그 한계점 또는 임계점을 벗어나 매매가와 전세가 격차가 현저히 줄었을 때 구매력 있는 임차인의 주택 매매수요가 발동하게 된다.

주택 구매동기가 무엇이든 임차인의 주택 구입은 통상 다른 주택의 매매나 분양 등의 방식을 통해 이루어진다. 그러나 신규주택을 취득하는 것만 고집하지 말고 임차인 자신이 살고 있는 임차주택을 취득하는 것은 어떨까?

임차인이 자신의 임차주택을 취득하는 방법으로는 일반매매나 경매가 있다. 일반매매의 경우 건물주와 협의해서 매수하기로 계약하고 매매대금에서 보증금을 제외한 나머지 잔금만 지불하면 된다. 주택에 남아 있는 등기부상 권리관계는 채권자, 매도인, 매수인 삼자가 협의해 인수 또는 말소 여부를 결정하면 된다.

그러나 자신의 임차주택을 경매를 통해 취득하는 경우에는 다소

● **선순위 임차인이 자신의 임차주택을 낙찰받는 경우의 장단점**

구분	배당요구를 했을 때	배당요구를 안 했을 때
장점	• 임차인이 낙찰받지 못하더라도 매각대금에서 보증금 배당 • 미배당 보증금에 대해서는 낙찰자에게 주장 • 대금 납부 시 상계 신청 • 낙찰 후 명도부담 없음.	• 임차인 보증금 인수부담으로 입찰경쟁 없거나 약함. • 임차인 낙찰 가능성 증대 • 임차인 낙찰 실패 시 보증금 낙찰자에게 주장 • 낙찰 후 명도부담 없음.
단점	• 임차인 보증금 인수부담 없어 입찰 경쟁 필연적 • 다른 입찰자와 같은 경쟁으로 임차인 낙찰 보장 안 됨. • 고가 낙찰로 추가 비용 발생 여지 있음.	• 보증금 규모에 따라 유찰이 거듭되어 낙찰까지 장기간 소요 • 상계 신청할 수 없어 낙찰대금 전액 부담 • 유찰횟수 증가할수록 경쟁입찰자 출현 소지 있음.

복잡해진다. 임차주택이 경매 진행됐을 때 임차인(대항요건을 갖추었고, 선순위 임차인임을 전제)은 우선 법원이 배당요구를 하라고 통지한 기일 이내에 전세보증금에 대한 배당요구를 할 것인가, 말 것인가를 결정 해야 한다.

배당요구를 하는 경우 임차인은 경매 매각대금에서 전세보증금을 배당받을 수 있기 때문에 제3의 입찰자들이 선순위 임차인에 대한 인수부담이 없어진다는 단점이 있다. 이로 인해 다수의 입찰자가 경 쟁적으로 몰리게 되고 결과적으로 임차인은 자신의 임차주택을 낙찰 받기가 쉽지 않다.

물론 임차인은 입찰에서 떨어지더라도 배당요구를 했기 때문에 낙 찰대금에서 전세보증금을 우선 배당받을 수 있어 손해는 없다. 다행 히 무수한 경쟁을 물리치고 임차인이 낙찰받았다면 낙찰대금에서 나 중에 배당받을 전세보증금을 뺀 차액만 납부하면 된다. 이를 상계신 청에 의한 대금 납부방법이라고 한다.

반면 임차인이 배당요구를 하지 않은 경우 해당 주택의 경매 참여 자들은 임차인의 보증금을 떠안아야 하는 부담이 있기 때문에 섣불 리 입찰할 수가 없다. 이로 인해 경매가 유찰을 거듭하게 되고 경매가 격이 임차인의 보증금을 인수해도 될 정도까지 떨어졌다고 판단할 때 에야 입찰을 고려하게 된다. 그 이전까지는 입찰자들이 없어 그만큼 임차인이 낙찰받기 쉬워지는 셈이다.

임차인이 의도한 바대로 자신이 낙찰을 받았다면 임차인은 낙찰대금 전액을 납부해야 하는 부담은 있다. 배당요구를 하지 않았기 때문에 상계신청을 할 수도 없고, 자신이 낙찰받았기 때문에 누구한테도 자신의 보증금을 부담하라고 주장할 수도 없다. 물론 입찰경쟁에서 떨어져 임차인이 낙찰받지 못한 경우에는 보증금 전액을 낙찰자가 부담하므로 임차인이 손해 볼 것은 없다.

또한 제3의 낙찰자 입장에서도 임차인의 보증금 인수부담을 고려해 그만큼 입찰가를 낮게 써내 낙찰받았으므로 역시 손해는 없다. 그래서 배당요구하지 않은 선순위 임차인이 있는 주택 경매에서는 자신의 임차주택을 낙찰받고자 하는 임차인이나 제3의 입찰자 모두 될 수 있으면 낙찰가격을 최소화하는 것이 좋다.

이처럼 경매 취득에는 임차인이 자신의 임차주택을 취득할 때 고도의 전략 또는 전술이 필요하고, 때에 따라서는 임차인이 낙찰받지 못해 주택 구입을 못 하는 경우도 생길 수 있다. 그러나 일반매매나 경매나 자신의 임차주택을 취득하면 이사를 하지 않아도 되고, 중개수수료를 부담할 필요도 없다. 또한 매입할 주택을 찾기 위해 시간과 노력을 들이지 않아도 되고 학군이나 새로운 생활환경에 대한 적응을 염려할 필요가 없는 등 이점이 적지 않다.

자꾸만 높아만 가는 전셋값. 그러나 언제까지 전셋값을 올려줄 수만은 없는 노릇이다. 주택시장 침체로 거래도 안 되는 상황에서 임차인 자신이 거주하는 주택을 매입한다고 하면 건물주나 임차인 모두 윈-윈하는 선택이 아닐까? 특히 경매는 임차인 자신이 취득하는 것이기 때문에 명도에 대한 부담이 전혀 없을 뿐만 아니라 시세보다 저렴하게 취득한다는 점에서도 적극 권장할 만하다.

경매고수 이영진의 One-Point Lesson

임차인의 배당요구 철회할 수 있나?

임차인이 경매매각대금으로부터 배당을 받기 위해서는 그 임차인이 소액임차인이든 확정일자를 받은 임차인이든 반드시 법원이 정한 배당요구종기내에 배당요구를 해야 한다. 배당요구를 하지 않거나 배당요구종기를 지나배당요구를 한 경우에는 매각대금으로 배당을 받을 수 없다. 소액임차인으로서 최우선변제를 받기 위해서도 배당요구는 반드시 해야 한다.

배당요구를 한 임차인은 언제든 자유롭게 배당요구를 철회할 수 있다. 다만배당요구를 철회함으로써 매수인이 인수해야 할 부담이 바뀌는 경우, 예컨대 선순위 대항력 있는 임차인이 배당요구를 한 경우에 이 임차인이 배당요구를 철회하고자 한다면 배당요구종기 내에 철회해야 하고 배당요구종기가지난 뒤에는 철회하지 못한다.

5장

경매고수가 알려주는
알짜배기 상품별 투자전략

01 임대수익용 부동산 투자전략

2008년 하반기 이후 장기화되고 있는 주택시장 침체로 주거용 부동산보다는 임대수익용 부동산이 큰 인기를 누리고 있다. 임대수익용 부동산은 이른바 월세 수익이 발생하는 상품으로 원룸, 오피스텔, 상가 등 전통적인 종목을 비롯하여 최근 몇 년 사이 새로운 임대수익용 상품으로 등장한 아파트형 공장, 도시형 생활주택 등을 포함한다.

주택시장 침체에도 유독 임대수익용 부동산의 인기가 지속적으로 상승하고 있는 것은 주택(특히 아파트)가격 상승여력 저하, 여전한 주택 구입가격에 대한 부담, 수도권 미분양 적체, 국내외 경제불안 등으로 주택에 대한 인기가 급감한 반면 1~2인 가구 증가, 베이비부머 세

취득 유형	주요 종별
임대수익용	• 소형 아파트, 소형 연립·다세대 • 원룸주택, 다가구주택, 도시형 생활주택 • 근린상가, 근린주택, 상업용 건물 • 오피스텔, 오피스용 건물 • 아파트형 공장
시세차익용	• 아파트 • 공장 • 개발호재 지역 토지 • 재개발주택, 재건축아파트
개발사업용 (개발/리모델링)	• 도심 내 나대지 • 펜션, 전원주택부지 • 일단의 노후주택, 노후 숙박시설 • 산업단지 내 공장
하자처리용	• 유치권신고 있는 물건 • 법정지상권 성립 여지 있는 물건 • 선순위 임차인 있는 물건 • 공사 중단된 경매물건 • 기타 하자 있는 물건 등

대의 은퇴 본격화로 안정적인 임대수익이 발생하는 부동산에 대한 관심과 수요가 급증한 탓이다.

임대수익용 부동산에 대한 관심 증폭은 전반적인 부동산시장 활성화에 기여할 수 있기에 나름대로 고마운 일이지만 그렇다고 마냥 좋아할 일만은 아닌 듯하다. 필요 이상 관심이 많아지면 가격에 대한 거품이 생기기 마련이고 그러다 보면 수익률이 애초 예상치를 밑돌 수 있기 때문이다.

수익률(임대수익률)은 임대수익용 부동산 투자의사를 결정하는 데

● **취득 목적과 경매의 관련성**

관련 요인	투자 목적	실수요 목적
투자종목 선택	• 임대수익, 개발이익, 시세차익이 주된 목적으로 그 대상이 되는 종목 선정	• 거주, 영업이 주된 목적이 되는 종목 선정
수익률 판단	• 투자 목적에 맞는 적정 수익률 고려 • 실수요 목적의 부동산보다는 다소 낮은 입찰가 산정이 일반적	• 수익률보다는 취득이 우선으로 단지 시세보다 적정 수준 저렴하면 된다는 정도에서 입찰가 산정
입찰가 산정	• 적정수익률에 기한 보수적 입찰가 산정	• 적극적, 공격적 입찰가 산정
입지환경 선택	• 개발 가능성이 있는 노후, 불량 지역, 주택가 정비가 잘 안 된 지역, 재개발·재건축이 농후한 지역 등 선호 • 지하철 개통, 도로 개설, 관공서 이전 등 개발호재가 있는 요인 선택	• 주택가 정비가 잘되어 있고, 편의시설(공원, 쇼핑, 학교, 관공서 등)이 잘 갖추어진 지역 선호 • 접근성이 양호하고, 주차시설이 잘 갖춰져 있으며, 쾌적한 환경 등 주변 환경적 요인을 주로 살핌.
투자기간 설정	• 비교적 단기간 내 투자목적 실현욕구 강함.	• 비교적 중·장기적인 보유

가장 큰 영향력을 행사하는 요인 중 하나다. 이 수익률, 좀 더 정확하게는 수익률을 결정하는 요인들에 대한 신뢰성 있는 검증 여부에 임대수익용 부동산 투자에 대한 성패가 달려 있다고 해도 과언이 아니다.

간혹 임대수익용 부동산을 분양하거나 매매광고를 통해 수익률이 10%니 12% 이상이니 하면서 소비자를 현혹하는 문구를 접할 수 있는데, 그 제시된 수익률이 과연 진짜 그만큼 나올 수 있는지는 입지뿐만 아니라 분양가, 임대수요 등 수익률을 결정하는 제반 요인을 면밀히 따져봐야 할 일이다.

우선 입지는 지역적 측면에서의 대중교통(버스, 지하철 등) 접근성을 비롯하여 광역적 측면에서의 차량 접근성 및 각 상품의 특성에 맞는 주변 환경(1~2인 가구 주거공간으로서의 생활환경, 상가 특성에 맞는 상권구조, 아파트형 공장 특성에 맞는 입지 등)이 잘 갖추어져 있으면 그만이다.

다음으로 분양가는 아파트 분양가보다 그 실체를 더 뜯어볼 필요가 있다. 최근에 분양되고 있는 임대수익용 부동산의 규모는 대부분 소형 또는 극소형(실면적 4~7평)이기 때문에 외형상 분양가는 낮아 보여도 3.3㎡당 실면적이나 발코니 확장된 실사용 면적을 기준으로 보면 분양가가 주변 시세보다 전혀 낮지 않을 수 있다.

끝으로 임대수요는 거시적으로는 역세권, 오피스가, 상업 및 유흥가, 대학가, 산업단지 등 임대수요를 흡인할 만한 시설들이 영향권 내에 있거나 향후 들어설 가능성이 있는지를 따져보면 된다. 지엽적으로는 주변 유사시설의 공실률, 최근의 공급현황(가급적 수년 내 신규공급이 없었던 지역이면 더 좋음), 최근 공급되었거나 공급 예정된 유사시설과의 경쟁우열(분양가, 입지, 내부 시스템 등) 비교가 선행돼야 한다.

이 세 가지 결정요인들이 복합적으로 어우러져 수익률이 평가되지만 세 가지를 모두 충족하는 물건이 그리 흔하지는 않다. 입지가 좋고 임대수요가 풍부해도 분양가가 높아 수익률이 기대에 미치지 못하는 물건도 있고, 반대로 분양가는 낮아도 입지가 열악하거나 임대수요가 뒷받침되지 않아 선뜻 내키지 않는 물건도 수두룩하다.

임대수익률을 높이는 방법

- 경매, 급매, 할인 미분양 등을 통해 취득원가를 낮춘다.
- 서울보다 수도권이나 지방에 소재한 물건을 공략한다.
- 임대가 활성화된 지역은 1층보다는 지하층이나 2층, 3층 물건을 선정한다.
- 지렛대 효과를 적극 활용한다.
- 리모델링이나 건물 개·보수에 비용을 아끼지 않는다.

한 가지 분명한 것은 수익률을 최우선으로 생각한다면 반드시 서울에 소재한 물건만 고집할 필요는 없다는 것이다. 입지나 임대수요가 서울보다는 못하더라도 수도권이나 지방 소재 임대수익용 부동산의 분양가가 서울의 50~70% 수준으로 낮아 수익률은 서울보다 2~3% 더 높을 수 있다. 분양가가 서울의 50~70% 수준이라고 해서 유사 평형의 월세마저 그 정도 수준으로 형성되어 있는 것은 아니기 때문이다.

수익률을 높이기 위한 차원에서라면 취득방법을 굳이 매매나 분양에 한정할 필요가 없는 것도 같은 맥락이다. 거래가가 높아 임대수익용 부동산의 평균 수익률이 4~5%로 낮다는 서울에서도 경매를 통해 취득하는 경우에는 매입가격을 상당히 낮출 수 있어 수익률을 7% 이상 바라볼 수 있다. 수익률이 7% 이상으로 담보대출 금리 이상이면 지렛대 효과(leverage effect)를 통해 9% 이상으로 수익률을 끌어올

리는 것도 어렵지 않다.

　2012년 기준 수도권에서 임대수익용 부동산(상가, 오피스텔)은 월평균 2200건이 경매시장에 나왔다. 연간 2만 6600건 정도의 적지 않은 물건이 경매에 부쳐진 셈이다. 이 중 한 해 20.3% 정도인 5400여 건 정도가 낙찰되고 있다. 낙찰가율(경매시장에서 매각되는 가격)은 상가가 61.5%, 오피스텔이 74.12%로 매우 저렴하다. 특히 상가는 서울을 제외한 수도권 주요 지역에서는 거의 반값에 취득할 수 있을 정도로 가격경쟁력이 확보되어 있다.

　그러나 경매를 통한다고 해서 모두 수익률이 7% 이상 보장되는 것은 아니다. 일반매매나 분양에서 보여주는 것과 같이 경매물건도 1층이 감정가가 비싸고, 경기권역보다는 서울 지역에 소재한 물건이 비싸므로 수익률은 1층일수록, 서울일수록 낮아질 수밖에 없다.

　입지나 상권, 임대수요가 양호하게 뒷받침되는 곳이라면, 또 전반적으로 테넌트(tenant) 구성이 잘되어 있는 상가라면 1층보다는 2층 이상, 서울보다는 수도권 지역 경매물건을 고르는 것도 수익률을 높이는 방법의 하나다. 특히 유동인구가 많은 역세권 주변의 지하상가는 테넌트 구성(호프집, 노래방, 당구장, 골프연습장, 전문식당 등)이 매우 양호함에도 감정가의 50% 이하에서 낙찰받을 수도 있다.

　여기서 한 가지 주의할 것은 경매물건이 무조건 싸다고 좋은 것은 아니라는 점이다. 유찰이 거듭되어 최저매각가가 감정가의 50% 이하로 떨어진 물건은 가격은 싸지만 입지나 상권 또는 임대수요 등이 미흡해 수익률이 낮을 수 있다. 또한 건물이 지나치게 낡고 관리가 안 되고 있거나 유치권신고, 명도에 대한 부담 등 권리관계가 복잡한 물건도 상당히 많다.

싸다고 무조건 입찰했다가는 장기간 임대를 못 하고 자금이 묶일 수 있고, 점유자나 복잡한 권리관계로 뜻하지 않은 비용을 부담할 수도 있다. 경매물건이야 그 특성상 물건 선정에서부터 명도를 완료하기까지 매사 위험요인이 도사리고 있다는 점을 간과해서는 안 될 것이다.

그럼에도 경매가 이점이 있는 것은 조금만 더 발품을 팔고 전문가의 자문을 구한다면 이러한 위험들은 충분히 필터링할 수 있고, 가격 경쟁력이 충분히 확보되어 금리의 2배 이상 수익을 낼 수 있는 재테크 방법이라는 것이다.

게다가 부동산시장 침체로 서울을 비롯한 수도권 경매물건이 지속적으로 증가하고 있는 점, 부동산시장 회복에 대한 기대감 상승으로 자산가치 상승이 기대되고 있는 점, 경기회복으로 인한 임대가 상승을 바라보고 있는 점 등에 비추어 임대수익용 부동산 취득방법으로 경매를 적극 활용할 만한 좋은 기회가 도래하고 있음은 눈여겨볼 대목이다.

재건축아파트 경매 취득과 조합원 지위 승계의 비밀

'현재 아파트재건축사업 진행 중에 있으며, 본건을 취득할 경우 조합원 자격을 취득하는지 여부는 불분명.' 2009년 9월 21일에 낙찰된 송파구 가락동 소재 가락시영아파트의 법원 매각물건명세서 비고란에 기재되어 있는 내용이다.

이런 문구가 기재된 이유는 다름 아니라 재건축 조합설립인가를 받은 후에는 조합원 지위를 양도하는 것이 금지되어 있기 때문이다.

재건축 조합원 지위양도 금지는 노무현 정부 시절인 2003년 9·5 재건축시장 안정대책을 통해 2004년 1월 1일부터 시행된 사항이다. 다만 2003년 12월 31일까지 조합설립인가를 받은 단지의 경우 조합원 지위를 1회에 한해 양도할 수 있도록 했다. 사실상 조합원 지위양도가 전면 금지되는 대상은 2004년 1월 1일 이후 조합설립인가된 아파트들이다.

물론 이들 아파트라 해도 일정한 경우(조합설립인가일부터 3년 이내에 사업시행인가 신청이 없는 주택재건축사업의 건축물을 5년 이상 계속하여 소유하고 있는 자, 사업시행인가일부터 3년 이내에 착공하지 못한 주택재건축사업의 토지 또는 건축물을 5년 이상 계속하여 소유하고 있는 자, 착공일부터 5년 이내에 준공되지 아니한 주택재건축사업의 토지를 5년 이상 계속하여 소유하고 있는 자)에 한해 조합원 지위를 양도할 수 있는 규정(2005년 5월 18일 신설)을 두어 일부 완화하긴 했지만 5년 이상 보유는 조합원에게 여전히 부담으로 작용할 수밖에 없었다.

이명박 정부 들어 부동산시장 활성화 대책의 일환으로 2008년 11월 7일 수도권 투기과열지구를 해제함으로써 재건축 조합원 지위양도를 허용했지만 강남3구만은 여전히 투기과열지구로 남아 조합원 지위양도가 금지됐다.

위에서 사례로 든 가락시영아파트의 조합설립인가일은 2003년 6월, 사업시행인가일은 2008년 4월 7일이다. 이것으로 따지자면 조합설립인가가 2003년 12월 31일 이전에 이루어졌기 때문에 소유자는 1회에 한하여 조합원 지위를 양도할 수 있다.

따라서 지난 9월 21일 낙찰자는 자연스레 조합원 지위를 취득할 수 있었겠지만, 해당 물건의 등기부등본 확인 결과 이미 지난 2005년 12월에 매매가 한 번 이루어졌다. 조합원 지위가 사실상 1회 양도된 셈이다.

당시 양수인은 조합원 지위를 취득했지만, 이 양수인이 조합원 지위를 다시 제3자에게 양도하려면 해당 아파트가 그간 사업시행인가된 사실 없이 조합원 지위 취득일로부터 다시 5년간을 보유한 후인 2010년 12월이 지나서 되팔거나 경매로 취득됐어야 한다.

그러나 해당 아파트는 지난 2008년 4월 7일에 이미 사업시행인가가 났으므로 이로부터 다시 3년이 지나도록 착공이 이루어지지 않았음을 전제로 2011년 4월 7일 이후에나 양도(5년 보유 요건은 갖춘 상태임)해야 조합원 지위가 승계될 수 있다.

따라서 애초 규정에 의하면 이 아파트를 낙찰(9월 21일)받은 낙찰자는 조합원 지위를 취득할 수 없고, 단순 관리처분(현금청산) 대상에 불과했다. 조합원 지위를 취득하기 위해서는 낙찰자가 2011년 4월 7일까지 낙찰대금을 납부하지 말아야 한다. 전혀 불가능한 얘기지만 말이다. 이러한 주의를 환기시키기 위해 법원이 매각물건명세서에 그 내용을 기재해놓았던 것으로 보인다.

강남권 재건축아파트를 매입하거나 경매로 낙찰받기 위해서는 해당 아파트의 조합설립인가일이 2003년 12월 31일 전후인지를 따져보는 것은 물론 조합설립인가일, 사업시행인가일, 착공일이 언제였고 이로부터 몇 년이 경과했으며, 직전 소유자가 몇 년 동안 해당 아파트를 소유하고 있었는지를 확인해볼 필요가 있는 이유다.

그러나 앞으로는 적어도 경·공매 취득은 이렇게 복잡한 사항을 헤

● 개정 전후의 조합원 지위양도 비교

	기존의 조합원 지위양도		개정 후 조합원 지위양도
원칙	•2003년 12월 31일까지 조합설립인가를 받은 아파트에 한해 1회 양도 •2004년 1월 1일 이후 조합설립인가를 받은 아파트는 전면 금지	원칙	•좌동
예외	•조합설립인가일부터 3년 이내에 사업시행인가 신청이 없는 주택재건축사업의 건축물을 5년 이상 계속하여 소유하고 있는 자 •사업시행인가일부터 3년 이내에 착공하지 못한 주택재건축사업의 토지 또는 건축물을 5년 이상 계속하여 소유하고 있는 자 •착공일부터 5년 이내에 준공되지 아니한 주택재건축사업의 토지를 5년 이상 계속하여 소유하고 있는 자에 한해 조합원 지위양도 허용	예외	•조합설립인가일부터 2년 이내에 사업시행인가 신청이 없는 주택재건축사업의 건축물을 2년 이상 계속하여 소유하고 있는 경우 •사업시행인가일부터 2년 이내에 착공하지 못한 주택재건축사업의 토지 또는 건축물을 2년 이상 계속하여 소유하고 있는 경우 •착공일부터 3년 이내에 준공되지 아니한 주택재건축사업의 토지를 3년 이상 계속하여 소유하고 있는 경우에 한해 조합원 지위양도 허용 •경·공매 취득의 경우에는 재건축 진행단계나 직전 소유자의 보유기간에 상관없이 조합원 지위양도 허용

아려 취득할 필요가 없어졌다. 재건축시장 활성화 차원에서 2009년 8월 4일 도시 및 주거환경정비법이 개정되면서 조합원 지위양도 규제가 대폭 완화됐기 때문이다.

개정된 법령으로는 조합설립인가일부터 2년(종전 3년) 이내에 사업시행인가 신청이 없는 주택재건축사업의 건축물을 2년(종전 5년) 이상 계속하여 소유하고 있는 경우, 사업시행인가일부터 2년(종전 3년) 이

내에 착공하지 못한 주택재건축사업의 토지 또는 건축물을 2년(종전 5년) 이상 계속하여 소유하고 있는 경우, 착공일부터 3년(종전 5년) 이내에 준공되지 아니한 주택재건축사업의 토지를 3년(종전 5년) 이상 계속하여 소유하고 있는 경우 조합원 지위를 양도할 수 있게 했다.

특히 국가·지방자치단체 및 금융기관에 대한 채무를 이행하지 못하여 주택재건축사업의 토지 또는 건축물이 경매 또는 공매로 소유권이 이전되는 경우에는 재건축 진행단계나 보유기간 제한을 두지 않았다. 따라서 경·공매를 통한 재건축 아파트 양수인, 즉 낙찰자는 재건축 진행단계 및 직전 소유자의 보유기간에 상관없이 언제나 조합원 지위를 취득할 수 있게 됐다.

이 새로운 규정이 시행(2009년 8월 4일)됨에 따라 애초 조합원 지위 취득이 불가능했을 법한 가락시영아파트 낙찰자의 조합원 지위 취득이 가능하게 된 것이다. 경매를 통한 토지 취득 시 토지거래허가 규제를 받지 않는 것과 같은 수준의 규제완화가 재건축 아파트에도 이루어진 셈이다.

다만 한 가지, 경·공매를 통해 취득한 재건축아파트를 다시 제3자에게 일반매매를 통해 조합원 지위를 양도하고자 한다면 그 양도인(직전 소유자) 역시 재건축 진행단계별 조건 및 보유기간을 충족해야 함에 유의하기만 하면 된다.

03 오피스텔,
임대수익용 부동산의
전통적 절대강자!

오피스텔은 2008년 하반기 글로벌 금융위기 이후 쇠락을 거듭하고 있는 주택시장 침체, 정책 규제 또는 완화에 따른 주택시장 부침 심화로 인한 주택 투자 메리트 반감, 베이비부머 세대 은퇴 이후의 안정적 수입원으로서의 임대수익용 부동산 인기 급부상 등 주택을 대체할 만한 가장 안정적이고도 확실한 재테크 상품으로 각인되면서 날이 갈수록 주가가 급등하고 있다.

게다가 최근 신상품으로 떠오르고 있는 도시형 생활주택과 더불어 임대시장의 양대 축을 형성하면서 시장규모도 무시할 수 없으리만치 커지고 있다. 오피스텔이 이제는 주택의 대체재로서가 아닌 독립된 투자상품으로 확고히 자리매김하고 있는 모양새다.

이 같은 임대수익용 상품의 호황은 최근 몇 년간 지속되고 있는 주택시장 침체 및 이로 인한 임대시장 불안에 기인한다. 즉 주택가격 하락, 주택경기 회복에 대한 불확실성, 금리인상 및 물가상승 등의 영향으로 주택 구매심리가 위축됐고, 공급부족 현상까지 겹치면서 임대수요가 급격히 증가했던 탓이다.

특히 중대형보다 중소형 아파트 전세난이 심화되면서 직장인, 신혼부부, 대학생 등 소위 1~2인 가구 임대수요가 대거 오피스텔이나 원룸으로 몰렸다. 임대수익을 노리려는 투자자들이 앞다퉈 오피스텔 매입을 서두르고 있는 것은 당연한 귀결이다.

오피스텔은 부동산 규제에서 비교적 자유롭다는 이점이 있다. 우선 오피스텔은 담보대출 시 DTI(총부채상환비율)가 적용되지 않는다. 주택은 연간 소득 대비 대출금의 연간 원리금 상환액이 강남권 40%, 서울 50%, 인천·경기 지역 60%를 초과할 수 없지만, 오피스텔은 이러한 규제가 없다.

또한 분양주택보다 완화된 전매제한 규제가 적용된다. 분양가상한

● **오피스텔의 장단점**

장점	단점
•DTI 미적용 •분양주택보다 전매제한 규제완화 •종합부동산세 및 다주택자 양도세 중과 비대상(업무용 사용 전제) •가변적 구조로 공간 활용성 제고	•시세차익보다는 전형적인 임대수익용 부동산 •주택시장 침체 여하에 따라 부침이 심함. •낮은 전용률(45~75%)로 인한 관리비 부담 •편의시설(놀이터, 주차시설 등) 부족

제가 적용되는 수도권 공공택지는 1~5년, 민간택지는 1~3년간 전매가 제한되지만 오피스텔은 서울·인천·성남·수원·고양·용인 등 수도권 9개 도시, 100실 이상, 2008년 9월 22일 이후 분양분에 한하여 계약체결일로부터 소유권이전등기 시까지(사용승인일부터 1년이 지난 날까지 소유권이전등기를 완료되지 아니한 경우에는 사용승인일부터 1년간) 전매가 제한될 뿐이다.

주거용으로 사용하지 않는 한, 즉 주거용 오피스텔이 아니면 종합부동산세를 납부할 일도 없다. 주택은 세대별 합산과세가 인별 합산과세로 바뀌면서 주택가액이 6억 원(1세대 1주택자 단독 명의에 대해서는 3억 원 기초공제로 사실상 9억 원) 초과분에 대해 종합부동산세가 부과된다.

그러나 사업용(업무, 상업 등) 건물은 건물 부분을 제외하고 부속토지에, 그것도 그 부속토지가액이 40억 원을 초과해야 하는 경우 종합부동산세가 부과되므로 오피스텔 몇 실을 보유하고 있다고 한들 종합부동산세 대상이 될 리 만무하다.

기능적인 가변성이 주택보다 크다는 것도 이점이다. 내부 설계구조가 가변적인 오피스텔이 많고, 이용자의 필요에 따라 주거용, 업무용, 주거 및 업무 겸용으로 이용할 수 있다는 점에서도 주택보다 효용이 높다. 신혼부부, 학생, 직장인 등 오피스텔을 지탱하는 기본적인 수요뿐만 아니라 창업 및 업무를 위한 공간으로서의 오피스텔 수요가 꾸준한 이유다.

그렇다고 오피스텔이 무결점의 최상의 투자종목이라는 것은 아니다. 오피스텔의 최대 약점은 오피스텔이 시세차익을 누릴 수 있는 상품이 아니라 전형적인 임대수익형 상품이라는 점이다. 물론 최근 오피스텔 가격이 소폭 상승세를 보이고는 있지만, 이는 주택시장 침체로 인한 반사적 효과일 뿐 아파트만큼의 지속적인 상승세나 큰 폭의 상승세를 타기에는 한계가 있다.

오피스텔은 주택시장 침체 여하에 따라 부침이 심한 상품, 주택의 대체재라는 성격이 강하다는 것도 단점이다. 주택시장 침체기에는 수요가 늘지만, 호황기에는 수요가 줄어들 수 있다는 것이다. 한동안 오피스텔 공급이 줄었고, 최근 주택시장 침체 및 전세시장 강세로 오피스텔이 반사이익을 보고 있지만, 주택시장이 회복기에 접어든다면 오피스텔이 다시 하락세를 보일 가능성이 크다.

또한 오피스텔은 편리성, 효용성을 빼면 단지형 아파트보다 비교열위(쾌적성, 주차, 전용률, 관리비 등)에 있는 상품이다. 따라서 오피스텔과 비슷한 지역에 소재한 아파트 매물(매매, 전세)이 쌓이고 있는 상황에서는 제아무리 편리성이나 효용성을 갖춘 오피스텔이라 하더라도 임대상품으로서의 가치가 반감될 수밖에 없다. 오피스텔 투자에 앞서 오피스텔 주변 지역의 매매나 임대 여건 등 주택시장 분위기를 파악하는 것이 중요한 이유다.

오피스텔 건축기준(국토해양부 고시 제2012-553호)

- 각 사무구획별 노대(발코니)를 설치하지 아니할 것

- 다른 용도와 복합으로 건축하는 경우(지상층 연면적 3000㎡ 이하인 건축물은 제외한다)에는 오피스텔의 전용출입구를 별도로 설치할 것
- 사무구획별 전용면적이 85㎡를 초과하는 경우 온돌·온수온돌 또는 전열기 등을 사용한 바닥난방을 설치하지 아니할 것

임대수익용 부동산 강세라는 시류를 틈타 오피스텔 공급량이 급증하고 있는 것도 오피스텔 투자 시 고려해야 할 사항이다. 따라서 입지와 가격경쟁력은 물론 공급과잉은 아닌지, 오피스텔과 인접한 아파트단지의 매매나 전세시장은 어떤지, 임대수요가 어느 정도 뒷받침됐는지 등의 거시적 요인에서부터 전용률, 주차 여건, 도로·교통 여건, 관리비, 쾌적성 등 미시적 요인 등을 꼼꼼히 따져보고 투자할 일이다. 과거 일산 지역 오피스텔 공급과잉으로 오피스텔 매매가나 임대가가 대폭락 수준에 이르렀던 쓰라린 경험을 되풀이해서는 안 되기 때문이다.

자고로 임대수익용 상품이라는 것은 매매수요보다는 임대수요가 우선시되는 종목이라는 뜻이다. 따라서 될 수 있으면 역세권, 대학가 주변, 상업 및 업무 밀집지역, 도심 업무지역과 외곽지역 연결 주요 중간지대, 대규모 산업단지 조성지역 주변에 소재한 오피스텔을 고르는 것이 오피스텔 투자의 핵심이다. 더블 역세권이나 트리플 역세권의 입지조건, 수요가 겹치는(예컨대 학생과 직장인) 입지조건을 갖춘 오피스텔이면 최상이다.

● **오피스텔 경매동향(2012년 기준)**

구분	전국	수도권	서울
경매진행건수	4,872건	2,646건	847건
낙찰률	34.65%	30.99%	32.82%
낙찰가율	65.94%	74.12%	79.20%
입찰경쟁률	3.9 대 1	4.6 대 1	3.6 대 1

자료: 부동산태인(www.taein.co.kr)

2012년 기준 전국에서 한 해 동안 경매시장에 등장한 오피스텔 경매물건은 모두 4900건 정도다. 이 중 절반이 넘는 2700건 정도가 수도권 물량이다. 낙찰률은 전국 34.7%, 수도권 31.0%를 기록했으며, 낙찰가율은 전국 65.9%, 수도권 74.1%로 2011년에 정점을 이뤘다가 약간 하락했다.

경매물건은 주택시장이 호황이었던 2006~2007년에는 1만 2000~1만 4000건을 넘을 정도로 많은 물량이 쏟아졌으나 이후 주택시장 침체와 더불어 임대수익용 부동산 강세로 오피스텔 물량이 급감했다.

04 오피스텔 다음은 **상가다!**

아파트로 대변되는 주택시장이 위축될수록 뜨는 상품이 임대수익용 부동산이라는 것쯤은 이미 상식선이 되었다.

요 몇 년 새 수도권 주택시장은 매매시장, 분양시장을 불문하고 좀처럼 침체에서 벗어나지 못하고 있지만 오피스텔이나 원룸, 다가구, 도시형 생활주택 등 임대수익이 발생하는 부동산 거래는 매우 활성화되어 있다는 것이 이를 방증하고 있다.

그러나 임대수익용 부동산이면서도 한동안 외면을 받아왔던 상품이 있다. 바로 상가다. 상가 역시 임대수익이 안정적으로 발생할 수 있는 상품이지만 그간 주택시장 강세, 최근의 오피스텔 강세를 비롯해 실물경기 위축, 저성장 지속으로 투자자들에게 외면받았던 상품이다.

● **상가의 종류**

구분	세부 분류	투자가치
근린상가	연도변 상가, 역세권 상가, 중심상업지역 내 상가	우수
단지 내 상가	아파트단지 내 상가	양호
	타운하우스단지 내 상가, 전원주택단지 내 상가, 연립·다세대단지 내 상가	보통
복합상가	주상복합상가, 업상복합상가	보통
전문테마상가	한방전문상가, 의류전문상가, 공구전문상가, 전자전문상가	미흡
쇼핑몰	쇼핑센터, 복합쇼핑몰	미흡
	스트리트몰, 로드숍, 아웃렛몰	양호

부동산 투자상품을 크게 주택, 토지, 상가, 오피스텔 네 가지로 나누어볼 때 주택과 오피스텔은 시장 흐름과 부동산 정책의 영향을 크게 받는 상품이다. 반면 상가는 시장 흐름이나 정책보다는 실물경기 영향을 크게 받고, 토지는 어느 요인에 아랑곳없이 꾸준히 수요가 뒷받침되는 상품이라고 볼 수 있다.

부연하면 토지는 지난 10여 년 동안 이어져 온 전국 단위의 개발호재, 토지보상에 의한 대토수요, 토지규제 완화, 개발부지 감소 등 영향으로 큰 부침 없이 나름대로의 투자시장을 형성해왔다. 반면 상가는 정책적 요인보다는 실물경기 위축, 공급과잉 논란, 지분제(구좌형) 대형 분양상가의 문제가 불거지면서 투자자들에게 외면을 받아왔던 터다.

그러나 그간의 부동산 투자 흐름을 보면 주택에서 오피스텔로, 오피스텔에서 다시 상가로의 쏠림현상이 반복되어 왔고, 최근에는 오피스텔이 넘쳐나는 수요에 비해 공급 한계에 다다랐다는 점에 주목할 필요가 있다.

게다가 주택시장 침체로 갈 곳 몰라 하는 잉여자금이 쌓여 있고, 2기 신도시 입주가 본격화되고 마무리되면서 상가에 대한 관심이 증폭되고 있다. 이러한 일련의 과정을 보면 향후 상가시장이 꽤 괜찮은 시장으로 변할 것임은 그리 어렵지 않게 짐작할 수 있다.

상가 투자의 최대 이점은 안정적인 수익률이 보장된다는 것 외에 아직 미완성 제품으로 참으로 다양한 변화를 통한 다양한 수익 창출이 가능하다는 것이다. 우선 취득 후 경쟁력 있는 용도로의 전환을 통해 소기의 임대 목적을 달성할 수 있다.

또한 리모델링을 통해 임대 또는 분양수익을 달성할 수도 있고, 역세권이거나 입지가 우수한 상가는 테마형 상가 또는 제법 규모가 있는 근린상가로의 개발로 인한 시세차익을 누릴 수도 있다. 입지가 좋은 곳이면 업종을 골라 자영업에 종사할 수 있는 근간이 되기도 한다.

● **상가 투자의 장단점**

장점	단점
• 임대수익+시세차익 실현 상품 • 용도 및 업종 전환 등 시장대처 능력 큼. • 리모델링, 개발로 인한 개발이익 향유 • 자영업(직영)을 위한 기초 자산으로서의 기능	• 상권 및 실물경기 변수에 영향 큼. • 잦은 업종 변경으로 인한 관리부담 • 다수 점포 통합관리 필요에 따른 비용부담 • 개발 시 평가액, 권리금 고가로 인한 입주자 협의 어려움.

이처럼 상가는 임대수익, 개발수익, 직영 등 그 활용방안이 다양하지만 그렇다고 모든 상가가 다 수익이나 활용방안이 보장되는 것은 아니다. 테마형 상가나 전문상가(쇼핑몰)의 경우 이미 개발이 완료된 상태이기 때문에 향후 개발수익을 바랄 수 없음은 물론이고 분양가 자체가 높아 적정 임대수익률을 달성하기도 어렵다.

그래서 테마상가나 전문상가에 관심이 있는 일부 투자자는 일반 매물보다는 경매물건에 관심을 갖기도 한다. 정상적인 매물은 임대수익률이 채 5%에도 미치지 못하지만 경매로 취득하는 경우에는 감정가의 30~50% 정도에 낙찰받을 수 있기 때문이다. 그렇게 되면 임대수익률이 10%를 넘어가게 된다.

수도권에서 경매에 부쳐지는 상가는 평균적으로 낙찰가율이 60% 내외 정도 형성되어 있지만 테마상가나 전문상가의 낙찰가율은 이보다 훨씬 낮게 형성되는 것이 일반적이다. 모든 부동산 상품에 투자할 때는 가격경쟁력 확보가 최우선이지만 특히나 테마상가에 투자할 때는 더욱 고려해야 할 항목이다.

상가(근린상가)는 2012년 기준 전국적으로 총 4만 7000여 건이 경매시장에 등장했다. 토지, 아파트 다음으로 많은 물량으로 이 중 절반 정도가 수도권에서 쏟아져 나왔다. 낙찰률은 전국 19.23%, 수도권 18.05%로 그리 높지 않고, 낙찰가율은 전국 59.03%, 수도권 61.5%를 기록했다. 전 종목에 걸쳐 낙찰가율이 가장 낮은 종목 중 하나로 그만큼 가격경쟁력이 갖춰져 있는 상품인 셈이다.

구분	전국	수도권	서울
경매진행건수	46,737건	23,970건	7,706건
낙찰률	19.23%	18.05%	15.03%
낙찰가율	59.03%	61.50%	65.46%
입찰경쟁률	2.5 대 1	2.5 대 1	2.2 대 1

자료: 부동산태인(www.taein.co.kr)

상가 전체에 대한 관리상태나 공실률에 따라서도 수익률은 천차만별이다. 관리가 엉망이거나 공실이 많은 상가는 임대료 수준이 형편없어 가급적 피해야 한다. 이런 상가는 당장의 임대수익보다는 향후 개발 가능성이나 주변 개발 움직임을 보고 장기적으로 투자해야 후회하지 않는다.

상가의 동선체계도 투자 시 고려해야 할 중요한 요인이다. 구분상가는 승강기, 에스컬레이터 또는 주출입구와 당해 상가와의 거리 및 고객 접근성을 체크해야 하고, 단독상가는 지하철역 출입구, 버스 승하차장으로부터의 고객 유동 방향이 어느 쪽으로 흐르는지를 관찰해야 한다. 현장조사를 하다 보면 대개 출퇴근 동선 − 퇴근 동선 − 출근 동선 순으로 상권이 활성화되어 있음을 알 수 있을 것이다.

상가 주변에 학교가 있으면 학교 경계선 반경 200m 이내는 상대정화구역에 포함되어 일부 업종(예컨대 유흥주점, 노래연습장, 당구장, 무도장 등)은 입주가 제한될 수 있으므로 주의를 요하는 사항이다.

좀 더 거시적으로 상가의 상권을 뒷받침하는 두 가지 요인은 바로 상권 내 인구·가구 수와 접근성이다. 주택가 상주인구는 지하철역, 쇼핑·위락·유흥시설 밀집으로 유동인구가 뒷받침되는 곳이라야 상가영업이 활성화될 수 있다. 역세권이 아닌 곳이면 가급적 개방형 상권(구매력이 외부로 유출되는 곳)보다는 폐쇄형 상권(분지형 상권구조로 기본적인 구매수요가 상가 소재 지역 내에서 발생하는 곳)이 낫다는 것은 기본 상식이다.

접근성은 규모가 있는 상가라면 지하철, 차량, 버스 등 광역적인 도로·교통망을 말하는 것이지만 그렇지 않은 단지상가나 근린상가 등은 대로, 철로, 하천 등에 의한 이격거리의 심리적인 멀고 가까움을 일컫는다. 더불어 오르막길에 있는 상가보다는 내리막길 또는 평지에 있는 상가가 더 영업이 활성화되어 있다는 정도쯤은 기억해두자.

상가 투자 시 고려요인

- 접근성(도보, 차량 및 대중교통)
- 상권 내 인구·가구 수(상주인구 및 유동인구)
- 동선체계(상가 내부 동선 및 외부 동선)
- 경쟁점포 현황(점포수, 입지 비교)
- 상가 관리상태 및 공실률
- 임대료 및 권리금 형성 수준
- 거래 및 임대수요 여건

- 입주업종 제한 여부(상가 자치규약, 학교환경위생정화구역)

  기술한 바와 같이 신도시 입주, 실물경기 회복과 때를 같이하여 상가에 대한 관심이 고조될 것이 분명하지만, 상가에 대한 투자를 고려하고 있다면 위와 같은 미시적·거시적 투자 결정요인들을 한 번쯤 체크해보는 것이 바람직하다.

05 도시형 생활주택, 임대시장의 판도를 바꾸다!

도시형 생활주택은 정부의 역세권 개발, 도심 내 소형주택 공급, 주택임대사업 요건완화 등 정책적 지원뿐만 아니라 저금리 기조, 전세시장 불안, 1~2인 가구 급증 추세 등 시장 여건이 뒷받침되면서 임대수익형 상품의 새로운 투자 아이콘으로 급부상하고 있다. 더군다나 도시지역 내 대부분 소형으로 구성되는 특성상 전통적인 임대수익형 상품으로 각광받아 온 오피스텔에 필적할 만한 상품으로도 거론되고 있다.

노후를 대비한 안정적인 임대수익을 바라는 투자자나 주택시장 침체로 새로운 돌파구 마련에 고심하고 있는 주택사업자의 지대한 관심을 받고 있는 도시형 생활주택을 집중 조명해보자.

도시형 생활주택이란?

도시형 생활주택은 '국토의 계획 및 이용에 관한 법률'상의 도시지역에 주택건설사업계획 승인을 받아 건설하는 300세대 미만의 국민주택규모(전용면적 85㎡ 이하)에 해당하는 공동주택을 말한다. 독신자, 독거노인, 학생 등 갈수록 늘어나는 1~2인 가구의 주택수요에 따른 다양한 주택 유형의 보급과 전세시장 불안에 따른 서민 주거안정을 위해 도입된 새로운 개념의 주거형태.

주택법 및 시행령 개정을 통해 2009년 5월 4일부터 시행됐으며, 이후 여러 차례에 걸친 서울시의 도시형 생활주택 활성화 방안을 통해 구체화됐다. 위에서 말한 도시지역이라 함은 인구와 산업이 밀집되어 있거나 밀집이 예상되어 그 지역에 대해 체계적인 개발·정비·관리·보전 등이 필요한 지역으로 서울, 수도권 기존 시가지 및 신도시 내 대부분 지역이 이에 해당한다.

도시형 생활주택의 유형은?

도시형 생활주택은 단지형 다세대 및 연립주택, 원룸형 주택이 있으며, 단지형 다세대 및 연립주택은 전용면적 85㎡ 이하, 원룸형은 14~50㎡ 이하의 주택이 이에 해당한다.

단지형 다세대 및 연립주택은 주거층으로 쓰이는 층수가 4개 층 이하(건축위원회 심의를 거쳐 1개 층 추가 가능)의 주택을 말한다. 애초 연면적 660㎡ 이하의 주택으로 다세대주택만을 의미했으나 2010년 4월

국무회의 의결을 거쳐 이 제한규정을 폐지함으로써 다세대주택, 연립주택을 불문하고 도시형 생활주택 개발이 가능하게 됐다.

원룸형 주택은 세대별로 독립된 주거가 가능하도록 욕실, 부엌을 설치하여 하나의 독립된 공간으로 구성된 주택 유형이다. 지하층에 세대 구성을 할 수 없으며, 층수에는 제한이 없고, 공용 취사실, 세탁실, 휴게실 등은 용적률 산정 시 제외하도록 되어 있다.

원룸형 주택이란?(건축법시행령 제3조 제1항)

- 세대별로 독립된 주거가 가능하도록 욕실, 부엌을 설치할 것
- 욕실 및 보일러실을 제외한 부분을 하나의 공간으로 구성할 것. 다만, 주거전용 면적이 30㎡ 이상인 경우 두 개의 공간으로 구성할 수 있다.
- 세대별 주거전용면적은 14㎡ 이상 50㎡ 이하일 것
- 각 세대는 지하층에 설치하지 아니할 것

애초 기숙사형 주택(7~30㎡ 이하, 취사장·세탁실·휴게실을 공동으로 사용하는 구조로 주거공간으로서의 독립성이 원룸형 주택에 비해 약하고, 용적률 산정이나 지하층 세대 불가는 원룸형 주택과 같음)도 도시형 생활주택에 포함됐으나 고시원과 구조나 기능 등이 유사하고 실효성이 떨어진다는 판단 하에 2010년 5월 주택법시행령 개정(7월 6일 시행)을 통해 도시형 생활주택 유형에서 삭제됐다.

도시형 생활주택 공급 핵심 열쇠는?

도시형 생활주택 공급에서 가장 문제가 됐던 것은 도시지역 내 공급하는 특성상 토지매입비에 대한 부담이 만만치 않다는 것과 국민주택규모 이하의 중소형 평형으로만 지을 수 있는 특성상 주차장 설치기준을 기존의 주택 공급기준에 맞추다 보면 사업성이 뒤떨어져 현실성이 없다는 것이다. 사실상 이런 문제 때문에 도시형 생활주택 공급실적이 매우 저조했다.

이후 주차장 설치기준 완화, 국민주택기금 지원(건축비의 최대 90%까지 공정단계별로 대출) 등을 통해 도시형 생활주택 공급을 활성화하기 위한 기반이 마련됐다. 주차장은 단지형 다세대 및 연립주택은 세대당 1대(전용면적이 60㎡ 이하인 경우는 0.7대)로 일반공동주택과 같으나 원룸형 주택은 기존 세대당 0.2~0.5대에서 전용면적 60㎡당 1대(준주거 및 상업지역은 120㎡당 1대)로 완화했다.

다만 주차장 설치기준 완화로 도시형 생활주택의 공급과잉을 예방하는 차원에서 2012년 6월 도시형 생활주택 중 원룸형 주택의 주차장 기준을 지자체 조례로 강화할 수 있도록 제도를 개선했다.

투자 메리트는?

도시형 생활주택의 성패요인은 안정적인 임대수익을 바라는 투자수요층의 확보다. 그러기 위해서는 도시지역, 특히 역세권, 대학교 밀집지역 주변 및 업무시설 밀집지역 주변에 들어서야 한다.

● 도시형 생활주택의 장단점

장점	단점
• 분양가상한제 적용되지 않음(전매제한 ×, 재당첨제한 ×) • 높은 전용률과 낮은 관리비 부담 • 안정적 임대수익 발생 • 비교적 소액투자 가능 • 임대사업자등록 시 세제 혜택(양도세 중과 배제, 재산세 감면, 취득세 면제 또는 감면)	• 세대수 대비 주차시설 협소 • 자산가치 상승력 미흡 • 단지형 아파트에 비해 주거환경 열악 • 주거용 오피스텔에 비해 상품경쟁력 저하 • 단기적 공급과잉에 따른 임대수익률 저하 • 규모 대비 상대적으로 높은 평당 분양가

신림동, 역삼동, 신촌, 이문·회기동, 가리봉, 영등포동 등 1인 가구 분포가 전체 가구수의 40%를 넘는 곳이 안성맞춤이다. 수도권은 대학가 밀집지역과 산업단지, 항만·부두 종사자들이 밀집해 있는 곳이면 좋다. 모두 실투자액 대비 임대수익률이 7% 이상 나올 수 있는 곳으로 입지경쟁력과 아울러 임대수요를 갖추고 있어 개발 당시부터 이미 투자수익이 어느 정도 보장된 셈이다.

안정적인 임대수익을 바라는 투자자 입장에서 본 도시형 생활주택의 메리트는 뭘까? 우선 도시형 생활주택은 분양가상한제가 적용되지 않는다. 따라서 전매제한 없이 분양권을 전매할 수 있으며, 입주자저축, 주택 청약자격 및 재당첨제한 규정 등이 적용되지 않아 도시형 생활주택에 당첨된다고 해도 다른 주택 청약자격이 그대로 유지된다. 도시형 생활주택 1호로 2010년 4월에 처음 분양된 신림동 아데나534 청약 시 1인당 평균 5채라는 청약 기록을 보였던 것도 이 때문이다.

둘째, 전용률이 높고 관리비 부담이 적다. 업무시설로 분류되는 오피스텔은 전용률이 일반적으로 50~60% 수준에 불과하고 관리비가 높은 것에 반해 주택으로 분류되는 도시형 생활주택은 전용률이 75% 이상으로 높다. 주차장 관리기준이 완화되어 있고, 규제(원룸형 주택은 지하세대를 구성할 수 없음)상 또는 사업비 절감 차원에서 지하 주차장을 만들지 않기 때문에 공용면적으로 할애되는 면적이 극히 작다. 공용면적이 적은 만큼 관리비 부담도 적어지는 것은 당연하다.

셋째, 안정적인 임대수익 발생으로 향후 노후설계용으로도 최적합한 상품이다. 도시형 생활주택의 가장 큰 메리트라고 볼 수 있다. 도시형 생활주택은 분양가(5000만~1억 5000만 원)가 비교적 낮아 초기 투자해야 하는 자금부담이 적고, 임대수요가 많은 도시지역에 들어서는 특성상 임대수익률은 7% 내외가 일반적이다.

최대 분양가의 60%까지 대출할 수 있으므로 분양가 7000만 원 이하인 도시형 생활주택은 1채를 구입하는 데 실투자자금으로 2300만 원(임대보증금 500만 원 가정)이면 족하다. 1억 원이면 4채도 매입이 가능하다는 얘기다. 대출을 통해 도시형 생활주택을 분양받는 경우 실제 임대수익률(월임대료 40만 원 가정)이 9~12%(대출금리에 따라 유동적) 정도까지 오르게 된다. 은행 정기예금금리의 2~3배에 달하는 수익률이다.

특히 수년간의 주택시장 침체로 신규공급 및 입주물량이 급감한 상태에다 주택시장 회복에 대한 불확실성 확대로 임대(전·월세)시장 불안은 여전히 해소되기 어려운 상황이다. 이러한 시장 흐름에

2010년 7월 사업계획승인대상 및 주택건설 사업자등록 기준을 20가구에서 30가구로 완화, 2011년 7월부터 도시형 생활주택 세대수 제한을 150가구 미만에서 300가구 미만으로 확대, 주인집으로 활용할 수 있는 1가구 복합 신축 허용 등 제도적인 지원이 이루어지면서 도시형 생활주택 공급 및 투자 여건이 더욱 무르익었다.

더군다나 초기 투자자금 부담이 적고, 임대수익률이 높으므로 안정적인 임대수익을 누릴 수 있는 도시형 생활주택에 대한 관심을 가져도 될 만하다. 물론 한동안의 공급 집중으로 공급과잉 논란을 불러일으키고 있지만 일부 지역에 한하는 얘기이고, 아직도 지역별로 보면 수요보다 공급이 터무니없이 부족한 지역들이 많다. 선별적으로 투자유망 지역을 골라 분양이나 매매, 경매 등을 통해 취득하면 될 일이다.

도시형 생활주택이 경매시장에 간혹 등장하고 있지만, 도시형 생활주택이라는 상품이 등장한 지 얼마 되지 않은 탓에 아직까지는 통계 수치화할 정도로 그리 많은 물량이 등장하고 있지는 않다. 그러나 부동산시장 침체 여파로 임대여건이 악화되다 보면 공급과잉 논란이 불거진 지역을 중심으로 경매시장에 대거 등장할 날도 머지않았다.

06 타운하우스 투자의 핵심 포인트

타운하우스는 공동주택의 효율성과 전원주택의 친환경성을 결합한 상품이다. 원래 유럽으로부터 유래된 주택 형태로 10~100세대의 단독주택이 정원과 담장을 공유하며 한 단지를 이루고 있는 단독주택 집합단지를 말한다.

아파트가 가지고 있는 단지 내 공동체 개념의 커뮤니티 형성이라는 장점과 단독주택이 가지고 있는 개인 정원, 테라스 등 프라이버시가 보호되는 평면구조의 장점을 상호 결합하고 방범 문제, 관리효율 등 단독주택이 갖고 있던 단점을 보완하고 발전시킨 주거형태다.

연립, 다세대 개념에 가깝지만 단지형으로 조성된 고급화된 연립, 다세대라고 보면 더 이해가 쉽겠다. 아파트처럼 벽만을 사이에 두고

단독주택형 타운하우스	테라스형 타운하우스

용인 보정동 솔레뉴파크	용인 보정동 죽전힐스테이트

세대 구분되어 1개 층 전부 또는 일부만을 소유하는 연립주택형 타운하우스와 벽체는 공유하되 지하층부터 2~3층까지 전 층을 소유할 수 있도록 설계되어 있는 단독주택형 타운하우스가 일반적인 모습이다.

벽체가 떨어져 있지만 아주 촘촘한 간격으로 연이어 지어진 주택, 2~5채 정도 소규모로 벽체를 공유하고 나란히 지어진 땅콩주택, 경사지에 층계를 이루어 앞집 옥상을 정원으로 이용할 수 있게 설계된 테라스하우스도 타운하우스의 변종이라 보면 된다.

타운하우스가 인기 끄는 이유

전원주택이 한때 인기를 끌었으나 대부분 나 홀로 전원주택이거나 단지형이라 하더라도 도시에서 너무 멀리 떨어져 있어 방범에 대한 문제가 발생하고 특히 의료, 문화, 쇼핑, 스포츠 등 커뮤니티 시설 공유에 대한 한계성을 보이면서 전원주택의 인기가 시들해졌다.

이에 대한 대체 주택으로 등장한 것이 바로 타운하우스다. 완벽하지는 않지만, 전원주택의 단점들이 대폭 개선되고 시가지 인근의 고급 주택단지라는 인식이 확산되면서 타운하우스가 인기를 끌기 시작했다.

특히 최근 몇 년 사이 주택시장이 침체되면서 주택을 투자수단보다는 거주수단으로 보는 인식이 확산되고, 아파트라는 일률적이고 획일화된 주거공간에 대한 회의적인 시각이 점차 확대되기 시작했다. 이로 인해 다시금 땅을 밟고 사는 것에 대한 향수, 전원과 자연에 대한 향수가 타운하우스 태생의 동력이 됐다.

지천으로 널려 있는 아파트와 달리 타운하우스를 개발할 수 있는 입지적 제한(도시 근교, 커뮤니티 공유, 단지형으로 조성될 수 있는 규모의 개발부지, 고급주택지라는 입지적 우수성 등)이 있어 쉽게 들어설 수 없는 특성상 희소가치가 있다는 점도 타운하우스가 인기를 끌고 있거나 끌 수 있는 요인 중 하나다.

타운하우스, 앞으로의 전망

향후 소비자들이 찾는 주거 유형은 경제적인 투자가치보다는 가족 간의 행복 추구와 이웃 간의 공동체 및 커뮤니티가 중요시되고 개성과 미래지향성이 강조되는 주거 유형으로 전이될 가능성이 많다. 물론 아파트도 전통적인 판상형 구조에서 원형, 타워형으로 또는 Y자형, +형 등으로 다양화되고 있지만, 우선은 세대수가 많고 층이 높아 개성적인 주거 스타일을 연출하는 데 한계가 있는 것은 분명하다.

이와 달리 타운하우스는 저층에다 세대수가 많지 않고 기본적으로 정원과 어우러져 있는 공간이 많아 개성 있는 주택설계가 가능하다. 단독형, 연립형, 테라스형 등 기본적인 단지 배치는 물론 서구형, 전통 한옥형 등 다양한 주택 유형으로 소비자들의 구미에 맞게 개발할 수 있다는 것이 타운하우스의 최대 강점이기도 하다.

특히 한옥형 타운하우스는 한국의 전통 가옥미를 살리면서 인근 아파트나 단독주택과 확실한 차별화를 이룰 수 있고 희소가치 면에서도 단연 돋보일 수 있는 장점이 있다. 물론 단지 규모가 크면 독특한 한국의 전통 건축양식으로 외국인 관광자원화도 가능하다. 최근 들어 지자체가 앞장서서 한옥마을을 조성하고 한옥형 타운하우스 건설을 지원하고 있는 것도 이 같은 이유에서다.

● **타운하우스의 장단점**

장점	단점
• 단독주택이나 전원주택에 비해 유지보수비 부담 적음, • 단지형으로 조성돼 있어 방범효과 높음, • 고급 부대시설과 고급 커뮤니티 형성 • 넓은 정원(단독주택 이상의 토지 지분 확보)과 일조권 확보 • 공동 브랜드 및 단지 내 통합관리시스템 구축	• 시가지 인근 입지로 상대적으로 높은 분양가 • 공동주택에 비해 높은 보안·관리비용 • 단독주택에 비해 사생활 보호 미흡 • 통합관리로 가옥 외부의 개별적 대수선이 제한적임. • 의료, 쇼핑, 문화 등 편의시설 미흡으로 인근 도시지역 내 시설 이용

그러한 강점에다 자연친화성, 개성, 커뮤니티로 무장된 미래지향적 주거형태, 주택에 대한 투자에서 거주수단으로의 인식전환 확대 등이 타운하우스에 대한 전망과 기대를 밝게 하고 있다.

물론 타운하우스도 최근 주택시장 침체의 그늘에서 벗어나지 못하고 있지만, 이는 타운하우스의 입지가 열악하거나 필요 이상으로 분양가가 높다는 데서 기인한 바가 크다. 이러한 요인이 개선되어 타운하우스의 장점이 소비자들에게 십분 전달된다면 주택시장 침체 여부를 떠나 타운하우스만의 시장기능이 회복될 수 있을 것이다.

2012년부터 본격적으로 은퇴기에 돌입한 베이비부머 세대들이 아파트를 처분하고 도시에 인접하여 전원과 더불어 생활할 수 있는 안정적인 주거 유형으로서 타운하우스를 찾거나 문의하는 사례가 늘고 있는 점도 타운하우스의 전망을 밝게 하고 있다.

타운하우스 선택 시 고려할 점

입지, 가격, 단지규모, 단지 내 커뮤티니 면에서 살펴볼 필요가 있다. 우선 입지는 타운하우스 특성상 도시 내에 있거나 도시와 맞닿아 있을 정도로 기존 시가지와 밀접한 생활권 내에 있어야 한다.

전원주택의 단점을 개선하고자 등장한 주택 유형인 만큼 타운하우스라는 명칭에서도 보여주듯 외곽보다는 도시 내에 들어서거나 도시에서 떨어져 있더라도 도시 내 커뮤니티 및 편의시설들을 근거리에서 이용할 수 있는 곳에 입지했는지를 살펴보아야 한다.

기본적으로 입지에 대한 문제는 분양가격과도 직결된다. 물론 입지가 도시생활권 내에서 동떨어져 있더라도 내부 마감을 최고급 자재로 한다면 그만큼 가격은 올라가겠지만 이는 타운하우스가 아니라 별장 개념의 주택이다.

바로 이 부분이 타운하우스 공급업체들이 간과했던 부분이기도 하다. 즉 타운하우스가 공동주택과 전원주택을 섞은 대중적인 주거 형태라기보다는 별장이라는 기본 인식에서 출발하다 보니 토지가격 상승은 물론 마감자재가 고급스러워지고 필요 이상으로 분양가가 높아져 결국 소비자들의 눈높이와는 동떨어진 공룡주택이 되고 말았다.

최근 이러한 성향을 반영해 타운하우스 공급가격이 낮아지고 있기 때문에 소비자로서는 좋은 일이지만, 유사 지역에 공급되는 타운하우스 가격과 인근 지역 주택시장 동향을 면밀히 분석해 해당 타운하우스 분양가격 또는 매매가격의 높고 낮음을 평가해야 한다.

단지규모 측면에서 타운하우스는 세대수 또는 공급호수가 많을수록 좋다. 타운하우스는 일반 공동주택과 달리 그 이용면적(건물, 정원 등)이 넓어 단지 관리에 소요되는 비용이 만만치 않다. 타운하우스는 해당 호수 또는 1개 동 전체를 매입하는 것이지만 사실상 단지 전체를 매입하는 것과 같으므로 정원이 어떻게 꾸며지고 관리되며, 관리비는 어느 정도 예상되는지 등을 따져보아야 한다.

단지규모가 작으면 단지 내 조성되는 커뮤니티 시설도 부족하게 되

● 타운하우스 경매 사례

용인 보정동 네이처하우스

사건번호	2011타경54746
소재지	경기 용인시 기흥구 보정동 1221
감정평가액	7,150,500,000원
최저경매가	3,661,056,000원
입찰일	2012년 8월 23일
경매결과	변경
건물규모	단독주택 11개동, 근린 1개동, 경비동 1개동
토지면적	3,405㎡(1,030.01평)
건물연면적	–
준공연도	미준공(공사 중 경매)

고 조성된 커뮤니티 시설에 대한 관리부담이 큰 것도 같은 맥락이다. 타운하우스라고 조성해서 분양하는 단지를 보면 단지 내 커뮤니티 시설이 전혀 없어 사실상 전원주택단지와 별반 차이가 없는 단지도 많다. 단지 내 기본적인 커뮤니티 시설이 잘 갖추어져 있는지, 그렇지 않다면 커뮤니티 시설 공유가 가능한 생활권이 인접해 있는지 등을 확인해야 한다.

07 단독주택,
경매투자의 묘미는?

소나기는 피해 가라 했다. 어느 재테크 상품이건 하락기에 매수를 하는 것이 온당하지만, 그 불황의 그늘이 짙을 때에는 투자를 잠시 잠깐 보류하는 것도 온당하다. 다만 불황기에도 틈새상품은 있다고 했다. 그 틈새상품의 대표격이라고 한다면 바로 경매투자가 아닐까.

경매투자는 불황기에나 호황기에나 시세보다 싸게 살 수 있다는 이점이 있지만, 특히나 불황기에 더욱 빛을 발하는 상품이다. 일단 불황기에는 경매 매물이 큰 폭으로 증가해 투자자들의 매물 선택폭이 넓어진다. 일반 매매시장이 얼어붙었다고 해도 가격이나 입지적으로 맘에 드는 매물 찾기가 쉽지 않은 때라 경매는 더욱 용이하다.

다음으로 주택시장이 위축될수록 주택 수요자들에게 요구되는 것은 절대적인 가격경쟁력인 만큼 경매는 가격경쟁력 확보수단으로서도 최상이다. 물론 법원경매에 나오는 매물의 감정평가액이 시세를 전면 반영하고 있다고 볼 수는 없지만 2012년 말 기준 수도권 경매시장에서의 주택 평균 낙찰가율이 감정평가액의 70~75% 정도로 형성됐기 때문에 가격경쟁력 확보를 위한 절호의 경매투자 타이밍이라 볼 수 있다.

물론 2008년 글로벌 금융위기 이후 침체됐던 주택시장 분위기가 벌써 수년째 이어지고 있어 자칫 침체가 장기화할 우려가 없지 않으나 반대급부적인 전세시장 불안으로 도시형 생활주택, 오피스텔, 원룸 등 임대수익용 상품이 호황을 보인 탓에 다시 주목받고 있는 상품이 있다. 바로 단독주택이다.

건축법상 넓은 의미의 단독주택은 협의의 단독주택과 다중주택 및 다가구주택을 포함한다. 이들은 가옥 1채가 몇 가구로 구성되어 있느냐의 차이일 뿐 각 세대가 거주하고 있는 부분에 대한 구분소유(등기)가 안 된다는 것과 공동주택과 달리 토지가 자산가치에서 절대적인 비중을 차지하고 있다는 점이 모두 같다.

토지비중이 크다는 것에서 알 수 있듯 단독주택의 최대 강점은 바로 적잖은 규모의 토지를 수반한다는 데 있다. 고급주택지를 제외한 도시지역 내 단독주택의 일반적인 토지규모는 100~300㎡. 지가상승으로 인한 시세차익을 누릴 수도 있고, 재개발, 뉴타운 등 각종 개

종류	구분
단독주택	–
다중주택	다음의 요건을 모두 갖춘 주택을 말한다. • 학생 또는 직장인 등 여러 사람이 장기간 거주할 수 있는 구조로 되어 있는 것 • 독립된 주거의 형태를 갖추지 아니한 것(각 실별로 욕실은 설치할 수 있으나, 취사시설은 설치하지 아니한 것) • 연면적이 330㎡ 이하이고 층수가 3층 이하인 것
다가구주택	다음의 요건을 모두 갖춘 주택으로서 공동주택에 해당하지 아니하는 것을 말한다. • 주택으로 쓰는 층수(지하층 제외)가 3개 층 이하일 것. 다만, 1층의 바닥면적 2분의 1 이상을 필로티 구조로 하여 주차장으로 사용하고 나머지 부분을 주택 외의 용도로 쓰는 경우에는 해당 층을 주택의 층수에서 제외한다. • 1개 동의 주택으로 쓰이는 바닥면적(부설 주차장 면적은 제외)의 합계가 660㎡ 이하일 것 • 19세대 이하가 거주할 수 있을 것
공관	–

발사업으로 인한 아파트 입주권 외 보상에서도 상당한 경쟁력을 갖는다.

부동산시장 부침 여하에 따라 아파트, 연립·다세대주택 등이 영향을 받는 반면 그나마 단독주택은 이들 상품보다 가격 부침이 덜했던 것은 이처럼 건물분의 가치보다는 토지 가치분이 전체 가액에서 차지하는 비중이 압도적으로 크다는 점에서 기인한다.

단독주택의 또 하나의 강점은 실주거와 더불어 임대수익용 부동산으로서의 가치를 갖는다는 점이다. 단독주택은 1~2가구만으로 구성된 것도 있지만, 도시지역 내 소재한 대부분의 단독주택은 지하 1층에서 지상 2~3층 규모로 5~7가구 이상이 거주하면서 2층이나 3층은 소유주가 살고 나머지는 전세 또는 보증부월세로 임대하는 것이 일반적이다.

따라서 거주라는 실수요 목적을 달성하면서 보증부월세 또는 전세임대를 통해 시중금리 이상의 임대수익을 누릴 수 있고, 임대보증금으로 재투자도 가능하다. 더군다나 지가상승에 따른 차익, 도시형생활주택, 원룸주택, 다가구주택, 연립·다세대 등 여타 상품으로의 개발이 가능해 임대수익, 처분차익, 개발이익 등 일석삼조의 효과를 누릴 수 있는 상품이라는 점에서 상당한 경쟁력을 갖는다. 그만큼 최유효이용 가치가 큰 상품이다.

특히 최근 수년간 2000~2001년 상황에 버금가는 전세대란을 겪고 있는 상황에서 주택임대시장이 최대의 호황기를 맞고 있다. 게다가 신규 입주 및 분양물량 부족, 이명박 정부에서 새로이 도입된 도시형 생활주택 공급을 위한 부지확보 수요 증가 등 단독주택에 대한 꾸

● **단독주택 경매투자의 장단점**

장점	단점
• 시세차익과 임대수익을 누릴 수 있음. • 넓은 토지수반으로 개발이익 향유 • 정원 활용도 제고 (주차장, 텃밭, 옥외파티 등) • 사생활 보호 유리 • 공간 활용도(리노베이션, 리모델링) 높음	• 다른 주택 유형에 비해 잦은 유지보수 • 다수의 임차인 거주로 인한 관리부담 • 환금성 부족과 안전성 미흡 • 냉방 및 난방비 부담이 큼 • 증·개축 부분에 대한 위법건축물 여지 있음. • 토지형상 및 접도조건에 따라 가치에 영향

준한 수요 증가가 예상되고 있다.

그러나 이점이 많은 만큼 단독주택 경매투자에서 주의할 사항도 참 많다. 우선 임차인이 많다. 임차인이 많다는 것은 경매로 매수한 가옥의 명도에 드는 노력이나 비용이 상당해 어려움을 겪을 수 있다는 의미다. 임차인 중 선순위 대항력을 확보한 임차인이 있다면 그 임차인이 배당받지 못한 보증금의 전부 또는 일부를 매수인(경매 낙찰자)이 부담해야 함은 물론이다.

또한 단독주택 특성상 토지 전체가 아니라 일부 지분만 경매로 나오는 경우가 허다하고, 허가받지 않은 증·개축 부분이나 불법적으로 용도를 변경(예컨대 1층 상가를 주택으로)한 주택도 상당수 있다. 간혹 증·개축 부분이 당해 주택의 경매대상에서 제외되어 법정지상권이 성립할 가능성이 있는 물건도 있다. 이런 물건을 경매로 취득하는 경우에는 소유권 행사에 제한이 있거나 하자를 치유하는 데 비용이 추가로 소요될 수 있다.

개발을 위한 목적으로 단독주택을 취득했으나 사실상 개발이 어려운 경우도 있다. 부지에 인접한 도로폭이 차량 접근도 안 될 정도로 지나치게 협소하다거나 도로 형상이 세모꼴, 자루형인 경우가 그것이다. 이러한 부지는 인근 부지와 통합해 개발해야 하는 부담이 있고, 단독 개발하더라도 개발 가능한 부지가 협소해 사업성이 미흡할 수도 있다.

개발하지 않고 개·보수만을 통해 단독주택을 그대로 활용하는 경

구분	전국	수도권	서울
경매진행건수	16,654건	6,076건	1,690건
낙찰률	29.13%	22.75%	21.95%
낙찰가율	74.94%	71.63%	82.26%
입찰경쟁률	3.0 대 1	3.0 대 1	3.0 대 1

자료: 부동산태인(www.taein.co.kr)

우에는 개·보수에 필요한 비용규모도 감안해야 한다. 단독주택은 오래된 것일수록 관리가 허술해 균열, 누수가 발생하기 쉬우므로 이들을 개·보수하는 데도 막대한 비용이 들게 된다.

이처럼 단독주택은 그 특성상 경매를 위한 접근방법이 다른 주택과 다를 수밖에 없다. 즉 아파트나 연립·다세대주택은 특별한 경우(재개발, 재건축)를 제외하고는 현상의 가치를 중시해 입찰 여부를 판단하게 되지만 단독주택은 다량의 토지가 수반된다는 특성상 어떻게 개발해 수익을 낼 것인가, 개·보수하는 데 따르는 비용은 얼마가 드는가, 건물에 대한 하자 치유 및 임차인 명도 시 부담해야 할 금액이 어느 정도인가 등을 면밀히 따져본 후 입찰할 필요가 있음을 반드시 염두에 두어야 한다.

단독주택은 2012년 기준 한 해 전국에서 약 1만 6700건의 경매물건이 등장했다. 월평균 1390건이 경매에 부쳐지고 있고, 이 중 36% 정도가 수도권 물량이다. 낙찰률은 전국 29.13%, 수도권 22.75%를 기록했고, 낙찰가율은 전국 74.94%, 수도권 71.63%를 기록했다.

08 토지 경매할 때 반드시 알아야 할 것들

노무현 정부 이후 불기 시작한 신도시, 기업·혁신도시, 수도 권 경전철 등 각종 개발열풍을 안고 토지 경매가 한동안 과열양상을 보일 정도로 입찰자가 몰리고 낙찰가율이 아파트를 앞지를 정도(수도 권 2003~2005년, 전국 2004~2005년)로 치솟았던 적이 있다.

2005년 8·31대책 이후 이중 삼중의 중첩적인 규제로 토지 경매가 시들해졌지만 이명박 정부 들어 지속되고 있는 부동산 규제완화와 수도권 제2기 신도시 건설, 2013년 박근혜 정부 들어 규제완화에 가속 페달을 밟고 있어 토지시장이 다시금 주목을 받고 있다.

특히 토지를 경매로 취득하는 경우에는 그 토지가 토지거래허가구역 내에 소재한 토지라 하더라도 토지거래허가를 받지 않아도 된다

장점	단점
• 토지거래허가 규제를 받지 않음. • 최유효이용(개발) 가치 수반 • 시세차익 또는 개발 보상이익 향유 • 분할, 합병 등으로 인한 가치상승 여력 충분 • 타 종목에 비해 명도부담이 적음.	• 시세가 정형화돼 있지 않음. • 물건 현장 및 경계 확인의 어려움. • 공법상 규제사항에 따른 활용도 제약 • 법정지상권, 수목지상권, 분묘기지권 문제 • 농지 취득 시의 농지취득자격증명 요함. • 접도조건에 따른 개발 및 가치평가 영향

는 장점이 있다. 따라서 거주지역, 거주기간에 대한 제한 없이 토지를 취득할 수 있으며, 토지 취득 후 의무적으로 사용해야 하는 기간(전매제한기간) 적용도 받지 않기 때문에 경매 취득 후 대금을 납부하고 소유권이전등기를 하는 순간부터 바로 되팔 수 있다.

그러나 아무리 개발호재가 널브러져 있고, 토지거래허가에서 자유롭다고 하더라도 무조건 입찰을 하다가는 예기치 못한 손해를 볼 수 있다. 특히 토지 경매는 여타 부동산과 달리 좀 더 세심한 주의를 요하며, 항상 곳곳에 위험요인이 도사리고 있음을 잊어서는 안 된다.

첫째, 토지 경매는 아파트 등 주거시설이나 여타 다른 물건과 달리 시세를 파악하기가 쉽지 않다. 예컨대 아파트는 지역별, 평형별로 시세가 정형화되어 있으나 토지, 특히 전, 답 또는 임야 등은 그러한 정형화된 가격이라는 것이 없다. 그래서 현장조사 시 정확한 시세 파악이 이루어지지 않는다면 엉뚱한 시세 예측으로 일반매물가격 이상의 고가낙찰이 될 수도 있음을 주의해야 한다.

둘째, 토지는 개발제한구역이라든가 군사시설보호구역 또는 상수

원보호구역 등 각종 공법상의 규제사항들이 많다. 이들 구역은 관련 법률에 의한 건축제한이 상당히 뒤따르기 때문에 취득 후 개발을 고려하고 있는 매수 희망자라면 관할관청이나 온라인 시스템을 통해 토지이용계획확인서를 발급받아 이들 공법상의 규제사항들을 반드시 확인해야 한다. 군사시설보호구역의 경우 관할 행정관서에 의하면 건축이 가능하더라도 군당국의 동의가 없이는 건축이 불가능할 수도 있기 때문이다.

셋째, 경매물건 중에는 지상에 건물, 수목 또는 공작물이 존재하고 있음에도 토지만 경매에 부쳐지는 경우가 있다. 이런 물건은 반드시 법정지상권이 성립하는지를 확인해야 하고, 특히 공사 중단된 구조물이 있거나 전원주택을 개발하기 위해 택지조성을 하던 중 경매로 나온 물건은 공사비 청구를 이유로 한 유치권 문제가 걸림돌이 될 수 있다.

법정지상권이 성립되는 경우에는 대금을 납부하고 소유권이 이전되더라도 법정지상권 존속기간(30년, 15년, 5년) 동안 지상물을 임의로 철거할 수 없으므로 소유권 행사에 제약이 뒤따르게 된다. 물론 법정지상권이 성립하는 경우 토지 낙찰자는 지상물 소유자에게 소정의 지료를 청구해 나름대로의 수익을 거둘 수 있지만, 토지의 가치는 지료보다는 개발에 있다는 점에서 결코 탐탁지 않은 결과다.

법정지상권을 해소하기 위해서는 지상물을 매수해야 하는 부담이 있지만, 법정지상권 외에 유치권이 성립을 주장하는 때도 있고 개발

사업에 대한 인허가를 득한 경우에는 사업권에 대한 양수도 또는 건축주 명의변경 과정에서 상당한 시일이나 비용이 소요될 수 있음에 유의해야 한다.

넷째, 임야를 취득하는 경우 유의해야 할 것 중 하나가 취득하고자 하는 임야 내에 분묘가 소재하는지 여부를 확인해야 한다는 점이다. 관리되고 있는 분묘가 소재하고 있어 이른바 분묘기지권이 성립하는 경우에는 그 분묘를 임의로 개장하거나 이장할 수 없다. 비교적 면적이 협소한 토지가 경매로 나온 경우 그 지상에 분묘가 있다면 분묘로 인한 토지활용도 제한이 절대적일 수밖에 없고, 광대한 면적의 토지라 하더라도 분묘는 그 토지 중 가장 좋다고 하는 명당자리에 안치되어 있기 때문에 역시 토지 이용가치를 떨어뜨리는 요인으로 작용하게 된다.

토지 위로 철탑이 지나거나 고압선이 매설되어 있을 때에도 개발 목적 취득의 경우에는 주의를 요한다. 개발 후 분양을 하더라도 이런 시설들은 혐오시설로 분류되어 분양이 저조할 수밖에 없다.

다섯째, 전답·과수원 등 농지 경매는 농지취득자격증명 제출을 요하는지를 확인해야 한다. 낙찰 후 매각결정기일까지 농지취득자격증명을 제출하지 않으면 낙찰이 불허가되고 법원에 따라서는 입찰보증금까지 몰수한다. 농지취득자격증명 제출을 요하는 경우 법원은 물건명세서에 '농지취득자격증명을 요함'이라는 특별매각조건을 붙이는 것이 통례다.

● 토지 경매동향(2012년 기준)

구분	전국	수도권	서울
경매진행건수	97,391건	27,223건	1,563건
낙찰률	27.33%	19.66%	17.47%
낙찰가율	67.07%	60.30%	58.76%
입찰경쟁률	2.2 대 1	1.9 대 1	1.7 대 1

자료: 부동산태인(www.taein.co.kr)

끝으로 개발소재가 있는 지역의 토지라 할지라도 그 개발소재가 정확한지를 확인한 후에 입찰에 응하고 가급적 개발지역 범위에 해당하여 수용되는 토지보다는 주변 토지를 취득하는 것이 바람직하다. 개발 범위에 포함되는 토지는 수용에 따른 보상차익만 바랄 수 있지만, 주변 토지는 그 가치에 따른 개발, 매매 등을 통해 다양하게 수익을 실현할 수 있다. 신도시나 택지개발로 인한 토지수용으로 대토수요가 발생하면서 주변지역 지가가 상승해 시세차익을 누릴 수 있다는 장점도 있다.

토지 경매물건은 2012년 기준 전국적으로 9만 7400건 정도가 쏟아져 나왔다. 경매물건 전 종목에 걸쳐 가장 많은 물량에 해당한다. 수도권보다는 지방 물량이 많으며, 낙찰률은 전국 27.33%, 수도권 19.66%를 기록했고, 낙찰가율은 전국 67.07%, 수도권 60.30%로 그리 높지 않은 편이다.

09 공장·아파트형 공장, 시세차익에서 임대수익용으로 급부상!

공장이 임대수익용 부동산으로 급부상하고 있다. 서울을 비롯한 수도권은 공장총량제로 인해 공장의 신규 진입이 까다로워짐에 따라 기존 공장을 매입하거나 경매로 취득하려는 수요자들의 발길이 끊이질 않고 있기 때문이다.

더군다나 기존에는 공장을 주로 직접 영업을 위해서나 시세차익을 누리기 위해 취득하는 것이 목적이었으나 최근 수년간 수도권 산업단지 곳곳에 아파트형 공장이 속속 들어서면서부터 임대사업을 위한 투자처로도 인기가 급부상하고 있다.

아파트형 공장이란?

- 아파트형 공장은 산업의 집적을 활성화하고 공장의 원활한 설립을 지원하여 지속적인 산업발전 및 균형 있는 지역발전 그리고 국민경제의 건전한 발전에 이바지함을 목적으로 하는 '산업집적활성화 및 공장설립에 관한 법률'에 근거하여 3층 이상의 집합건축물 안에 6개 이상의 공장이 동시에 입주할 수 있는 다층형 집합건축물을 말한다.
- 아파트형 공장은 서울을 비롯한 수도권 지역의 중소 제조업체가 공장부지의 감소와 수도권정비계획법에 의한 공장총량규제 등의 수도권 공장입지의 규제로 인해 겪고 있는 수도권 내 공장입지의 어려움을 완화하기 위한 대안으로 도입됐다.

경매로 공장 취득 시 장점은 무엇보다 시세에 비해 저렴한 가격에 취득할 수 있다는 점이다. 공장 경매물건 낙찰가율은 2012년 기준 전국 68.62%를 기록했다. 물론 서울은 공장 경매물건의 희소성(동기간 약 300건), 입지적 우수성으로 인해 낙찰가율이 78.56%까지 치솟았지만, 수도권 전반적으로 보면 67.77%로 토지나 근린상가 다음으로 가격경쟁력이 확보되어 있는 종목이다. 공장 경매물건은 2012년 기준 전국적으로 6540건 정도가 경매시장에 등장했고, 이 중 2780건이 수도권 물량이다.

둘째, 공장은 한 번 임대가 되면 임대차관계가 지속되어 비교적 안정적인 임대수익을 바라볼 수 있다는 장점이 있다. 특히 산업단지 내

구분	전국	수도권	서울
경매진행건수	6,538건	2,777건	304건
낙찰률	23.85%	24.05%	26.97%
낙찰가율	68.62%	67.77%	78.56%
입찰경쟁률	2.9 대 1	3.2 대 1	3.5 대 1

자료: 부동산태인(www.taein.co.kr)

에 속한 공장은 이미 공장으로서의 입지가 검증된 곳이고, 물류 기반 시설이 두루두루 잘 갖춰져 있기 때문에 임대나 실수요 차원에서 찾는 사람들이 많다.

셋째, 수도권은 공장총량제 규제로 인해 공장 신축이 사실상 어려울 뿐만 아니라 신축이 가능하다고 하더라도 각종 인허가를 받는 데 상당한 기간이 소요되지만, 경매를 통해 기존 공장을 인수하는 경우에는 까다로운 인허가 과정을 생략하고 기존 공장을 바로 가동할 수 있다는 장점이 있다.

공장총량제란?

- 수도권의 과밀화를 방지하고 국토의 균형발전을 위해 서울특별시·인천광역시·경기도 등 3개 시도에 대해 매년 새로 지을 공장 건축면적을 총량으로 설정하여 이를 초과하는 공장의 신축과 증축을 규제하는 제도를 말한다. 수도권정비계획법에 따라 1994년부터 국가 및 지방공

단 등 산업단지를 제외한 일반 지역에 지어지는 건축물을 대상으로 시행되다가, 이듬해부터 산업단지에 들어서는 건축물도 규제대상에 포함되었다.

- 국토교통부장관은 3년마다 수도권정비위원회의 심의를 거쳐 시도별 공장건축 면적의 총량을 고시해야 한다. 규제대상은 수도권정비계획법 제18조의 규정과 산업집적활성화 및 공장설립에 관한 법률 제2조의 규정에 따라 건축물 연면적이 500㎡ 이상인 공장이다. 건축법상 가설건축물이 공장의 범위에 해당하는 건축물인 경우에도 공장총량제에 의한 규제대상이 된다. 수도권에 한정되기 때문에 수도권공장총량제라고도 한다.

끝으로 공장은 공장저당법에 의거 공장의 토지, 건물 및 기계·기구류가 공장재단을 형성하여 함께 경매에 부쳐지기 때문에 토지, 건물 외에 기계·기구류를 함께 취득할 수 있는 장점이 있다.

다만 간혹 공장 내에 고가의 기계·기구류가 있는 경우 이는 리스 품목이거나 제3자의 소유일 가능성이 있기 때문에 경매에서 제외되고 추후 이들에 대한 명도 및 보관에 대한 문제가 생길 수는 있다. 리스 품목이거나 제3자 소유 물건은 감정평가서에 해당 기계·기구류가 감정에서 제외되므로 감정평가 목록을 확인하면 될 일이다.

공장 취득이 위에서 든 것과 같은 장점만 있는 것은 아니다. 우선 오염물질을 배출하는 공장은 불법 매립되거나 방치된 산업폐기물에

장점	단점
• 안정적 임대수익+시세차익 • 지가상승 및 개발이익 향유 • 공장 인허가 과정 없이 즉시 공장 가동 • 공장(토지, 건물) 외 기계·기구류 함께 취득	• 산업폐기물 처리비용 부담 • 근로자(체불임금) 농성 시 명도 장기화 우려 • 산업단지 내 공장인 경우의 입주업종 제한 • 리스된 고가 기계·기구류 명도 및 보관 부담

대한 처리부담은 고스란히 낙찰자가 떠안게 된다. 산업폐기물 규모가 크면 그 처리비용이 공장 취득가에 버금갈 수 있기 때문에 주의를 요하는 사항이다.

또한 근로임금채권(체불임금)으로 인해 근로자들이 농성을 하는 공장이 있으면 근로자와의 대치과정에서 불상사가 일어나거나 명도가 장기화될 수 있으므로 이 점 역시 유의해야 한다. 임차인이나 소유주가 점유하고 있는 공장보다는 채권단이 관리하고 있는 공장이 명도하기가 훨씬 더 수월하다.

산업단지 내에 속한 공장은 영위하고자 하는 업종이 산업단지 내 입주 가능한 업종이어야 입주계약을 체결할 수 있다는 것도 염두에 둘 일이다. 경매 취득 후 대금 납부일로부터 6개월 이내에 입주계약을 체결하지 못하면 6개월 경과일로부터 1년 이내에 반드시 제3자에게 해당 공장을 매각해야 한다. 입주 희망업종에 대한 입주 가능 여부는 산업단지 관리사무소 및 한국산업단지공단(www.kicox.or.kr) 각

지사(또는 지역본부) 입주경영팀에 문의해보면 알 수 있다.

이처럼 공장은 단점보다는 장점이 더 부각되는 종목이지만 산업단지 내에 있는 공장을 경매 또는 매매로 취득한 후 임대사업을 하기 위해서는 일정한 제한이 있다. 즉 경매 취득 후 곧장 임대사업을 할 수 있는 것이 아니라 취득자 명의로 산업단지 입주업종에 맞는 공장 설립 완료 신고를 하거나 사업개시 신고를 완료한 후 관리기관과 입주계약을 체결하고 나서야 임대사업이 가능하다는 점이다. 취득자가 애당초부터 임대사업을 목적으로 매입했다기보다는 제조업이든 지식산업이든 사업을 영위하기 위해 공장을 취득하려 했다는 것을 증명하기 위한 최소한의 절차인 셈이다.

사업개시 신고를 한 후 얼마 동안 영업을 해야 하는지에 대한 명문 규정이 없으므로 사업개시 신고 후 곧장 임대사업을 할 수는 있으나, 실무상 사업개시 여부(공장시설 구비, 인테리어 등)에 대한 실사를 나오게 되므로 최소한 6개월에서 1년 정도 공장 영업 후 임대사업을 하는 것이 안전하다고 볼 수 있다. 신고한 영업을 하기 위한 노력을 했음에도 사업이 부진해 부득이 공장을 임대사업으로 전환할 수밖에 없었음을 보여주는 것이기도 하다.

임대사업을 하는 경우 임차인이 사업을 영위하는 업종 역시 산업단지 입주업종에 적합해야 함은 물론이고, 임대계약기간은 5년 이상으로 해야 한다. 다만, 임차인의 요청이 있는 경우에는 1년 이상으로 하고 임대계약기간이 만료되기 6개월 전부터 2개월 전까지 사이에 임차인이 계약 갱신을 요구하면 전 임대계약과 동일한 조건으로 5년까지 갱신할 수 있음은 상가건물 임대차와 유사하다.

기계·기구류가 전체 감정평가액에서 차지하는 비중이 지나치게 크다면 이 역시 주의를 요하는 사항이다. 매수인이 사업을 영위하고자 하는 업종에 맞는 기계·기구류가 설치되어 있다면 모를까 그렇지 않다면 기계·기구류는 고철 덩어리로 처분할 수밖에 없으므로 최소한 기계·기구류 감정평가액 이상 유찰이 거듭되고 나서야 입찰을 검토해보는 것이 바람직하다.

그러면 공장 임대사업은 임대수익률이 어느 정도나 발생할까? 2012년 6월에 낙찰된 성남 상대원동 소재 아파트형 공장을 예로 들어보자.

● **아파트형 공장 낙찰사례**

사건번호	2011타경17771
소재지	경기 성남시 상대원동 517–13 중앙인더스피아 3층 309호
감정평가액	310,000,000원
최저경매가	198,400,000원
입찰일	2012년 6월 18일
낙찰가	231,890,000원(74.80%, 3명)
총취득비용	275,000,000원
재임대가	보 2000만/월 200만 원 (연임대수익 2400만 원)
임대수익률	9.4%(100% 자기자본 투자 시)

＊총취득비용: 취득세, 수수료, 체납관리비, 개보수비용 등 제반비용 포함

최초감정가 3억 1000만 원에서 두 차례 유찰되어 1억 9800만 원에 경매에 부쳐진 이 물건은 3명의 입찰경쟁 끝에 감정가의 74.8%인 2억 3189만 원에 낙찰됐다. 취득세(4.6%) 및 법무비용 약 1200만 원, 컨설팅수수료로 부담한 300만 원, 체납관리비 1300만 원, 폐기물 처리 및 개·보수비용 1500만 원 등 본건을 취득하는 데 들어간 비용은 총 2억 7500만 원이 소요됐다.

위치가 워낙 좋았던 탓에 잔금 납부 후 1개월도 채 되지 않아 재임대한 가격은 보증금 2000만 원에 월 200만 원. 연간 2400만 원의 임대수익이 발생하게 됐다. 연간 임대수익을 실투자금액 2억 5500만 원(총 취득가 – 임대보증금)으로 나누면 연간 임대수익률은 무려 9.4%이다.

자기자본율 100%를 가정한 것이지만 사실 이 물건은 1억 5000만 원의 담보대출(연리 4.5%)을 일으켰으므로 실제 투자금액은 1억 500만 원에 불과하다. 연간 대출이자(675만 원)를 고려한 연간 임대수익은 1725만 원으로 실투자액 대비 임대수익률은 무려 16.4%에 이르는 초우량 물건이다.

물론 모든 아파트형 공장 경매물건이 이 사례와 같은 임대수익률을 보일 수는 없지만, 그저 아주 지극히 평범한 사례에서 이런 임대수익률이 나올 수 있다는 것은 아파트형 공장이 임대수익용 부동산으로서도 적합한 종목임을 증명해주는 예가 될 것이다.

10

불황기에 '그'가 선택한
부동산 투자전략

내가 아는 어떤 지인은 주식이나 부동산 투자에서 매우 안정 지향적이다. 가격이 오른다고 매수세에 쉬이 가담하지 않으며, 가격이 떨어진다고 쉬이 손절매하지도 않는다.

또한 정책이나 시장흐름에 좌우되는 투자보다는 투자물건 발굴에서부터 자생력을 갖는 또는 가격경쟁력을 갖는 매물을 발굴하는 데 시간과 노력을 투자한다. 전문가들의 의견이나 전망 또는 일시적으로 반등과 하락을 거듭하는 장세에 부화뇌동하기보다는 시장전망이 가시적으로 확실한 경로를 보일 때까지 기다릴 줄 안다.

특히 불황기에는 원금 손실을 최소화하기 위한 투자전략을 적극 구사한다. 수익을 내더라도 소위 20%, 30% 이상의 대박 수익률은 아니지만 7~10% 정도의 제2금융권 후순위채권 수익률 정도면 족하다. 안정지향적인 '그'의 투자행태를 좀 더 구체적으로 살펴보자.

불황기 안정지향적 투자행태는?

- 미완성 개발호재를 따라간다.
- 아파트의 경우 가급적 오래된 것(25년 이상)을 찾는다.
- 임대수익용 부동산 투자 시 실투자금액 1억 원을 넘기지 않는다.
- 저금리 담보대출은 활용하되 그 대출규모를 최소화한다.
- 지분분양형(또는 구좌형) 상가에는 절대 투자하지 않는다.
- 공동투자, 급급매·경매·할인 미분양 등을 통해 불황 시 리스크를 최소화할 수 있는 투자방법을 선호한다.

첫째, 미완성 개발호재를 따라간다. 완성된 개발호재는 이미 호재가 반영되어 있어 가격이 지나치게 높고, 아직 구상단계이거나 구체화되지 않은 개발호재는 향후 어떻게 변질될지 몰라 투자대상에서 일단 제외한다.

미완성 개발호재는 이미 계획이 구체화되어 있고 개발이 진행 중이라 가격이 올랐을 법도 하지만 개발계획 준공 후의 완성도와 효과에 따른 추가 가격상승에 무게를 둔다.

둘째, 아파트는 무조건 25년 이상 지난 것만 고른다. 새 아파트가 시세형성이 다소 안정적이고 수요층이 많지만 가격이 정점에 이른 아

● 공동주택 재건축 연한(서울시 도시및주거환경정비조례)

[별표1] 〈개정 2012.1.5〉

철근콘크리트·철골콘크리트·철골철근콘크리트 및 강구조 공동주택의 노후·불량 건축물 기준(제3조 제1항 제1호 관련)

준공년도 〉구분	5층 이상 건축물	4층 이하 건축물	비고
1981년 12년 31일 이전	20년 이상	20년 이상	
1982	22년 이상	21년 이상	
1983	24년 이상	22년 이상	
1984	26년 이상	23년 이상	
1985	28년 이상	24년 이상	
1986	30년 이상	25년 이상	
1987	32년 이상	26년 이상	
1988	34년 이상	27년 이상	
1989	36년 이상	28년 이상	
1990	38년 이상	29년 이상	
1991	40년 이상	30년 이상	
1992년 1월 1일 이후	40년 이상	30년 이상	

파트가 대부분이고 향후 뚜렷한 입지적 장점이 뒷받침되지 않으면 세월이 지날수록 경쟁력이 떨어지기 때문이다.

반면 25년 이상 아파트는 재건축 혹은 리모델링 가능성이 있어 개발 후의 추가적인 시세상승 효과를 볼 수 있다. 매매가격이나 전세가격도 새 아파트의 60~70% 수준에 불과해 찾는 수요자도 많아 투자용으로 안성맞춤이다.

준공년한 25년은 절대적인 기준은 아니다. 이는 각 지자체에서 정하고 있는 재건축 연한, 즉 도시정비사업구역으로 지정되기 위한 요건을 갖추고 있는지 또는 그 연한을 얼마나 남겨놓았는지가 기준이다. 예컨대 2013년 기준 새로이 재건축 연한에 도달한 아파트는 서울 기준 1985년에 준공된 아파트다. 준공된 지 28년이 지난 아파트로 재건축할 수 있는 연한이 충족되고, 이 정도면 당연히 리모델링 연한도 충족됨은 물론이다.

셋째, 임대수익용, 특히 오피스텔에 투자할 때도 실투자금액 1억 원을 넘기지 않는다. 투자금액이야 상품에 따라 또는 종별에 따라 달라지기 때문에 절대적인 기준은 없지만, 오피스텔이나 원룸 또는 요즘 등장하는 도시형 생활주택은 규모가 클수록 수익률이 낮다고 인식하고 있다.

대학가 주변이나 역세권에 위치한 오피스텔로서 공급규모 7~12평형 정도, 보증금 500만~1000만 원에 월임대료는 40만~70만 원 정도의 소형 오피스텔이 이에 해당한다. 대출이자를 고려하더라도 실투자금액 대비 임대수익률이 7% 내외 수준이다.

넷째, 레버리지(leverage)는 가급적 활용하되 불황기에는 최소화한다. 차입(대출)을 통한 부동산 투자는 호황기에는 수익률을 높일 수 있는 방법이지만, 불황기에는 담보가치 하락에 따른 간접적인 상환압력이나 처분압력에 내몰릴 수 있기 때문이다.

차입을 하더라도 일정 가이드라인이 정해져 있다. 전체 구입자금 대비 30%를 넘기지 않고, 설령 부동산시장이 호황기라 하더라도

50%를 넘기지 않는다. 임대수익형 부동산은 임대운용수익률이 차입금 금리보다 높을 때 차입을 하는 것은 당연지사다.

다섯째, 상가의 경우 지분분양형(또는 구좌형) 상가에는 절대 투자하지 않는다. 대형 쇼핑몰이 이에 해당한다. 전용률이 30~40%에 불과해 관리부담이 만만치 않을뿐더러 비싼 분양가로 임차인 찾기가 어렵다. 결국 상가 수개 층을 통째로 임대하는 등 키 테넌트(key tenant)를 입점시키는 경우가 많은데 이런 경우에는 분양가 대비 임대수익률이 4%가 채 안 된다.

남들이 좋다 하는 역세권 상가도 기피대상이다. 지가상승이나 역세권 개발 등으로 시세차익은 누릴 수 있겠지만 업종 변경이 잦아 관리부담이 있을 수 있고, 비싼 가격에 매입한 만큼 임대수익률은 이에 미치지 못할 수 있기 때문이다. 가격부담이 덜하고 안정적인 임대수익을 얻는 차원에서 유동인구가 많은 역세권보다는 상주인구가 많은 단지나 주택가 상가이면서 연도변 상권이 중첩된 곳을 주로 찾는다.

끝으로 투자할 때는 가격이 오를 가능성뿐만 아니라 가격이 내릴 경우를 대비하고 투자를 한다. 하나가 투자부담을 최소화하는 것이고, 다른 하나가 가격하락에 대한 리스크를 최소화해 원금 손실을 보지 않는 것이다.

전자는 나 홀로 투자보다는 지인이나 맘에 맞는 사람끼리의 공동투자를 통해 리스크를 분산시키거나 차입금을 없애는 등 자금부담을 최소화하는 것이다. 특히 부동산 가격상승으로 부동산에 대한 투자단위가 커진 반면 투자수익률은 적은 요즘이 공동투자의 최적기다. 금리가 하락해 저금리 기조가 지속되고 있는 것도 그렇다.

후자는 급급매, 경매, 분양가 할인 미분양 등 다양한 수단을 통해 가격경쟁력을 확보하는 차원에서의 투자방법을 일컬음이다. 어느 경우에나 위험이 없는 것은 아니지만, 장래 리스크로서 가장 큰 요인이 자산가치 하락인 만큼 자산가치가 하락하더라도 이에 대한 피해를 최소화하기 위한 차원에서 가급적 싼 가격에 부동산을 구입하라는 뜻이다.

물론 이러한 투자전략은 다소 안정지향적인 투자성향을 지닌 한 개인의 투자방법으로서 이를 일반론으로 격상시키기에는 무리가 있지만 나름대로 성과를 거둬왔던 '그'이기에 투자 가이드 삼아 눈여겨볼 가치는 있을 것 같다.

11 고위험 경매물건의
수익기법은?

경매가 대중화될수록 일반적인 경매물건은 낙찰받기도 어려울 뿐만 아니라 낙찰을 받아도 원하는 만큼의 수익을 내기가 어려워진다. 이 때문에 전문가들 사이에서는 (물론 요즘 일반 참여자들도 늘고 있지만) 일반적이고 평이한 물건보다는 다소 위험해 보이는 물건, 즉 하자 있는 경매물건을 찾는 부류가 부쩍 늘었다.

그러나 하자 있는 경매물건의 경우 고수익을 낼 수 있는 틈새 중의 틈새라고 할 수 있지만 그만큼 위험도 크게 뒤따른다는 것을 알아야 한다. 그렇다면 이들 경매물건은 어떤 위험이 있고, 어떤 과정을 통해 수익이 발생하게 될까? 대표적인 고위험 고수익(high risk high return) 경매물건이라 할 수 있는 유치권을 행사하고 있는 물건, 법정지상권

● 고위험 유형과 고수익 방법

고위험 유형	고수익 방법
유치권이 신고된 물건	• 저렴하게 취득 • 유치권 협의, 소송 및 조정 통해 비용절감 • 물건 재생 후 시가에 매각
법정지상권이 성립하는 물건	• 토지를 저렴하게 취득 • 건물 소유자를 상대로 지료 청구 • 지료 연체 시 건물 경매로 건물 저렴하게 취득 • 토지, 건물 일괄로 매각해 시세차익
지분경매	• 저렴하게 취득 • 건물의 경우 지분 임대수익 발생 • 공유물 분할청구에 기한 토지 건물 전체 매각(현금 분할) • 토지지분 분할 후 매각
예고등기 있는 물건	• 예고등기 원인 되는 소송 결과 예측 • 저렴하게 취득 후 매각

이 성립할 여지가 있는 물건 등을 예로 들어보자.

유치권은 유치권을 행사하고 있는 물건, 예컨대 건물 또는 주택의 공사비 또는 인테리어 비용을 이유로 채권자가 해당 물건을 점유함으로써 성립하는 것으로 낙찰자는 낙찰대금 외에 유치권자가 주장하는 공사대금 또는 인테리어 비용을 추가로 부담해야 한다.

따라서 그 유치권으로 주장하는 금액이 당해 물건의 가액에 비해 상당량을 차지하고 있다면 낙찰자로서도 여간 부담이 아닐 수 없다. 낙찰 후 유치권자와 협의를 하거나 법적 분쟁을 통해 유치권 문제를 해결할 수 있지만, 협의 또는 법적 분쟁과정에서 결코 만만찮은 노력과 비용과 시간이 소요되기 마련이다.

그러한 위험이 도사리고 있는 물건이기 때문에 입찰자들에게는 유치권 해결비용을 고려해 적정 시점까지 유찰이 거듭되기를 기다렸다가 입찰에 임하는 것이 기본 상식으로 되어 있다. 유치권을 주장하는 물건의 경우 대부분 유찰횟수가 3회를 넘기는 경우가 다반사인 것은 이 같은 논리 때문이다.

　유치권을 주장하는 경매물건의 경우 유치권자와의 협의 또는 법적 분쟁을 통해 낙찰자가 부담해야 할 유치권 금액을 얼마나 최소화하느냐가 고수익 창출의 관건이다. 따라서 유치권을 주장하는 자가 누구이고 어떤 원인으로 유치권을 주장하는지(유치권의 성립 여부), 유치권을 주장하는 금액이 적정한지 등을 판단해주는 것이 유치권의 핵심적인 접근방법이라 할 수 있다.

　법정지상권이 성립하는 물건은 어떤 식으로 수익을 낼까? 법정지상권이 성립한다고 하는 것은 구체적인 법리를 떠나 단편적으로 토지 위에 건물이 있는 경우 토지만 경매에 부쳐지거나 건물만 경매에 부쳐진 경우를 말한다.

　토지와 건물 일체의 소유권 취득을 온전한 소유권 취득 및 행사로 여겨온 우리네 입장에서는 토지 또는 건물만의 소유권 취득을 대단한 하자로 보는 관점이 지배적일 수밖에 없다. 자산가치가 아무래도 저평가된다거나 향후 토지만 또는 건물만 매각하기가 어려워지는 등 소유권 행사에 대한 제약의 정도가 심하므로 이러한 물건(토지 또는 건물)은 최저경매가가 감정가의 절반 이하로 떨어지게 되어 있다.

토지를 취득하는 입장에서는 건물주와의 협의나 법원에의 지료청구를 통해 결정된 지료가 주된 수입이다. 지료는 통상 지료를 위한 감정평가액의 5~6% 수준에서 결정되고 있지만, 낙찰가 자체가 워낙 낮으므로 사실상 낙찰가를 기준으로 하는 지료 수준은 7~10%에 이른다. 웬만한 건물의 임대수익보다 더 높은 수익률이다.

　반면 건물만의 취득은 토지만의 취득보다는 수익구조가 다소 열악하다. 토지와 마찬가지로 상당히 저렴한 가격에 건물을 취득할 수는 있겠지만, 토지 소유자에게 일정 지료를 납부해야 하기 때문이다.

　따라서 건물 입찰 당시 임대수익률이 감정가 대비 5%인 건물을 감정가의 50% 수준에 낙찰받았다고 한다면 낙찰가 대비 임대수익률은 10%까지 올라갈 수 있지만, 토지 소유주에게 지급해야 할 지료의 정도에 따라 그 수익률이 5% 이하로 급감할 수 있다. 법정지상권이 성립하는 건물만을 취득하는 경우 건물의 임대현황과 아울러 협의나 소송을 통해 결정될 지료의 수준이 어느 정도인지를 우선하여 예상해봐야 하는 이유다.

　이 밖에 선순위 대항력 있는 임차인이 거주하고 있으나 보증금의 전부 또는 일부를 배당받지 못하는 물건, 선순위로 전입되어 있으나 임차인 여부가 불분명한 물건, 공유물 분할청구를 통해 수익을 창출할 수 있는 지분경매, 소유권 또는 저당권의 진정성 여부를 다투는 소송 결과에 따라 득이 될 수도 있고 독이 될 수도 있는 예고등기 있는 물건의 경매 등도 모두 고위험군에 속한다.

어느 경우에나 정도의 차이는 있더라도 말 그대로 권리상 중대한 하자(문제)가 있어 유찰이 거듭되고 낙찰가율이 평균 낙찰가율에 훨씬 미치지 못할 뿐만 아니라 경쟁률도 낮아 낙찰받기가 쉬운 물건들이다. 반면 하자를 치유하거나 수익을 내는 과정에서 상당한 노력과 시간과 비용이 소요되고, 그 위험의 성격에 따라 입찰에 접근하는 방법이나 수익을 내는 방법이 제각각 다르므로 전문가적인 소양이 있어야 하는 물건들이기도 하다.

그럼에도 가급적 더 싸게 취득해야 한다는 시대적 요구에 부응해 하자 있는 경매물건을 찾는 입찰자가 늘고 있다. 경매물건을 고르는 입찰자들의 수준이 한 단계 격상됐음을 느끼기에 앞서 고수익에만 집착하다 패착의 우를 범하지 않을까 심히 염려스럽기만 하다.

고위험 경매물건에 대한 정의를 다시 내려야 하나?

2010년 5월 18일 인천지방법원 경매법정. 감정가 9억 5076만 원에서 한 차례 유찰되어 6억 6553만 원(70%)에 경매에 부쳐진 인천 남동구 장수동 소재 공장의 낙찰가는 9억 5500만 원. 낙찰가율이 100.45%로 감정가를 넘겼을 뿐만 아니라 입찰경쟁도 16명이나 붙었다.

5월 10일 서울동부지방법원 경매법정에서는 감정가 6억 원에 역시 한 차례 유찰되어 4억 8000만 원에 경매에 부쳐진 광진구 자양동 소재 자양우성3차아파트 31평형이 14명이 치열하게 경합한 끝에 감정가의 94.23%인 5억 6535만 원에 낙찰됐다.

이보다 앞선 3일에는 감정가 1억 원에 첫 경매에 부쳐진 가평군 청평면 고성리 소재 임야 3339㎡가 감정가의 3배에 달하는 2억 8578만 원에 낙찰된 바 있다. 경쟁입찰자는 14명.

물건의 우량성 여부에 따라 감정가를 넘겨 낙찰될 수도 있고 수십 명씩 입찰경쟁이 붙을 수도 있지만, 당시 수도권 경매시장 동향을 보면 그리 좋은 편이 아니었기 때문에 위 고가 낙찰된 사례들에서 다소 의아한 느낌을 지울 수 없다.

당시 수도권 경매동향을 보자. 2010년 4월 공장 평균 낙찰가율은 62.59%로 2009년 10월 79.19% 이래 줄곧 하락세를 면치 못했고, 토지 역시 2009년 11월 83.7%를 끝으로 내림세를 거듭해 2010년 4월에는 73.1%까지 뚝 떨어졌다.

같은 기간 아파트의 경우 평균 낙찰가율은 80.7%로 당시 최근 1년래 정점을 이뤘던 2009년 9월 90.5% 이후 10%p가량 급락했고, 입찰경쟁률 역시 6.8 대 1을 기록했던 2010년 2월에 비해 4월에는 4.5 대 1로 입찰자가 1/3가량 줄었다. 낙찰률은 29.0%로 2009년 1월 25.6%를 기록한 이래 16개월 만에 최저치를 기록했다.

이런 상황에서 평균치 이상의 압도적인 낙찰가율이나 입찰경쟁률을 보이고 있는 위의 사례들이 결코 대수롭지 않게 여겨지는 것이 당연하지만 특히나 이들이 기록한 낙찰가율이나 입찰경쟁률이 더 이해되지 않는 것은 이들 물건이 그저 평범한 물건은 아니라는 점이다.

개발호재가 있는 초우량물건이라는 것을 얘기하자는 것이 아니라 바로 문제가 있는 물건, 즉 고위험 경매물건이라는 것이 사례의 핵심이다. 고위험 경매물건이 무엇인가? 정도의 차이는 있더라도 말 그대로 권리 또는 물건에 중대한 하자(문제)가 있기 때문에 하자를 치유하거나 수익을 내는 과정에서 상당한 노력과 시간과 비용이 소요되는 물건이다.

또한 그 위험의 성격에 따라 입찰에 접근하는 방법이나 수익을 내는 방법이 제각각 달라 전문가적인 소양이 필요한 물건으로 일반인들이 쉽게 접근할 수 없는 물건이기도 하다. 그런 이유로 일반경매물건에 비해 유찰이 거듭되고 낙찰가율이 평균 낙찰가율에 훨씬 미치지 못할 뿐만 아니라 경쟁률도 낮아 낙찰받기가 쉬운 물건이 바로 하자 있는 경매물건이다.

고위험 경매물건의 유형은 다양하지만 유치권 주장, 법정지상권 성립, 선순위 대항력 있는 임차인의 존재, 예고등기, 건물의 지분경매, 선순위 가처분등기 있는 물건이 대표적이라 할 수 있다.

사례에서 장수동 공장은 현장에 유치권을 주장하고 있다는 현수막이 나붙어 있는 물건이고, 자양동 우성3차아파트는 임대차관계가 미상인 선순위 전입자가 있는 물건이며, 청평면 소재 임야 역시 유치권이 신고되었을 뿐만 아니라 분묘기지권 성립 여부까지 문제시됐던 물건이다.

유치권이 성립된다고 한다면, 예컨대 건물 또는 주택의 공사비 또는 인테리어 비용, 전원주택지 조성비용 미지급 등을 이유로 채권자가 해당 물건을 점유하고 있다면 낙찰자는 낙찰대금 외에 유치권자가 주장하는 공사비용 등을 추가로 부담해야 한다.

따라서 그 유치권으로 주장하는 금액이 당해 물건의 가액에 비해 상당량을 차지하고 있다면 낙찰자로서도 여간 부담이 아닐 수 없다. 낙찰 후 유치권자와 협의를 하거나 법적 분쟁을 통해 유치권 문제를 해결할 수 있지만 협의 또는 법적 분쟁과정에서 결코 만만찮은 노력과 비용과 시간이 소요되기 마련이다.

그러한 위험이 도사리고 있는 물건이기 때문에 입찰자들에게는 유치권 해결비용을 고려해 적정 시점까지 유찰이 거듭되기를 기다렸다가 입찰에 임하는 것이 기본 상식으로 되어 있다. 유치권을 주장하는 물건의 경우 대부분 유찰횟수가 3회를 넘기는 것은 이 같은 논리 때문이다.

위 사례들도 하나같이 하자 있는 고위험 물건의 전형이라 할 수 있지만 일반물건 이상의 낙찰가율과 입찰경쟁률을 기록했다. 이를 어떻게 해석해야 할까? 작금의 이러한 상황을 태동시킨 근본적인 원인을 찾자면 경매 저변인구 확대와 고위험 고수익 물건에 대한 향수 및 경매정보의 질적 향상에서 찾을 수 있다.

우선 경매저변인구 확대와 고위험 고수익 물건에 대한 향수 측면에서 살펴보자. 해가 거듭될수록 경매참여인구가 늘어나면서 일반적이고 평이한 물건에 대한 경쟁이 치열해져 낙찰받기가 어려워졌다. 최근 부동산시장마저 침체되면서 소위 경매를 통해 짭짤한 수익을 올릴 수 있는 물건도 흔하지 않게 됐다.

시세보다 싸게 살 수 있다는 경매시장의 메리트가 반감되면서 상대적으로 고위험 고수익 물건, 즉 하자 있는 경매물건에 대한 관심이 커졌다. 즉 불황기에 빛을 발하는 재테크 수단이 경매라는 인식에서 한 걸음 더 나아가 경매 중의 꽃이라 할 수 있는 하자 있는 물건이 고수익을 가져다준다는 경험칙상의 향수를 불러일으키게 됐다.

그 향수가 그간 고위험 경매물건을 독점하다시피 한 전문가로부터 일반인들에게까지 확대되면서 그 하자의 진정성 여부를 떠나 입찰경쟁만 높여주는 결과를 낳게 됐다.

고위험 경매물건에 대한 관심 증폭은 경매정보의 질적 향상 측면에서도 찾을 수 있다. 즉 대법원 경매정보를 비롯한 각 민간 경매정보업체 간 정보특화경쟁이 치열해지면서 입찰자들이 질적으로 우수한 경매정보를 접할 수 있는 기회가 많아졌다는 점이다.

과거 단순 경매 기본정보만 제공되던 것이 최근에는 고위험 경매물건(유치권, 법정지상권 등)에 대한 분석보고서를 비롯해 현장조사보고서까지 제공하고 있어 고위험 경매물건의 위험성과 하자처리에 대한 입찰자들의 예측 가능성을 높여주는 데 기여하고 있다. 이전에는 고위험 경매물건이었지만 하자분석 정보를 통해 상당수 물건의 하자가 치유된 채로 경매에 부쳐지는 것과 다름이 없어졌다.

이러한 일련의 과정을 통해 하자가 더 이상 하자가 아닌 채, 정확하게는 그 하자에 대한 정보가 적나라하게 노출된 채 경매에 부쳐지게 됨에 따라 고위험 경매물건에 대한 정의도 새롭게 내려야 할 때가 온 것 같다. 경매정보의 질적 향상을 통해 입찰자들의 권리분석에 대한 부담이 상당수 줄어들게 되면서 고위험 경매물건에 대한 입찰자가 늘어났고, 그러면서 고위험 경매물건은 잘만 하면 높은 수익을 낼 수 있다는 투자원칙이 더 이상 통용되기 어렵게 됐다.

이는 역설적으로 수익을 극대화시킬 수 있는 물건을 찾으려면 그저 눈에 보이는 단순한 고위험 물건이 아니라 진정한 하자 있는 고위험 물건을 찾기 위한 노력이 경주되어야 함을 보여주는 것이기도 하다.

6장

경매절차에 관한
불편한 진실들

01 경매에 대한 행복한 상상
_경매제도 이렇게 바뀌었으면!

＊ 다음은 실제 상황이 아니라 가상으로 그려본 경매시장 풍속도이므로 독자 여러분의 오해가 없기를 바란다.

2013년 7월의 어느 날. 부동산시장 한파에도 불구하고 전국 경매법정은 몰려드는 입찰자들로 그야말로 발 디딜 틈 없이 붐볐다. 그간 입찰자들을 괴롭혔거나 불편하게 했던 경매제도가 민사집행법 개정으로 2013년 7월 1일부터 상당 부분 개선됐기 때문이다.

몰려드는 입찰자들을 수용하기 위해 그간 전국의 지방법원은 법원 내 가장 넓은 곳으로 경매법정을 옮기거나 장소 확보가 쉽지 않은 법원은 주변의 대형 빌딩을 임차해 임시 경매법정으로 활용하는 등 입찰자 편의를 위한 최대한의 조치를 마련했다. 민사집행법 개정에 따라 새롭게 개선된 경매절차나 경매제도로는 어떤 것이 있는지 상상으로 그려보자.

#1. **입찰자들의 현장답사에 대한 부담이 없어졌다.** 우선 경매를 위한 감정평가도 첫 매각기일 1개월 전에 시세를 반영해 평가하도록 의무화함으로써 감정시점과 입찰시점에서 오는 감정가와 시세 간 격차가 상당 부분 해소됐다.

또한 감정평가서에는 건물의 내부구조나 개보수 현황, 하자 등에 대한 내용이 사진과 함께 상세히 기록되어 있고, 법원매각물건명세서에는 집행관 현황조사를 통해 임대차내역(전입, 점유현황, 보증금 등)이 빠짐없이 기록되어 있다.

이는 임차인이 거주하는 경우 배당요구를 하고 안 하고는 여전히 임차인 고유 권한이지만 전입일자, 확정일자, 보증금, 임대차기간 등 임대차내역에 대한 권리를 반드시 신고하도록 했기 때문이다. 따라서 과거처럼 감정평가서나 매각물건명세서상의 임대차내역에서 종종 보아왔던 '폐문부재' '임대차미상'이라는 문구를 이제는 더 이상 찾아볼 수 없다.

더불어 감정평가서의 명백한 오류로 인해 낙찰자가 피해를 본 경우 이에 대한 손해배상을 청구할 수 있음을 명문화했다.

#2. 권리분석에 대한 입찰자의 부담도 상당 부분 완화됐다. 매각허가결정을 위해서는 일정 요건을 갖추어야 하는 경우, 예컨대 농지취득자격증명, 학교법인 소유 부동산 매각 시의 관할관청의 허가가 필요한 경우 해당 관청에 신청하면 이유를 불문하고 증명원이나 허가서를 4일 내 발급해주도록 의무화했다.

또한 예고등기가 있는 물건을 낙찰받은 경우 그 예고등기의 원인이 되는 소송 결과(원고 승소 또는 패소)가 확정되기까지는 매각허가결정이 보류되며, 그 소송 결과가 낙찰자에게 불리하게 적용되는 경우에는 낙찰자가 매각불허가신청을 할 수 있도록 했다.

유치권에 대한 부담도 상당 부분 해소됐다. 관련법이 개정되면서 등기된 부동산에 대해서는 유치권을 행사하지 못하는 대신 건물을 저당 잡아 못 받은 공사비 등을 받을 수 있게 했다. 반면 건물공사가 진행 중인 미등기 부동산에 대해서는 유치권을 행사할 수 있도록 했으나 이 경우 또는 유치권 소송이 제기된 경우에는 유치권자도 배당에 참여해 우선순위에 따라 낙찰대금에서 공사대금을 회수할 수 있도록 개정됐다.

다만 사안의 중대성을 감안해 법안 개정 후 시행까지 1년간의 유예기간을 두고 이 기간 동안의 유치권 남용을 막기 위해 유치권신고 시 유치권을 주장하는 금액의 30%에 해당하는 금액을 보증으로 제공하도록 했다.

만약 낙찰자와의 유치권 분쟁에서 유치권자가 패소하는 경우에는 보증으로 제공한 유치권 보증금 30%가 몰수되기 때문에 유치권신고 사례를 매우 급감시키는 효과를 일궈냈다. 물론 유치권 분쟁에서 유치권자가 승소하거나 낙찰자와의 원만한 협의를 통해 유치권 분쟁이 해결된 경우 유치권 보증금은 환급된다.

그간 숱하게 개선 필요성이 제기됐던 공유자우선매수신청제도도 일반 입찰자에게 유리하게 바뀌었다. 과거 제도 하에서는 공유자우선매수신청이 있는 물건의 경우 다른 입찰자가 최고가매수인으로 선정되었다고 해도 공유자에게 소유권이 넘어가는 경우가 허다했다. 또 우선매수권을 행사해놓고 입찰 당일 보증을 제공하지 않고 결과적으로 우선매수권 행사를 철회함으로써 해당 물건이 유찰되기 일쑤였다.

그러나 지금은 공유자우선매수권 행사를 1회로 제한하는 것으로 법이 개정됐고, 1회 행사 이후에 하는 공유자우선매수권 행사는 입찰시간 내에 입찰보증금을 제공하도록 규정을 강화했다. 입찰자 유무에 따라 우선매수권을 행사하는 것이 아니라 일반 입찰자와 동등한 자격에서 우선매수권을 행사하도록 한 것이다.

따라서 섣불리 우선매수를 신청하는 공유자가 급감하게 됐고, 여전히 공유자우선매수신청 여부가 사전에 공지되기 때문에 공유자가 아닌 입찰자들이 공유물에도 맘 편하게 입찰할 수 있게 됐다.

#3. 입찰할 때 입찰보증금을 지참할 필요가 없어졌다. 공매처럼 각 지방법원이 개설한 경매전용계좌에 입찰보증금에 상당하는 금액 이

상을 입찰 마감시한까지 예치하면 되기 때문이다.

아직 전자입찰시스템이 갖춰져 있지 않아 입찰(입찰표 작성 및 투함)을 법원 현장에서 하는 번거로움은 여전하다. 다만 입찰표는 그간 법원에서만 교부됐지만 7월 1일부터는 법원이 지정하는 금융기관에서도 수시로 교부할 수 있게 됐다.

따라서 입찰일 이전에도 집에서 입찰표를 작성해볼 수 있어 입찰표 작성 실수를 줄일 수 있게 됐다. 차이가 있다면 법원에서는 입찰표 교부를 무료로 하지만 금융기관에서는 입찰표, 입찰봉투 1세트(보증금 봉투는 없어짐) 기준 300원 유료 판매한다. 기간입찰은 실효성이 없어 2010년 7월 1일부터 폐지됐다.

공매와 같은 전자입찰시스템을 마련하고 있다는 소식도 들린다. 전자입찰시스템이 마련되면 굳이 법원에 가지 않아도 입찰할 수 있기 때문에 보증금 지참에 대한 부담, 서류 미비로 인한 입찰무효, 법원을 오가는 데에 따르는 사회적 비용 증가 등 그간 입찰자들이 부담스러워했던 상당 부분이 개선될 것으로 전망되고 있다.

#4. **입찰표 양식도 변화됐다.** 과거 입찰금액을 숫자로만 기입했지만 지금은 숫자와 함께 한글로도 금액을 기재할 수 있도록 했다. 숫자와 한글로 기재한 금액이 서로 다른 경우에는 한글로 기재한 금액을 우선하도록 했으며, 이로 인해 입찰가를 잘못 기재하거나 '0'을 하나 더 붙여 입찰하는 실수로 인해 피해를 보는 사례가 거의 없어졌다.

기술한 바와 같이 입찰표도 입찰법정에서만 배부하는 것이 아니라 곳곳에 있는 금융기관에서도 배부받을 수 있기 때문에 미리 입찰표를 작성해봄으로써 입찰 당일 입찰표 작성 실수로 인한 입찰무효 사례가 상당수 줄어들었다.

#5. 대금납부기한제가 변함없이 유지되고 있지만, 입찰보증금을 뺀 나머지 매각대금을 일시불로 납부했던 과거와 달리 요즘은 매각대금을 중도금 2회와 잔금 등 총 3회에 걸쳐 납부할 수 있도록 했고, 대금납부기한도 매각허가확정 후 1개월에서 3개월 기한으로 확대됐다.

물론 대금이 준비된 낙찰자는 기한 내 언제든지 일시불 납부가 가능하며, 채무자(소유자)도 이 확대된 기한 동안 채무변제를 통해 경매를 취하시킬 수 있다. 낙찰자와 아울러 채무자를 위해 개선한 제도라고 할 수 있다.

이처럼 경매제도의 상당 부분이 입찰자에게 우호적으로 바뀜에 따라 경매가 재테크 수단으로 확고히 자리를 잡을 수 있는 기틀이 마련됐다. 그래서인지 전국 각 경매법정에는 경매물건을 취득하고자 하는 수요자들이 몰려들어 입찰경쟁률이 높아졌다.

그러나 여전히 법정지상권, 무잉여 등 복잡한 권리관계나 경매물건의 가장 큰 걸림돌인 매각물건의 명도(인도)에 대한 문제 등 경매물건에 대한 리스크 요인이 상존해 있고 부동산시장 침체로 낙찰가율이 시세의 80% 내외 수준에 머물고 있는 상황이다. 경기침체 장기화로 경매물건은 연 40만 건을 돌파해 가격 면에서나 물량 면에서 최적의 경매투자 여건이 조성됐다.

당초 민사집행법 개정 시 가장임차인, 배당액이 전혀 없는 후순위 대항력 없는 임차인, 역시 배당액이 전혀 없는 소유자 등의 점유자가 점유하고 있는 물건의 경우에는 채권자의 신청에 의해 법원에서 첫 매각기일이 실시되기 전까지 명도를 마무리한 상태에서 경매를 진행하는 방안도 논의됐다.

그러나 이 방안은 경매 진행 도중의 취하, 임차인의 가장성에 대한 사전 판별의 어려움, 지나친 인권 및 주거권 침해 등을 이유로 당장 도입하지는 못하고 추후 논의를 거쳐 대안을 마련하기로 했다.

02 집행기록 열람을 허(許)하라

등기부등본, 전입세대 열람, 경매사건목록(감정평가서, 매각물건 명세서, 임대차현황조사서), 건축물대장, 토지대장, 토지이용계획확인서 등은 경매투자 또는 경매 컨설팅을 하면서 반드시 열람해야 할 서류들이다.

이들 서류는 전산으로나 발급 장소에서 별 규제 없이 발급 또는 열람이 가능하지만, 정작 입찰자들이 가장 중요하게 여기는 한 가지 서류가 열람이 안 되고 있다. 바로 경매집행기록이다.

민사집행법이 시행(2002년 7월 1일)되기 전에는 경매사건목록과 더불어 집행기록도 열람을 허용했다. 다만 차이가 있다면 경매사건목록은 매각기일 1주 전부터 경매계에 비치해 열람을 허용하고 있지만,

집행기록은 매각기일 당일에만 경매법정에 비치해 두고 약 1시간 정도의 열람시간만 허용했다는 점이다.

경매사건목록과 집행기록은 어떤 차이가 있을까? 경매사건목록은 그냥 경매정보로서의 기능을 갖는 자료로 기본적으로 매각물건명세서와 임대차현황조사서 및 감정평가서로 구분된다. 굳이 경매사건목록을 보지 않더라도 매각기일 2주 전부터 온라인으로 공개되는 대법원경매정보를 통해서나 민간 경매정보업체에서 제공하는 온라인 경매정보를 통해서도 볼 수 있는 자료다.

반면 집행기록은 경매사건목록에 있는 자료 외에 경매신청에서부터 매각기일까지의 경매 진행과정에서 접수된 모든 서류는 물론 매각 후 배당이 이루어지기까지 추가로 접수되는 서류들이 총 망라돼 편철되어 있다.

예컨대 경매신청서, 각 이해관계인에의 문서 발송 및 송달 내역(물론 요즘에는 이것도 대법원 법원경매정보를 통해 공개되고 있다), 각 채권자들의 권리신고 및 배당요구 내역, 유치권신고 내역, 경매 관련 각종 소송진행 내역, 불허가신청 내역, 입찰자가 제출한 입찰표 등이 함께 편철되어 있는 것이 집행기록이다.

입찰자로서는 사전(입찰 전)에는 이미 공개된 정보와는 다른 내용이나 경매함정이 없는지를 확인하기 위한 수단으로서, 사후(낙찰 후)에는 경매절차상의 하자나 권리상의 중대한 하자 등 매각불허가신청 사유를 발견하기 위한 수단으로 활용할 수 있는 매우 중요한 자료다.

그렇게 중요한 자료인데도 민사집행법은 집행기록 열람을 이해관계인에 한해 허용(법 제9조 참조)하면서 그 이해관계인의 범위에 압류채권자와 집행력 있는 정본에 의해 배당을 요구한 채권자, 채무자 및 소유자, 등기부에 기입된 부동산 위의 권리자, 부동산 위의 권리자로서 그 권리를 증명한 사람으로만 한정했다.

부동산 등에 대한 경매절차 처리지침 제53조에도 민사집행법에 의한 매각절차의 이해관계인 외 집행기록을 열람할 수 있는 자의 범위를 최고가·차순위매수신고인, 가압류·가처분채권자로 확대해놓았

● **경매(집행)기록을 열람·복사할 수 있는 이해관계인**

구분	이해관계인의 범위
민사집행법 제90조	• 압류채권자와 집행력 있는 정본에 의해 배당을 요구한 채권자 • 채무자 및 소유자 • 등기부에 기입된 부동산 위의 권리자 • 부동산 위의 권리자로서 그 권리를 증명한 사람
부동산 등에 대한 경매절차 처리지침 제53조	• 파산관재인이 집행당사자가 된 경우의 파산자인 채무자와 소유자 • 최고가매수신고인과 차순위매수신고인, 매수인 • 민법·상법, 그 밖의 법률에 의해 우선변제청구권이 있는 배당요구채권자 • 대항요건을 구비하지 못한 임차인으로서 현황조사보고서에 표시되어 있는 사람 • 건물을 매각하는 경우의 그 대지 소유자, 대지를 매각하는 경우의 그 지상 건물 소유자 • 가압류채권자, 가처분채권자(점유이전금지가처분 채권자를 포함한다) • 부도공공건설임대주택 임차인 보호를 위한 특별법의 규정에 의해 부도임대주택의 임차인대표회의 또는 임차인 등으로부터 부도임대주택의 매입을 요청받은 주택매입사업시행자

지만 그 어디에도 사전의 입찰예정자는 포함돼 있지 않다.

왜 민사집행법은 경매 입찰하려는 일반인들에게 집행기록을 열람하는 것을 금지했을까? 이유는 간단하다. 집행기록 열람을 허용한 결과 집행기록이 심하게 훼손되는 것은 물론 집행기록에 낙서를 하거나, 심지어 내용을 변조·위조하는 등의 문제가 발생해 선의의 피해자가 생길 수 있다는 이유에서다.

이유야 타당하지만 갈수록 경매참여인구가 많아지고 있고, 정보공개청구에 대한 범위가 점차 넓어지고 있다는 점, 경매법원은 경매물건 판매자로서 역할뿐만 아니라 판매할 물건에 대한 더욱 완벽한 정보를 제공할 필요가 있다는 점에서 집행기록 열람을 제공해야 하지 않을까 한다. 물론 집행기록이 훼손될 문제가 없지 않지만 이 문제는 원본을 비치하지 말고 복사본을 비치하거나 온라인으로 열람을 허용하면 될 성싶다.

이와 더불어 공개범위를 넓혀야 할 것이 한 가지 더 있다. 상가 경매물건에서 중요한 정보라고 볼 수 있는 사업자등록 사항(임차인, 사업자등록일, 임대차기간, 임대조건, 확정일자 등)이다. 현재 상가건물임대차보호법에 의거 사업자등록 사항 열람은 상가건물의 임대차에 이해관계가 있는 자에게만 열람을 허용(법 제4조, 시행령 제3조 참조)하고 있어 이해관계인이 아닌 일반 입찰참여자는 사업자등록 사항을 열람할 수 없다.

상가보다 더 사생활 보호에 대한 요구수준이 높다고 할 수 있는 주택은 근거 규정(주민등록법 제29조 제2항 제2호 관계 법령에 따른 소송·비송사건·경매목적 수행상 필요한 경우)을 두어 읍·면·동사무소에서의 전입세대 열람을 허용하고 있다. 그럼에도 뚜렷한 이유 없이 상가 경매 물건에 대한 사업자등록 사항을 열람할 수 없게 하는 것은 이해하기 어렵다.

상가 경매물건이 주택 경매물건에 미칠 정도로 물량이 적지 않고 사업자등록 사항에 대한 열람수요가 많다는 점에서 주택처럼 근거 규정을 마련하여 열람을 허용하는 것이 옳다.

물론 경매 관련 정보가 속속들이 공개되는 경우 입찰자들이 많아지고 낙찰가율이 올라가게 되어 경매가 별 재미없을 것이라는 얘기도 나올 수 있지만, 그 정도 공개되는 것으로 경매시장이 급속도로 과열되지는 않는다. 경매는 여전히 권리에 하자가 있는 물건이 많고 점유자를 명도하는 데 어려움이 많기 때문이다.

정보가 공개됨으로써 경매가 과열되고 재미없음을 염려하기보다는 입찰참여자에게 좀 더 정확한 정보를 제공하고 그럼으로써 경매시장을 활성화시키고 입찰사고로 인한 피해를 줄일 수 있다는 점에 더 큰 명분을 둬야 하지 않을까? 경매시장이 활성화되면 매각을 주간하는 법원은 물론 채권자나 채무자(소유자), 임차인 등 이해관계인에게도 좋은 결과가 생기는 법이다.

03 농지취득자격증명에 대한 소고(小考)

전·답·과수원 등 이른바 농지를 경매로 취득할 때에는 농지취득자격증명(이하 '농취증'이라 함)을 제출해야 한다. 매각 후 매각결정기일(7일) 이내까지로 정해진 기간 안에 농취증을 제출하지 못하면 매각이 불허가되고 일부를 제외한 대부분 법원이 매수신청보증금을 몰수하기도 한다.

농취증은 농업경영을 목적으로 하는 것과 주말·체험영농을 목적으로 하는 것 두 가지로 나뉜다. 전자는 농취증 신청 시 신청서 외에 농업경영계획서를 제출해야 하지만, 후자는 신청서만 제출하면 되고 대상 면적이 1000㎡ 미만(세대원 합산)이어야 한다는 차이가 있다.

● 농지취득자격증명신청서 서식 예

농지취득자격증명신청서

※ 뒤쪽의 신청안내를 참고하시기 바라며, 색상이 어두운 란은 신청인이 작성하지 않습니다.　　(앞쪽)

접수번호		접수일자		처리기간	4일 (농업경영계획서를 작성하지 않는 경우에는 2일)		

농지 취득자 (신청인)	① 성 명 (명 칭)		② 주민등록번호 (법인등록번호)		⑤ 취득자의 구분			
	③ 주 소				농업인	신규 영농	주말· 체험영농	법인 등
	④ 전화번호							

취득 농지의 표시	⑥ 소 재 지				⑦ 지번	⑧ 지목	⑨ 면적(㎡)	⑩ 농지구분			
	시·군	구·읍·면	리·동					농업진흥지역		진흥지역 밖	영농여건 불리농지
								진흥구역	보호구역		

⑪ 취득원인						
⑫ 취득목적	농업경영		주말· 체험영농		농지전용		시험·연구· 실습지용등	

「농지법」 제8조 제2항, 같은 법 시행령 제7조 제1항 및 같은 법 시행규칙 제7조 제1항 제2호에 따라 위와 같이
농지취득자격증명의 발급을 신청합니다.

　　　　　　　　　　　　　　　　　　　　　　　　　　　　　　　　　　년　 월　 일

　　　　　　농지취득자(신청인)　　　　　　　　　　　　　　　　　(서명 또는 인)

시장·구청장·읍장·면장　귀하

첨부서류	1. 별지 제2호서식의 농지취득인정서(법 제6조 제2항 제2호에 해당하는 경우만 해당합니다) 2. 별지 제4호서식의 농업경영계획서(농지를 농업경영 목적으로 취득하는 경우만 해당합니다) 3. 농지임대차계약서 또는 농지사용대차계약서(농업경영을 하지 않는 자가 취득하려는 농지의 면적이 영 제7조 제2항 제5호 각 목의 어느 하나에 해당하지 않는 경우만 해당합니다) 4. 농지전용허가(다른 법률에 따라 농지전용허가가 의제되는 인가 또는 승인 등을 포함합니다)를 받거나 농지전용신고를 한 사실을 입증하는 서류(농지를 전용목적으로 취득하는 경우만 해당합니다)	수수료: 「농지법 시행령」 제74조에 따름
담당 공무원 확인사항	법인 등기사항증명서(신청인이 법인인 경우만 해당합니다)	

210mm×297mm[백상지 80g/㎡]

기재 시 유의사항

①란은 법인에 있어서는 그 명칭 및 대표자의 성명을 씁니다.
②란은 개인은 주민등록번호, 법인은 법인등록번호를 씁니다.
⑤란은 다음 구분에 따라 농지취득자가 해당되는 란에 ○표를 합니다.

　　가. 신청당시 농업경영에 종사하고 있는 개인은 "농업인"
　　나. 신청당시 농업경영에 종사하고 아니하지만 앞으로 농업경영을 하려는 개인은 "신규영농"
　　다. 신청당시 농업경영에 종사하지 아니하지만 앞으로 주말·체험영농을 하려는 개인은 "주말·체험영농"
　　라. 농업회사법인·영농조합법인, 그 밖의 법인은 "법인 등"

[취득농지의 표시] 란은 취득대상 농지의 지번에 따라 매 필지별로 씁니다.
⑧란은 공부상의 지목에 따라 전·답·과수원 등으로 구분하여 씁니다.
⑩란은 매 필지별로 진흥구역·보호구역·진흥지역 밖으로 구분하여 해당란에 ○표를 합니다.
⑪란은 매매·교환·경락·수증 등 취득원인의 구분에 따라 씁니다.
⑫란은 농업경영 / 주말·체험영농 / 농지전용 / 시험·연구·실습용 등 취득 후 이용목적의 구분에 따라 해당란에 ○표를 합니다.

※ 농지취득 후 농지이용목적대로 이용하지 아니할 경우 처분명령 / 이행강제금 부과 / 징역·벌금 등의 대상이 될 수 있으므로 정확하게 기록하여야 합니다.

처리절차

이 신청서는 무료로 배부되며 아래와 같이 처리됩니다.

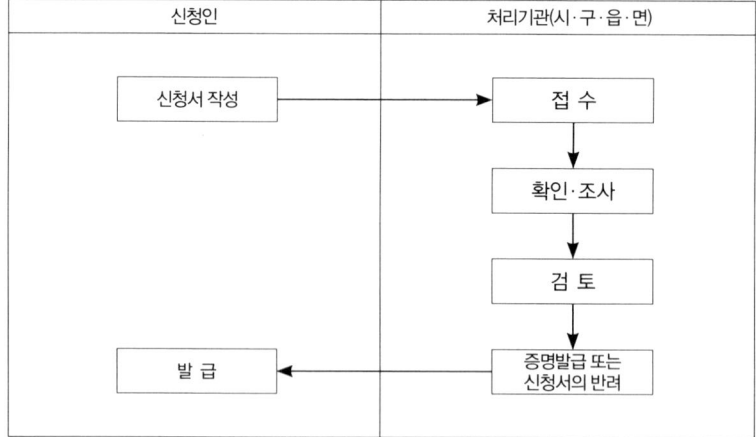

농업경영계획서

(앞쪽)

취득 대상 농지에 관한 사항	① 소재지			② 지번	③ 지목	④ 면적(㎡)	⑤ 영농 거리	⑥ 주재배 예정 작목 (축종명)	⑦ 영농 착수시기
	시·군	구·읍·면	리·동						
	계								

농업 경영 노동력의 확보방안	⑧ 취득자 및 세대원의 농업경영능력					
	취득자와 관계	성별	연령	직업	영농경력(년)	향후 영농 여부
	⑨ 취득농지의 농업경영에 필요한 노동력 확보방안					
	자기노동력		일부고용		일부위탁	전부위탁(임대)

농업 기계· 장비의 확보방안	⑩ 농업기계·장비의 보유현황					
	기계·장비명	규격	보유현황	기계·장비명	규격	보유현황
	⑪ 농업기계장비의 보유계획					
	기계·장비명	규격	보유계획	기계·장비명	규격	보유계획
연고자에 관한 사항	연고자 성명				관계	

「농지법」 제8조 제2항, 같은 법 시행령 제7조 제1항 및 같은 법 시행규칙 제7조 제1항 제3호에 따라 위와 같이 본인이 취득하려는 농지에 대한 농업경영계획서를 작성·제출합니다.

년 월 일

제출인   (서명 또는 인)

210mm×297mm[백상지 80g/㎡]

⑬ 소유농지의 이용현황

소 재 지				지번	지목	면적(㎡)	주재배작목 (축종명)	자경 여부
시·도	시·군	읍·면	리·동					

⑭ 임차(예정)농지현황

소 재 지				지번	지목	면적(㎡)	주재배 (예정)작목 (축종명)	임차 (예정) 여부
시·도	시·군	읍·면	리·동					

⑮ 특기사항	

기재상 유의사항

⑤란은 거주지로부터 농지소재지까지 일상적인 통행에 이용하는 도로에 따라 측정한 거리를 씁니다.

⑥란은 그 농지에 주로 재배·식재하려는 작목을 씁니다.

⑦란은 취득농지의 실제 경작 예정시기를 씁니다.

⑧란은 같은 세대의 세대원 중 영농한 경력이 있는 세대원과 앞으로 영농하려는 세대원에 대하여 영농경력과 앞으로 영농 여부를 개인별로 씁니다.

⑨란은 취득하려는 농지의 농업경영에 필요한 노동력을 확보하는 방안을 다음 구분에 따라 해당되는 란에 표시합니다.

    가. 같은 세대의 세대원의 노동력만으로 영농하려는 경우에는 자기 노동력 란에 ○표

    나. 자기노동력만으로 부족하여 농작업의 일부를 고용인력에 의하려는 경우에는 일부고용란에 ○표

    다. 자기노동력만으로 부족하여 농작업의 일부를 남에게 위탁하려는 경우에는 일부 위탁란에 위탁하려는 작업의 종류와 그 비율을 씁니다. [예 : 모내기(10%), 약제살포(20%) 등]

    라. 자기노동력에 의하지 아니하고 농작업의 전부를 남에게 맡기거나 임대하려는 경우에는 전부위탁(임대)란에 ○표

⑩란과 ⑪란은 농업경영에 필요한 농업기계와 장비의 보유현황과 앞으로의 보유계획을 씁니다.

⑫란은 취득농지의 소재지에 거주하고 있는 연고자의 성명 및 관계를 씁니다.

⑬란과 ⑭란은 현재 소유농지 또는 임차(예정)농지에서의 영농상황(계획)을 씁니다.

⑮란은 취득농지가 농지로의 복구가 필요한 경우 복구계획 등 특기사항을 씁니다.

210mm×297mm[백상지 80g/㎡]

어느 경우에나 신청서가 접수되면 농취증을 4일 내(농업경영계획서를 작성하지 않는 경우에는 2일) 발급해주도록 의무화하고 있기 때문에 농취증을 발급받는 데 특별히 어려움은 없다. 문제는 농취증을 신청했지만 관할관청(시·구·읍·면사무소)에서 증명서 발급이 종종 반려된다는 점에 있다.

농취증을 매각기일 내에 제출하지 않으면 매수신청 보증으로 제공한 금액이 몰수된다는 것도 문제려니와 농취증 제출기간으로 지정된 7일이라는 기간이 공휴일을 포함한 것이기 때문에 사실상 영업일로 보면 5일 정도밖에 시간이 없다는 것도 문제다.

물론 농취증을 신청하면 신청일로부터 4일 내에 농취증을 발급해주도록 하고 있지만, 그 농취증 발급이 반려된 경우 그 원인을 치유하고 다시 신청서를 제출해 농취증을 발급받거나 농취증 대신 농취증 발급이 반려된 원인을 소명하는 증명서를 관할관청으로부터 발급받아 법원에 제출해야 하는데 경우에 따라서는 영업일 5일이라는 시간이 매우 짧을 수 있다는 얘기다. 따라서 농취증이 필요한 농지를 매수한 경우 매각일 당일 또는 늦어도 익일에 즉시 농취증을 신청할 것을 권장하고 있는 것도 그런 이유에서다.

그런데 농지임에도 이렇듯 농취증 발급이 반려(거부)되는 이유는 무엇일까? 이유는 농취증 발급 관청인 시·구·읍·면에서의 농취증 발급 여부에 대한 판단기준과 경매를 진행하는 법원에서의 판단기준이 서로 다르다는 데 있다.

즉 농취증 발급 관청은 농취증 발급 여부에 대한 판단을 토지 지목이 전·답·과수원 등 농지로 되어 있느냐를 기준으로 삼는 것이 아니라 현황상 어떤 용도로 이용되고 있는지 또는 다른 용도로 이용되고 있는 경우 농지로의 원상회복이 용이한지 여부를 판단기준으로 삼고 있는 것과 달리 경매법원은 농지의 이용현황보다는 오로지 토지의 지목이 전·답·과수원으로 되어 있는지 여부만을 판단기준으로 삼는다.

그래서 경매법원은 그 토지상에 건물이 들어서 있거나, 콘크리트 구조물이 가설되어 있거나, 농지전용에 대한 협의를 마친 농지 여부를 불문하고 단지 지목이 전·답·과수원이라는 이유로 농취증 제출을 요구하고 있는 것이다. 어떻게 보면 법원은 농지라는 이유로 무조건 농취증 제출을 요구하고 있고 이에 대한 문제 해결은 매수인과 농취증 발급 관청 사이에서 알아서 해결하라는 식의 무책임한 행정이 아닐 수 없다.

농지가 전용되어 다른 용도로 사용하고 있음이 분명한 경우에는 농취증 제출을 면하게 하는 것이 좋지 않을까? 농지전용으로 인한 농취증 제출 의무 면제는 매각 전에 매각 준비과정에서 실시하는 매각물건 감정평가를 토대로 평가서 또는 매각물건명세서상에 관련 내용을 기재하면 될 것이다. 이 방법 외에도 얼마든지 다양한 방법을 동원해서 농취증 제출 여부에 대한 판단을 법원도 충분히 할 수 있다고 본다.

특히 농지전용협의를 마친 농지나 담보권자가 직접 담보농지를 취득하는 경우, 공유농지의 분할을 원인으로 농지를 취득하는 경우, 이미 농지전용협의가 끝나 도시지역(주거지역, 상업지역, 공업지역 등)으로 지정된 농지 등은 관련 법령에 의해 농취증 발급 의무가 면제되고 있음에도 이런 농지까지 농취증 제출을 요하는 것은 다소 문제가 있다.

경매법원이 사전에 농취증 발급대상 여부에 대한 판단을 좀 더 정확히만 해주더라도 농취증 발급대상 경매물건이 상당히 줄어들 것이고 또한 이로 인해 매수자가 농취증 발급에 따르는 사회적 비용이나 농취증 반려라는 심적 부담에서도 상당수 벗어날 수 있을 것이다.

04 특별매각조건 이렇게 확장해도 되나?

경매절차상 특별매각조건이 다소 지나친 것 아니냐는 우려가 일 정도로 다양해지고 넓어졌다. 특별매각조건은 각각의 경매절차에서 이해관계인의 합의 또는 법원의 직권으로 변경한 매각조건을 말한다.

예컨대 재매각 사건의 경우 최저매각가격의 2/10 또는 3/10에 해당하는 매수신청보증금(통상 최저매각가격의 1/10)을 제공하도록 하는 것이나 저당권부 토지별도등기 있는 집합건물에 관해 경매신청이 있는 경우의 토지(대지권)에 대한 저당권 인수조건부 매각 등이 그것이다. 농지취득자격증명서 미제출 시의 입찰보증금 몰수 역시 특별매각조건에 해당한다.

경매이익의 존재(무잉여에 기한 매각불허), 최저매각가격 미만의 매각불허, 매수신청보증금의 제공, 부동산 위의 담보권 또는 용익권의 소멸과 인수 등 모든 매각절차에서 공통적으로 적용되도록 민사집행법과 민사집행법 시행규칙이 미리 정해놓은 매각조건인 법정매각조건과는 다르다.

　좀 더 쉽게 설명하자면 법정매각조건은 모든 매각절차에서 예외 없이 적용되는 법적 규제사항이지만, 특별매각조건은 각 경매법원의 재량에 맡겨진 임의적 규제사항이다. 농지 취득 시 농지취득자격증명서를 제출하도록 하는 것은 법정매각조건이지만, 농지취득자격증명 미제출 시의 보증금 몰수 여부는 법원 특별매각조건으로 다르게 정하고 있다는 것과 같다.

● **법정매각조건과 특별매각조건**

구분	이해관계인의 범위
법정매각조건	•압류채권자의 경매이익 존재(잉여주의) •최저매각가격 미만의 매각불허 •매수신청인의 의무(집행법원이 정하는 금액과 방법에 맞는 보증의 제공) •매수인의 대금지급기한까지의 대금지급 의무 •매각대금 완납 시의 매수인의 소유권 취득 •매각대금 완납 후 6월 이내의 인도명령 신청 •부동산 위의 담보권, 용익권의 소멸과 인수 •농지매각의 경우 농지취득자격증명 제출
특별매각조건	•재매각 사건에서 최저매각가격의 2/10 또는 3/10에 해당하는 보증 제공 •저당권부 토지별도등기 인수 조건 •농지취득자격증명 미제출 시의 보증금 몰수 •전 소유자의 가압류 인수 조건 •선순위 전세권 인수 조건 •공유자우선매수권 1회로 제한

특별매각조건의 유형이 다양화된 계기가 된 것은 다름 아닌 민사집행법 시행부터다. 2002년 7월 1일 민사집행법이 시행되기 전에는 위에 언급한 수준 정도의 비교적 정형화된 특별매각조건이 주를 이루었으나 민사집행법이 시행되고 나서는 그 특별매각조건이 점차 다양해지고 조금 더 과감해지기 시작했다.

우선 선순위 전세권의 권리상 위상이 달라지면서 특별매각조건으로 선순위 전세권자의 배당요구 유무에 따른 매수인의 전세권 인수 여부를 기재하기 시작했고, 전 소유자의 가압류 역시 가압류권자의 배당 참가가 가능해지면서 배당에 참가하지 않을 경우 '전 소유자의 가압류 인수 조건'이라는 특별매각조건을 기재하도록 했다.

경매절차상 경매의 고의적인 지연을 예방하고 신속한 경매 진행을 위해 몇 년 전부터 보이기 시작한 특별매각조건도 있다. 공유자우선매수신청을 1회로 한하는 경우가 그것이다.

공유자우선매수신청의 경우 공유자가 우선매수신청권을 남용할 소지가 있어 민사집행법을 제정하면서 일부 보완을 했지만 공유자우선매수신청의 남용은 여전했다. 법적 제도 보완이 쉽게 이루어질 수 있는 문제가 아니어서 법원 재량으로 공유자우선매수신청을 1회로 제한하는 특별매각조건을 붙이는 법원이 나타나기 시작했다.

이로 인해 매각기일 때마다 매번 공유자우선매수신청을 함으로써 다른 입찰자의 입찰을 간접적으로 방해하고 종국에는 경매절차가 지연됐던 문제가 어느 정도 해소될 수 있는 성과를 거두고 있다. 경매법원의 재량권을 십분 발휘(?)하면서 나름대로 경직된 경매제도에 유연성을 가져다주고 복잡다단한 경매절차를 단순명료하게 정리해주었다는 점에서 후한 점수를 줄 수 있는 부분이기도 하다.

　그러나 경매법원의 지나친 재량권 행사, 즉 특별매각조건의 남용은 오히려 경매 참여자를 혼란스럽게 하는 점도 없지 않다. 특히 일부 특별매각조건은 민사집행법에 규정된 기본적인 경매절차와도 일면 상충되는 면이 있어 경매질서 자체가 위협받는 것 아니냐 할 정도로 수위조절이 필요한 것도 있다.

　사례를 들어보자. 2012년 2월 27일에 경남 남해군 미조면 송정리 소재 전 269평이 경매에 부쳐졌다. 이 물건(사건번호 2010타경15539, 물건번호 3번)은 이미 2011년 5월 이후 5회에 걸쳐 낙찰된 바 있으나 2회는 대금 미납, 3회는 불허가를 반복했다.

● **특별매각조건 사례 1**

대표소재지	경남 남해군 미조면 송정리 218-7			조회 : 오늘 1 전체 793	
용　　도	전	채 권 자	김○○ 강제경매		
감정평가액	25,172,000원	소 유 자	벽○○외1*	개시결정일	2010.12.10
최저경매가	(100%) 25,172,000원	채 무 자	벽○○	감 정 기 일	2011.02.07
입찰보증금	10%~30%(확인요망)	경 매 대 상	토지전부	배당종기일	2011.02.23
청 구 금 액	34,348,493원	토 지 면 적	889㎡ (268.92평)	취 하 일	2012.02.27
등기채권액	576,551,034원	건 물 면 적	0㎡	차기예정일	종국
특 이 사 항	• ※ 재경매사건의 입찰보증금은 법원에 따라 다를 수 있으니 반드시 해당 법원에 확인 바랍니다. • 일괄매각,인접지와 경계구분 불분명하여 분묘 소재할 수 있음. [5]일부도로로 이용중이며 접도구역 저촉.특별매각조건 1.농지가 아님을 증명하거나 농지취득자격증명원 제출요함(미제출시 보증금 몰수함). 2.매수신청 가격의 2/10을 보증금으로 제공할 것.				
주 의 사 항	• 채무자(소유자)점유				
중복 / 병합	2011-2486(중복)				

자료: 부동산태인(www.taein.co.kr)

그런데 특이한 것은 이번 회차 경매에서의 특별매각조건으로 입찰보증금을 '최저매각가격'의 2/10가 아니라 '매수신청가격'의 2/10로 제공할 것을 요구하고 있다는 점이다. 재경매사건이기 때문에 보증금이 20%인 것은 당연하지만, 그 기준가격이 민사집행법 시행 이후 법령으로 자리한 최저매각가가 아니라 민사집행법 시행 이전에 적용됐던 매수신청가격, 즉 입찰가격을 기준으로 했다는 것이 문제다.

법원 재량권이 실정법을 벗어난 것으로 충분히 다툼의 소지가 있을 수 있는 대목이다. 물론 경매절차가 고의적으로 지연되는 것을 막기 위한 조치로 해석할 수 있지만, 그렇다고 하더라도 보증금률의 기준가격을 최저매각가로 하고 최저매각가의 20%든 30%든 50%(2005타경32503 참조)로 하면 될 일이지 그 기준가격을 매수신청가격으로 하는 것은 분명 지나치게 자의적인 재량권 행사라고 볼 수밖에 없다.

문제 소지가 있는 특별매각조건 사례 하나를 더 들어보자. 2012년 1월 12일 첫 경매(2011타경26675)에 나온 종로구 신문로2가 소재 경희궁뜰 연립주택의 최초감정가는 12억 원이다. 그런데 어찌 된 영문인지 첫 경매에서의 최저매각가격은 8억 5000만 원으로 감정가의 70.83%에서 진행됐다.

서울중앙지법의 경우 유찰될 때마다 종전 가격의 80%에 최저매각가격이 정해지기 때문에 2회 유찰 시 감정평가액의 64%, 3회 유찰 시 51.2%가 최저매각가격이 된다. 따라서 70.83%는 올바른 저감률에

대표소재지	서울 종로구 신문로2가 1-105 경희궁물 4층 401호				조회 : 오늘 3 전체 1250	
용 도	연립	채 권 자	손○○ 임의경매			
감정평가액	1,200,000,000원	소 유 자	한○○	개시결정일	2011.09.20
최저경매가	(29%) 348,160,000원	채 무 자	박○○외1	감 정 기 일	2011.09.27
낙찰 / 응찰	350,000,000원 / 1명	경 매 대 상	건물전부, 토지전부	배당종기일	2011.12.13
청 구 금 액	80,000,000원	토 지 면 적	93.17㎡ (28.18평)	낙 찰 일	2012.05.31
등기채권액	1,224,910,000원	건 물 면 적	155.9㎡ (47.16평)	종 국 일 자	2012.08.29
주 의 사 항	• 2007. 6. 26.자 전세권등기 (보증금 : 3억 5천만원, 전세권자 : 홍순애) • 홍순애 : 배당요구를 하지 아니함. • 본건 감정평가액은 1,200,000,000원이나 배당요구를 하지 아니한 최선순위 전세권자의 전세보증금이 350,000,000원이므로 보증금을 공제한 금액을 최저매각가격으로 함.					
중복 / 병합	2011-34836(중복)					

자료: 부동산태인(www.taein.co.kr)

따른 최저매각가격이 아니다. 이 70.83%를 기준으로 이후 경매차수부터는 종전 가격의 80%씩 저감되어 결국 29.01%까지 저감됐다.

왜 그렇게 그간의 저감원칙과는 다른 저감률을 적용했을까? 이에 대한 궁금증을 풀어주는 단서인 특별매각조건에 붙은 이유를 보면 배당요구하지 않은 최선순위 전세권자의 전세보증금이 3억 5000만 원이기 때문에 이 전세보증금을 공제한 금액(8억 5000만 원)을 최저매각가격으로 한다는 것이다.

법원의 계산은 이러하다. 어차피 매각되더라도 매수인이 전세보증금 3억 5000만 원을 인수하게 되므로 최소한 이 최저매각가(8억 5000만 원) 수준으로 가격이 저감될 것이다. 최초감정가인 12억 원에 경매를 시작하더라도 최소한 2회 정도는 유찰될 것이 분명하다. 따라서 아예 최초감정가에서 전세보증금을 뺀 금액부터 경매를 시작해 경매절차상 소요되는 기간을 단축해보자. 그런 취지다.

그 취지야 가상하지만 해당 물건에 대한 가치판단과 전세보증금 3억 5000만 원 인수를 고려한 입찰가격 산정 및 입찰 타이밍 결정에 대한 매수신청인의 의사결정권을 침해하는 것 같아 다소 개운치 않은 뒷맛을 남기는 특별매각조건이 아닐 수 없다.

특별매각조건은 법원에 재량권을 부여함으로써 경직되어 있는 경매절차나 제도를 나름대로 유연하게 해주는 역할을 하지만, 그 재량권의 범위가 지나치게 확대되거나 남용되면 오히려 경매질서를 어지럽히고 경매 참여자를 혼란스럽게 할 소지가 있다는 것도 염두에 두어야 할 것 같다.

05 선순위 임차인의 배당요구 철회에 대한 **불편한 진실**

경매절차에서 배당요구라 함은 다른 채권자에 의해 개시된 경매절차에 참가하여 경매대상이 된 재산의 매각대금에서 변제를 받으려는 민사집행법상의 행위다.

이와 달리 부동산 위의 권리자가 집행법원에 신고를 하고 그 권리를 증명하는 것을 권리신고라 하는데, 권리신고를 한 것만으로 당연히 배당을 받을 수 있는 권리자도 있지만, 권리신고 외에 반드시 배당요구를 해야 하는 권리자도 있다는 면에서 분명 권리신고와는 다른 개념이다. 예컨대 주택이나 상가건물의 임차인이 경매절차상 이해관계인으로서 권리신고를 한 경우에도 이를 배당요구로 볼 수는 없고 배당을 받기 위해서는 반드시 배당요구를 해야 한다는 점에서 권리신고와 배당요구는 명확히 구분된다.

차치하고 배당요구를 해야 배당받을 수 있는 권리자로는 주택이나 상가건물 임차인, 경매개시결정등기 후에 등기된 저당권, 전세권, 임차권등기명령에 기한 임차권등기 등이 있는데 이 중 입찰자 입장에서 가장 주의해야 할 권리자는 단연코 주택이나 상가건물 임차인이다.

왜냐하면 임차인의 배당요구 유무에 따라 낙찰자가 임차인의 보증금을 인수하게 되느냐 아니냐의 여부가 판가름 난다는 가장 기초적이고도 상식적인 문제 외에 임차인이 배당요구를 했다고 해도 그 배당요구를 철회할 수 있다는 사실에서 다소 복잡한 문제가 발생하기 때문이다.

특히 선순위 대항력 있는 임차인의 배당요구 철회는 입찰자에게는 거의 치명타라 할 만큼 중차대한 영향을 미치기 때문에 각별히 주의를 요하는 사항이다.

사실 배당요구는 채권자가 자유롭게 철회할 수 있지만, 그럼으로써 불안해지는 낙찰자의 지위(선순위 임차인이 배당요구했음을 확인한 후 보증금 인수부담이 없다고 판단하고 입찰에 참여해 낙찰받았으나 추후 배당요구를 철회함으로써 보증금을 인수하게 되는 위험)를 보호하기 위해 경매절차를 다루고 있는 현행 민사집행법에서는 배당요구 철회에 일정한 제한을 가하고 있다.

즉 위와 같이 배당요구 유무 또는 철회에 따라 낙찰자가 인수해야 할 부담이 바뀌는 경우 배당요구한 채권자는 배당요구종기가 지난 뒤에는 배당요구를 철회하지 못하도록 한 규정(민사집행법 제88조 제2항 참조)이 그것이다.

첫 경매기일(매각기일) 이전에 지정되는 배당요구종기일까지 배당요구 유무 또는 철회에 대한 사실관계를 확정함으로써 입찰자들에게 더욱더 예측 가능한 입찰을 유도하고 권리관계의 변동성에 따른 위험을 최소화한다는 것이 본 규정의 취지다.

배당요구 유무 또는 철회에 따라 낙찰자가 인수해야 할 부담이 바뀌는 채권자라 함은 최선순위 전세권자나 대항력 있는 선순위 임차인을 일컫는다. 대항력 있는 선순위 임차인으로서 임차권등기명령에 기해 등기된 임차권 중 경매개시결정등기 이후에 임차권이 경료된 임차인(이상 세 가지 권리자를 '이들 권리자'로 칭함)도 이에 해당한다.

따라서 이들 권리자가 배당요구를 한 후 이를 철회하고자 한다면 배당요구종기 내에 철회해야 한다. 만약 배당요구종기가 지나 철회한다고 해도 집행법원은 배당요구가 있는 것으로 취급하여 배당을 하게 된다. 낙찰자에게 영향을 미칠 수 있는 권리관계의 변동이라는 유동적 위험을 조기에 해소하기 위해 배당요구 철회시한을 배당요구종기로 못 박아놓고 있는 셈이다. 그만큼 이들 권리자의 배당요구 유무나 철회는 매우 중차대한 사안이라는 뜻이기도 하다.

그래서 민사집행법에서도 배당요구를 한 이들 권리자가 배당요구를 철회하는 경우 등을 가정해 부동산에 관한 중대한 권리관계가 변동된 사실이 매각절차 진행 중에 밝혀진 때를 매각허가에 대한 이의를 신청할 수 있는 사유 중 하나(법 제121조 제6호)로 규정해놓고 있다.

그뿐만이 아니다. 이들 권리자가 배당요구를 하지 않거나 배당요구 후 이를 철회한 것처럼 매각으로 효력을 잃지 않은 부동산 위의 권리, 즉 매각이 되어도 낙찰자가 인수하게 되는 부동산 위의 권리는 집행 법원의 매각물건명세서에도 기재를 하도록 규정(법 제105조 제3호)하고 있다. 매각물건명세서에 인수되는 권리를 공시함으로써 입찰자의 주의를 환기하자는 취지다.

그런데 여기서 한 가지 문제가 있다. 매각으로 효력을 잃지 않은 권리를 등기부상 권리로 지나치게 한정해서 해석한 나머지 등기부에 기재되지 않은 권리에 대한 집행법원의 매각물건명세서 기재는 다소 소극적이라는 점이다. 예컨대 이들 권리자 중 배당요구하지 않은 최선순위 전세권과 경매개시결정등기일을 지나 임차권등기를 경료했으나 별도의 배당요구를 하지 않은 임차권에 관한 사항은 등기된 부동산 위의 권리라는 이유로 매각물건명세서에 적극적으로 명시하고 있다.

그러나 대항력 있는 선순위 임차인으로서 배당요구를 하지 않았거나 배당요구를 한 후 이를 철회한 임차인의 경우는 등기된 부동산 위의 권리가 아니라는 이유로 매각물건명세서에 그 사항을 거의 기재하지 않는다.

설령 매각물건명세서에 기재를 하더라도 2012년 8월 20일에 낙찰된 오금동 현대아파트 48평형(사건번호 2011타경11904)에서처럼 배당요구를 철회한 사실만 기재할 뿐 그 배당요구 철회가 배당요구종기 내

사건	2011타경11904 부동산임의경매		매각물건번호		1	작성일자	2012.08.01	담임법관 (사법보좌관)		최○○
부동산 및 감정평가액 최저매각가격의 표시			부동산표시목록 참조			최선순위 설정 일자			10.12.09.근저당권	

부동산의 점유자와 점유의 권원, 점유할 수 있는 기간, 차임 또는 보증금에 관한 관계인의 진술 및 임차인이 있는 경우 배당요구 여부와 그 일자, 전입신고일자 또는 사업자등록신청일자와 확정일자의 유무와 그 일자

점유자의 성명	점유부분	정보출처 구분	점유의 권원	임대차기간 (점유기간)	보증금	차임	전입신고일자, 사업자등록신청일자	확정일자	배당요구여부 (배당요구일자)
이○○	8층 804호	현황조사	주거임차인	미상	250,000,000		2007.02.20.	미상	
	방4칸	권리신고	주거임차인	2003.08.27.~	250,000,000		2007.2.20.	2003.08.27.	2011.08.31

〈비고〉
이○○ : 2011.9.6. 배당요구 철회함. 최선순위 근저당설정등기일자 보다 전입일자 빠름.

최선순위 설정일자보다 대항 요건을 먼저 갖춘 주택, 상가건물 임차인의 임차보증금은 매수인에게 인수되는 경우가 발생할 수 있고, 대항력과 우선변제권이 있는 주택,상가건물 임차인이 배당 요구를 하였으나 보증금 전액에 관하여 배당을 받지 아니한 경우에는 배당받지 못한 잔액이 매수인에게 인수되게 됨을 주의하시기 바랍니다.

▫ 등기된 부동산에 관한 권리 또는 가처분으로 매각허가에 의하여 그 효력이 소멸되지 아니하는 것

해당사항 없음

▫ 매각 허가에 의하여 설정된 것으로 보는 지상권의 개요

해당사항 없음

자료: 대법원 법원경매정보(www.courtauction.go.kr)

에 이루어졌는지, 그럼으로써 보증금을 매수인이 인수해야 할 여지가 있는지에 대한 주의를 요하는 문구는 어디에도 찾아볼 수 없다. 배당요구를 철회한 날짜가 기록돼 있지만 배당요구종기를 모르면 그냥 무심코 지나칠 수도 있는 대목이다.

이들 권리자 중 등기된 두 개의 권리보다는 등기되지 않은 나머지 하나의 권리에 대한 사례(선순위 대항력 있는 임차인이 배당을 하지 않거나 배당요구한 후 이를 철회한 사례)가 더 종종 경매시장에 등장한다는 점에서 굳이 등기 여부를 따지지 말고 매각물건명세서에 '임차인이 배당요구를 하지 않아 보증금 매수인 인수 여지 있음'이라거나 '임차인이 배당요구종기 내에 배당요구를 철회해 보증금 매수인 인수 여지 있음'이

라는 문구를 적극적으로 기재하는 것이 옳다고 본다.

그렇게 되기 전까지는 입찰하기에 앞서 위 경매사례의 경우와 같이 임차인이 배당요구를 했는지부터 시작해서 배당요구를 한 임차인이 혹 배당요구를 철회하지는 않았는지, 배당요구를 철회했다면 배당요구종기일 내에 적법하게 철회를 했는지 여부 및 임차인의 보증금 인수 여부를 파악해야 하는 것은 오로지 입찰자의 몫이다.

선순위 전세권자 임의적 배당요구 유무에 따른 폐단은?

경매절차에서 매수인이 진행하는 최종 단계는 점유자에 대한 명도이지만, 법원 입장에서의 최종 단계는 배당이다. 배당은 매각대금으로부터 변제받을 각 채권자에게 그 채권액을 우선순위에 따라 변제하는 것을 말한다.

배당에 앞서 채권자들이 배당을 받기 위해 행하는 것으로 배당요구와 권리신고라는 것이 있다. 배당요구는 다른 채권자에 의해 개시된 집행절차에 참가하여 동일한 재산의 매각대금에서 변제를 받기 위해 채권(이자, 비용, 그 밖의 부대채권을 포함)의 원인과 액수를 적은 서면(배당요구서)을 작성하여 법원이 정한 배당요구의 종기까지 제출하면 된다.

● 당연 배당 채권자와 배당요구를 해야 배당받는 채권자

당연 배당 채권자	• 선행사건의 배당요구종기까지 이중경매신청을 한 채권자 • 첫 경매개시결정등기 전에 등기된 가압류채권자 • 첫 경매개시결정등기 전에 등기된 우선변제권자(담보권, 후순위 용익권 등) • 첫 경매개시결정등기 전의 체납처분에 의한 압류권자 • 가등기담보권자(채권신고의 최고기간까지 채권신고를 할 것)
배당요구 해야 배당받는 채권자	• 확정판결·화해조서·조정조서 등 집행력 있는 정본을 가진 채권자 • 경매개시결정 후에 가압류를 한 채권자 • 민법·상법, 그 밖의 법률에 의하여 우선변제청구권이 있는 채권자(주택 　또는 상가건물의 임차인, 임금채권 등) • 첫 경매개시결정등기 후에 등기된 저당권·전세권·임차권, 조세 기타 　체납처분의 예에 따라 징수할 수 있는 공과금채권 • 선순위 전세권자

이와 달리 권리신고는 부동산 위의 권리자가 집행법원에 신고를 하고 그 권리를 증명하는 것이며, 권리신고를 함으로써 경매절차의 이해관계인이 된다. 다만 권리신고를 했다고 당연히 배당을 받게 되는 것은 아니며 별도로 배당요구를 해야 배당을 받는 채권자도 있다.

민사집행법상 배당요구를 하지 않아도 당연히 배당에 참가할 수 있는 자는 선행사건의 배당요구종기까지 이중경매신청을 한 채권자, 첫 경매개시결정등기 전에 등기된 가압류채권자, 첫 경매개시결정등기 전에 등기된 우선변제권자(담보권, 후순위 용익권 등), 첫 경매개시결정등기 전의 체납처분에 의한 압류권자 등이다. 가등기담보권은 저당권과 마찬가지로 우선변제청구권이 있으나 채권신고의 최고기간까지 채권신고를 한 경우에 한해 배당받을 수 있다.

반면 배당요구를 해야 배당받을 수 있는 채권자는 확정판결·화해

조서·조정조서 등 집행력 있는 정본을 가진 채권자, 경매개시결정등기 후에 가압류를 한 채권자, 민법·상법, 그 밖의 법률에 의해 우선변제청구권이 있는 채권자(주택 또는 상가건물의 임차인, 임금채권 등), 첫 경매개시결정등기 후에 등기된 저당권·전세권·임차권, 조세 기타 체납처분의 예에 따라 징수할 수 있는 공과금채권 등이다.

배당요구를 해야 배당받을 수 있는 채권자 중 특히 문제가 되는 채권자는 선순위 전세권이다. 선순위 전세권의 경우 민사집행법이 제정·시행되기 전에는 존속기간의 정함이 없거나 경매개시결정등기 후 6월 이내에 그 기간이 만료되는 전세권 및 전세권자가 경매신청자인 경우에 한해 그 전세권이 매각으로 소멸됐다.

그러나 민사집행법이 제정·시행되고 나서 선순위 전세권의 소멸조건이 바뀌었다. 이전처럼 전세권자가 경매신청자인 경우에는 당연배당으로 전세권이 소멸되지만 그 외에는 전세권자가 배당요구를 해야 소멸되는 것으로 했다.

따라서 선순위 전세권자가 배당요구종기 내에 배당요구를 하지 않을 경우 그 전세권은 소멸되지 않고 매수인에게 인수되기 때문에 입찰자에게 선순위 전세권자의 배당요구 유무 확인은 꼭 필요하다. 선순위 전세권자가 배당요구를 하지 않으면 법원에서는 매각물건명세서에 '배당요구하지 않은 선순위 전세권 매수인 인수 조건'이라는 특별매각조건을 기재하고 있다.

그런데 여기서 문제는 선순위 전세권자가 배당요구를 하지 않을 경

● 선순위 전세권 경매사례

대표소재지	서울 중랑구 묵동 244-150			조회 : 오늘 2 전체 2258	
용 도	근린주택	채 권 자	하나은행 임의경매		
감정평가액	2,592,978,000원	소 유 자	김○○	개시결정일	2010.12.07
최저경매가	(41%) 1,062,084,000원	채 무 자	김○○	감 정 기 일	2010.12.16
입찰보증금	(10%) 106,208,400원	경매대상	건물전부, 토지전부	배당종기일	2011.06.08
청 구 금 액	2,265,409,553원	토지면적	336.8㎡ (101.88평)	취 하 일	2012.12.10
등기채권액	4,345,129,181원	건물면적	684.94㎡ (207.19평)	차기예정일	중국

소재지/감정서	면적(단위:㎡)	진행결과	임차관계/관리비	등기권리
(131-140) 서울 중랑구 묵동 244-150 [지도] · 묵골역남서측인근 · 노선상가지대 · 차량진입가능 · 버스정류장및복동축먹골역소재 · 장방형토지 · 동측32m도로접합 ▶건물구조 · 라멘조 · 승계보(평)	대 지 · 336.8 (101.88평) 건 물 · 1층근린 166.78 (50.45평) (롯데마이수퍼) · 2층근린 166.78 (50.45평) (주주혜어클럽) · 3층주택 132 (39.93평) · 지층대피소 166.78 (50.45평) 제시외	감정 2,592,978,000 100% 2,592,978,000 유찰 2011.07.25 80% 2,074,382,000 유찰 2011.08.29 64% 1,659,506,000 변경 2011.10.04 64% 1,659,506,000 유찰 2012.10.08 51% 1,327,605,000 유찰 2012.11.05 ▶중국결과 취하 2012.12.10	▶법원임차조사 롯데쇼핑(주)(대표이사 이철우) 사업 2009.07.08 점유 1층 전부 보증 20억 (현황조사서상 점유: 20 09.08.11.~현재) 배○○ 전입 2009.07.29 (현황조사서상 점유: 20 09.08.01.~) 김○○ 전입 2009.09.02 보증 3000만	▪건물등기. 소유권 김○○ 이 전 2006.10.27 전소유자:고○○외1 매매(2006.09.28) 전세권 롯데쇼핑 2009.06.30 2,000,000,000 -존속기간:2016.06. 30 근저당 롯데쇼핑 2009.07.27 400,000,000 [말소기준권리]

자료: 부동산태인(www.taein.co.kr)

우 경매절차에서 매각이 쉽지 않아 경매절차가 무한정 지연될 수 있다는 점이다. 특히 전세권은 주로 상가건물이나 오피스 건물에 설정되는 특성상 그 전세금액의 규모가 건물가액 대비 상당액에 달하기 때문에 더욱 그렇다.

실제 사례를 들어보자. 2011년 7월에 서울 중랑구 묵동 소재 근린주택이 경매에 부쳐진 적이 있다. 최초감정가는 약 26억 원이지만 이 건물 1층과 지하층에 롯데쇼핑(주)가 20억 원의 선순위 전세권을 설정하고 롯데마이수퍼로 입점해 있는 물건이다.

선순위 전세권자는 배당요구를 하지 않았고, 이 물건은 4회 유찰과 1회 변경을 거쳐 결국 2012년 12월 10일에 경매가 취하됐다. 다른 연유가 있었는지도 모르지만 2011년 시작해서 1년이 지나도록 낙찰되지 못하고 채권은행 역시 채권회수는 물거품이 됐던 사건이다.

매각이 되어도 전세권 20억 원을 떠안아야 하는 부담 때문에 쉽사리 매수인이 나타나지 않은 것이다. 최초감정평가액을 시세로 가정한다면 최소한 이 물건은 최저매각가가 5억 원 이하로 떨어진 연후에야 입찰이 검토될 수 있는 물건이다. 경매신청 채권자로서는 채권을 회수하기까지의 기간이 어느 정도 소요될지 가늠할 수도 없다.

이렇듯 선순위 전세권이 설정되어 있는 경우 경매가 진행되어도 오랜 기간 동안 낙찰되지 못하고 있는 이유는 다름 아닌 선순위 전세권자의 배당요구를 임의사항으로 규정하고 있는 탓이다. 따라서 선순위 전세권자가 배당요구를 하면 매수인의 전세권 인수부담이 없기 때문에 조기에 매각이 되지만, 배당요구를 하지 않으면 전세권자의 전세금은 매수인이 부담하므로 쉬이 매각되지 않고 경매절차만 지연될 수밖에 없다.

전세권은 등기부등본에 기재되어 공시되는 권리이며, 또한 다른 권리와 달리 용익물권이면서 담보물권적 성격을 모두 가지고 있는 권리다. 저당권, 가등기담보권 등 선순위 담보물권이 배당요구를 하지 않아도 당연 배당이 되는 것처럼 선순위 전세권도 그렇게 다루는 것이 옳지 않을까?

그렇게 함으로써 선순위 전세권자의 배당요구 유무에 따라 매각

여부가 좌우되는 것을 막을 수 있고, 통상적인 경매기간이 소요된다면 경매신청 채권자의 채권 역시 조기에 회수할 수 있는 길이 열릴 것이다. 무엇보다 경매절차가 무한정 지연될 수 있는 여지를 없앨 수 있다는 점에서 선순위 전세권자의 당연 배당 채권자로의 취급에서 그 정당성을 부여할 수 있을 것으로 본다.

돈 버는 경매
돈 잃는 경매

1판 1쇄 인쇄 | 2013년 8월 25일
1판 1쇄 발행 | 2013년 8월 30일

지은이 이영진
펴낸이 김기옥

프로젝트 디렉터 기획1팀 모민원, 장기영, 권오준
커뮤니케이션 플래너 박진모
영업 이봉주
지원 고광현, 김형식, 임민진

디자인 투에스, 네오북
인쇄 서정문화인쇄 | 제본 서정바인텍

펴낸곳 한스미디어(한즈미디어(주))
주소 121-839 서울시 마포구 서교동 392-34 강원빌딩 5층
전화 02-707-0337 | 팩스 02-707-0198 | 홈페이지 www.hansmedia.com
출판신고번호 제 313-2003-227호 | 신고일자 2003년 6월 25일

ISBN 978-89-5975-559-2 13320